国家自然科学基金面上项目"层次网络结构 DEA 模型及其在医疗卫生系统绩效管理中的应用研究"（72171124）

国家自然科学基金面上项目"面向产业安全的产业创新生态系统韧性内涵、评价与优化策略研究"（72171122）

江苏省社科基金重大项目"江苏高质量发展评价体系研究"（21ZD007）

高质量发展综合评价与
实现路径研究

朱卫未 王娟 于娱◎著

人民出版社

序

党的十九大报告首次提出"高质量发展"这一新表述，表明中国经济由高速增长阶段转向高质量发展阶段。推动高质量发展是一项系统工程，离不开系统理念，要学好、用好辩证法，审时度势，科学设计，以辩证思维来处理推动高质量发展中遇到的各种矛盾关系。

2018年9月20日召开的中央全面深化改革委员会第四次会议审议通过了《关于推动高质量发展的意见》，会议指出要加快创建和完善制度环境，协调建立高质量发展的指标体系、政策体系、标准体系、统计体系、绩效评价和政绩考核办法。

2020年10月，中央组织部印发《关于改进推动高质量发展的政绩考核的通知》，明确指出，高质量发展综合绩效评价是地方各级党政领导班子和领导干部政绩考核的重要组成部分，要对应创新、协调、绿色、开放、共享发展要求，精准设置关键性、引领性指标，实行分级分类考核。

南京邮电大学朱卫未教授及其团队长期从事系统评价理论与方法的研究工作，承担了大量的国家级课题以及政府咨询研究，在评价研究领域具有一定的影响力，朱教授等以其长期的科学评价学术研究成果为抓手，以当前国家高质量发展战略需求为导向，撰写完成了《高质量发展综合评价与实现路径研究》一书，该书在对高质量发展战略内涵深刻理解的基础上，运用定性定量相结合的综合集成技术对这一重大发展战略的实施过程与绩效进行了系统性分析与评价研究，提出了一些令人耳目一新的观点，对促进我国高质量发展战略各项工作的落实具有积极的意义。

该书紧密围绕高质量发展实施绩效考核中的分级分类思想，分别构建了面向区域经济、国有企业和高等教育三个不同运用领域的综合评价体系，相应的评价指标体系可为管理部门制定高质量发展实施综合绩效评价办法提供参考。此外，推动高质量发展重在提高资源配置效率，该书以提高资源配置效率为目标，兼顾公平原则，构建了高质量发展战略下的资源分配和目标设置模型，这些模型可为相关部门构建科学、合理、规范的资源配置长效机制和设置各有侧重、各有特色的可持续发展目标提供决策支持。

路漫漫其修远兮。高质量发展是一种全新的发展理念，它是一种立足根本、掌控全局、着眼未来的发展思维与实践范式。希望朱卫未教授及其团队在高质量发展战略研究中，不断针对新的问题，迎接新的挑战，继续为我国高质量发展战略建言献策，取得更加丰硕的成果。

此为序。

目　录

前　言

2017 年，党的十九大首次提出"高质量发展"表述，表明中国经济由高速增长阶段转向高质量发展阶段。2021 年，恰逢"两个一百年"奋斗目标历史交汇之时，特殊时刻的两会上，习近平总书记接连强调"高质量发展"，意义重大。本书选取了 2013—2018 年度相关年鉴数据，重点以 2017 年截面数据作为我国经济高质量发展的元年进行实证研究和分析，通过定量分析的结论展现我国发展进入高质量阶段的新特征与路径。

首先，本书系统地对国内外相关经济发展理论进行了回顾，分析了高质量发展的现实意义和独特内涵。在此基础上总结了我国高质量发展的成就，分析了现阶段我国经济发展不平衡不充分的现状，指出高质量发展目标下产业转型升级的主要瓶颈是要素供给结构不合理、全要素生产率增速偏低、产业发展竞争力不足。

其次，本书在概念框架基础上，基于数据包络分析方法构建了高质量发展综合评价的基本模型，分别应用于区域经济高质量发展评价、企业高质量创新发展评价和绿色经济发展评价等方面，实证探索区域经济、工业企业和绿色经济等研究对象的综合发展效率及其在要素供给结构优化、全要素生成率测算和科技创新效率提升等方面的决策参考。

最后，高质量发展的内在要求是效率和公平的统一，本书构建了"公平和效率统一"目标下资源要素分配模型，提出了省域碳减排分配方案，并从经济发展、创新驱动、民生改善、环境改良、生态保护五个评价维度下的比较优势识别结果，构建了基于比较优势赋能的区域高质量发展动态目标设定。

推动高质量发展，是全面建设社会主义现代化国家、实现中华民族伟大复兴"中国梦"的必然要求和必由之路。如何深刻认识高质量发展的内涵，厘清高质量发展评价的原则，构建高质量发展评价体系，对于推动高质量发展具有重要的指导意义。本书所提出的模型和方法对有关管理部门推动高质量发展有一定的参考和借鉴价值，也可供同行学者和后续研究者查阅和参考。由于作者水平有限，本书难免存在错误和不妥之处，恳切希望同行和广大读者批评指正。

朱卫未

2021 年 11 月 23 日于南京

第一章　高质量发展的理论内涵与现实意义

第一节　高质量发展理论的历史演进

一、国内高质量发展理论的历史演进

（一）高质量发展理论成长历程

发展问题关系国家命运，始终是中国革命、建设和改革的主题。新中国成立70多年来，中国共产党团结带领各族人民积极投身建设社会主义现代化强国的实践中，对于发展的认识有一个螺旋上升的过程。在不同时期，面对不同的社会主要矛盾，中国共产党提出了不同的奋斗目标，将发展理论和实践不断地推向新的高度和境界。高质量发展理论是中国共产党在新时期遵循经济发展规律作出的科学决策，是应对我国社会主要矛盾变化，解决当前经济社会发展不平衡、不充分问题的客观要求，是迎接机遇挑战、摆脱当前困境的必然选择。以新发展理念为指导，推动高质量发展，成为我国当前和今后长期遵循的发展方向和目标。高质量发展理论是中国共产党的最新成果，它不是一朝一夕形成的，而是历经几代中国共产党人长时间的探索与实践才得以提出的科学理论。

1. 高质量发展理论的源泉

1949 年新中国成立，国民经济和社会发展百废待兴，面对新中国一穷二白的窘况，毛泽东同志指出中国要建立完备的工业体系，迅速恢复和发展国民经济。在过渡时期，我国逐步实现社会主义工业化和对农业、手工业、资本主义工商业的社会主义改造。1956 年年底社会主义改造基本完成，我国初步建立了社会主义基本制度，与此同时，第一个五年计划的许多重要指标都超额完成。1956 年毛泽东同志发表了《论十大关系》，提出了统筹兼顾的发展思想，同年党的八大提出，我国社会主义改造完成以后，"我们国内的主要矛盾，已经是人民对于建立先进的工业国的要求同落后的农业国的现实之间的矛盾，已经是人民对于经济文化迅速发展的需要同落后的社会生产之间的矛盾"，因此国家的工作重点必须转移到社会主义建设上来，强调主要任务是发展生产力，实现国家工业化。

2. 高质量发展理论的萌芽

在党的十一届三中全会上，党的领导人深刻总结过去 20 多年的经验教训，解放思想，拨乱反正，强调要把党和国家的工作重点转移到以经济建设为中心的正确轨道上来，拉开了改革开放的序幕。除此之外，邓小平同志还强调发展才是硬道理，要走自己的路，建设有中国特色的社会主义，要以经济建设为中心，坚持四项基本原则，坚持改革开放；一手抓物质文明、一手抓精神文明，两手都要抓、两手都要硬；既要有速度又要讲质量。

世纪之交，经济发展环境更为复杂，以江泽民同志为主要代表的中国共产党人，在建设中国特色社会主义的伟大实践中，形成了"三个代表"重要思想。"三个代表"重要思想的核心内容是：中国共产党必须始终代表中国先进生产力的发展要求，代表中国先进文化的前进方向，代表中国最广大人民的根本利益。

党的十六大以后，为了解决更为复杂多变的问题和完成艰巨繁重的改革任务，以胡锦涛同志为主要代表的中国共产党人，形成了以人为本、全面协调可持续发展的科学发展观。科学发展观的提出，把我们党对中国发展问题的认识提高到一个新高度，为中国经济的高质量发展奠定了基础。

3. 高质量发展理论的形成

在经济全球化浪潮下，国家贸易保护主义盛行，为有效应对新时代经济社会发展的机遇和挑战，以习近平同志为核心的党中央，形成了习近平新时代中国特色社会主义思想。党的十九大报告指出，"我国经济已由高速增长阶段转向高质量发展阶段，正处在转变发展方式、优化经济结构、转换增长动力的攻关期，建设现代化经济体系是跨越关口的迫切要求和我国发展的战略目标"。要坚持以供给侧结构性改革为主线，优化资源配置，促进产业结构转型升级，做大做强实体经济，坚持改革创新和对外开放，保护生态环境，培养高质量文化，增强人民的幸福感和获得感。高质量发展理论的形成意味着中国共产党对经济发展规律的认识达到了一个新高度，高质量发展理论是对马克思主义发展理论的继承和发展。

（二）高质量发展研究综述

自 2017 年 10 月党的十九大提出高质量发展以来，学术界对高质量发展的研究主要集中在高质量发展的内涵、实现途径、评价指标、体制基础以及驱动因素等方面。现有研究相对缺乏系统性、逻辑性和严密性。

1. 关于高质量发展内涵研究

一是结合当前经济发展实践来看。曾宪奎（2019）指出高质量发展的实质是侧重经济发展质量的提升。高质量发展要求经济发展要由粗放型经济增长模式向集约型经济增长模式转变，在经济发展驱动力上要由要素和投资驱动向创新驱动转变，在供给侧方面体现为供给体系效率大幅提升。[①]

二是以新发展理念和社会矛盾视角解读高质量发展内涵。中国社会科学院副院长高培勇（2019）认为高质量发展在发展目标、理念、经济运行、宏观政策主线以及手段等方面具有一系列不同于高速增长的内涵。[②] 秦放鸣、唐娟（2020）从社会矛盾变化、新发展理念以及产业结构调整等角度对高质量发展内涵进行了界定。[③]

三是以经济、民生视角阐释高质量发展内涵。赵剑波等（2019）从系统平衡观、经济发展观、民生指向观三个视角解释高质量发展的内涵。[④] 田秋生（2018）指出高质量发展的本质和内涵是一种新的发展理念，以质量和效益为价值取向，坚持"质量第一，效率优先"的原则。[⑤]

2. 关于高质量发展水平评价指标及测度研究

高质量发展水平评价指标及测度研究大致分为三类。

第一类是针对经济发展的某一侧面进行指数规划，例如可持续发

① 曾宪奎：《我国高质量发展的内在属性与发展战略》，《马克思主义研究》2019 年第 8 期。
② 高培勇：《理解、把握和推动经济高质量发展》，《经济学动态》2019 年第 8 期。
③ 秦放鸣、唐娟：《经济高质量发展：理论阐释及实现路径》，《西北大学学报》（哲学社会科学版）2020 年第 3 期。
④ 赵剑波、史丹、邓洲：《高质量发展的内涵研究》，《经济与管理研究》2019 年第 11 期。
⑤ 田秋生：《高质量发展的理论内涵和实践要求》，《山东大学学报》（哲学社会科学版）2018 年第 6 期。

展、生产效率以及城镇化等方面。如孙晓等（2016）从经济发展、社会进步和生态环境三个方面分析中国277个地级市的可持续发展水平，认为随着城市经济发展、社会进步，生态环境会变差。①

第二类是从新发展理念和社会矛盾视角构建指标体系。金碚（2018）指出新发展理念中的五个方面以及效率、质量等因素可作为高质量发展状况的显示性指标。②李金昌等（2019）以"人民美好生活需要"和"不平衡不充分发展"的社会主要矛盾变化为切入点，从经济活力、绿色发展、创新效率和人民生活等5个部分构建了27个指标。③

第三类是利用现实经济数据进行实际测算得出指标体系。郭倍利等（2020）采用层次分析法测度河北省2013—2018年11个地级市高质量发展水平，构建出经济发展、社会建设、环境保护、创新发展和居民生活五个高质量发展评价指标体系。④张侠、高文武（2020）运用最优极值熵权法衡量中国各省份经济质量发展水平，从经济动力、绿色发展、效率创新、和谐社会和美好生活五个维度选取了34个指标构建经济高质量发展指标体系。⑤姜启波、谭清美（2020）构建基于变异系数的组合赋权评价模型以科学测度我国新时代高质量发展整体水平，分析高质量发展空间分布差异及规律。⑥

---

①　孙晓、刘旭升、李锋、陶宇：《中国不同规模城市可持续发展综合评价》，《生态学报》2016年第17期。
②　金碚：《关于"高质量发展"的经济学研究》，《中国工业经济》2018年第1期。
③　李金昌、史龙梅、徐蔼婷：《高质量发展评价指标体系探讨》，《统计研究》2019年第1期。
④　郭倍利、许春龙、吉小东：《河北省高质量发展水平的统计测度研究》，《统计与管理》2020年第11期。
⑤　张侠、高文武：《经济高质量发展的测评与差异性分析》，《经济问题探索》2020年第4期。
⑥　姜启波、谭清美：《新时期我国高质量发展水平测度及空间差异研究——基于熵值G2与灰色关联CRITIC的变异系数组合赋权法》，《管理现代化》2020年第5期。

3. 关于高质量发展的实现途径及问题的研究

吕守军、代政（2019）认为推动高质量发展要深化供给侧结构性改革，加快产业结构调整，完善创新体制，培育创新主体和载体，深化"放管服"改革，推动政府职能转变以及大力弘扬劳模精神和工匠精神。[①] 任保平、宋雪纯（2020）指出推动高质量发展、建设现代化经济体系的实现路径是进一步激发创新活力，提高协调发展的整体性和推进绿色发展的制度体系建设，形成对外开放的新格局，提高我国公共服务供给能力。[②] 张军扩等（2019）认为我国高质量发展面临一系列问题，如要素市场改革还未完成、质量保障体系不健全、创新不足以及宏观政策制定和落实机制有待完善等。[③]

4. 关于高质量发展的体制基础的研究

王一鸣（2018）认为推动高质量发展从根本上说在于创新体制机制，要营造和经济发展相适应的环境，深化产权制度改革，依法全面保护各类产权，增强各类经济主体的创新创业动力，深化要素市场化改革，完善公平竞争的市场环境，市场决定资源配置。因此，既要发挥市场的决定性作用，又要发挥政府的宏观调控作用。[④] 在这一基础上，卢现祥（2020）提出高质量发展的体制基础主要包括要素的市场化配置、市场决定资源配置的制度体系、基于竞争中性原则的产权制

---

① 吕守军、代政：《新时代高质量发展的理论意蕴及实现路径》，《经济纵横》2019 年第 3 期。

② 任保平、宋雪纯：《以新发展理念引领中国经济高质量发展的难点及实现路径》，《经济纵横》2020 年第 6 期。

③ 张军扩、侯永志、刘培林：《高质量发展的目标要求和战略路径》，《青年记者》2019 年第 7 期。

④ 王一鸣：《大力推动我国经济高质量发展》，《人民论坛》2018 年第 9 期。

度和建立开放准入秩序四个方面。① 任保平（2020）认为社会主义基本经济制度是实现我国经济高质量发展的制度保障，将完善高水准市场体制与高水平开放机制相结合有助于推进经济的高质量发展。②

二、国外关于经济增长理论的历史演进

（一）西方经济增长思想

西方学者对高质量发展的研究主要集中于经济增长方面。经济增长理论一直都是经济学家们不断努力研究的领域，也是西方经济发展学中最重要的组成部分。

在自由竞争资本主义时代，最早开始探讨经济增长问题的是资产阶级政治经济学的代表人物亚当·斯密，他提出劳动生产率和从事生产的人口数是经济增长的两个先决条件。由于从事生产的人口数与社会总人数息息相关，而短期内增加劳动力人数是不切实际的，只能依靠提高劳动生产率来促进经济增长，为此他还提出资本积累和分工是通过提高劳动生产率和就业率，以达到增加社会财富的目的。

在垄断资本主义时代，熊彼特提出创新理论，指出企业家的创新活动才是经济增长的源泉，只有通过创新，经济才能发展。20 世纪 30 年代，资本主义爆发前所未有的经济危机，社会一片萧条。关于经济增长的问题是西方经济学关注的重要领域，主要代表人物是凯恩斯。凯恩斯指出需求不足是导致经济衰退或混乱的原因，需求决定生产和就业水平，可以通过国家资本、私人资本和劳动的有效配置实现国民收入增长，促进经济发展。

---

① 卢现祥：《高质量发展的体制制度基础与结构性改革》，《社会科学战线》2020 年第 5 期。
② 任保平：《高质量发展的制度保障》，《红旗文稿》2020 年第 4 期。

由于垄断资本主义时代的经济发展还是粗放型的，科技水平较低，仅仅依靠过度消耗资源、破坏环境以及增加劳动力来增加社会财富。20世纪40年代中期，哈罗德—多马经济增长模型强调投资或资本积累对于经济增长的决定性作用，当资本家追加的投资与不断增加的储蓄持平时，社会就能充分利用生产资源，达到国家财富稳定增长的目的，在这其中，科技不仅能够推动经济增长，还能提高资本和劳动的利用率。

20世纪50年代中期索洛创立了索洛增长模型，该模型描述了在完全竞争市场，假设规模报酬不变，资本、劳动和知识所引起产出的增加。人均产出增加来源于人均资本量和技术进步，在这其中，技术进步能够实现人均产出的永久性增长。索洛模型未能真正解释长期经济增长的来源，只是简单地把技术进步看成外生给定的，是通过"假定的增长"来解释增长的。

在索洛之后，西方经济学家引入全要素生产率的概念，基于不同国家各种增长源对人均收入增长的贡献，分析不同增长源在经济增长中的重要作用。美国经济学家在估算了西欧、日本和本国的各种要素对经济增长的贡献度和全要素生产率对经济增长的贡献度之后，发现在这些国家经济中，全要素生产率的投入增加贡献度明显高于劳动、资本和土地的投入增加贡献度。

20世纪70年代以后，区别于以往时代背景下萌发的经济增长思想，西方资产阶级经济学从制度这一全新的角度研究有关经济增长的问题，主要代表人物为科斯，他认为资本积累和分工这些因素本身就是经济增长，产业革命是经济增长的结果，而不是原因。

（二）马克思主义政治经济学

马克思认为商品是使用价值和价值的有机统一，使用价值是人类从事生产活动来满足生活需要的直接目的。随着生产力水平的提高，人类的需求水平和需求能力也逐渐提高，对产品质量提出了更高的要求。自然经济条件下，产品的生产者是使用价值的关注方。人类从事各类生产活动以获得产品的使用价值来满足自身的需要，随着生产力水平的提高，商品的质量也将不断提升。进入货币固定充当一般等价物的商品经济后，商品使用价值的关注方转变为消费者。提供商品的生产者是供给方，持有货币的是需求方。供给方的目的是出卖商品从而获取同等交换价值量的货币，需求方的目的是支付货币获取符合心意的商品使用价值。

马克思用 W-G-W（商品—货币—商品）来表示简单的商品经济，货币作为流通媒介，交易双方进行交易的本质目的是获取商品的使用价值，在这一过程中，商品质量是否合意成为交易能否完成的重要因素。当经济社会发展到资本主义市场经济时，生产与交换的目的发生了质的改变。马克思用 G-W-G（货币—商品—货币）来表示这种经济形式，资本家使用货币购入商品，然后再将商品出售重新收回货币，交换的目的不是获取商品的使用价值而是为取得货币的增值。在这种经济形式下，商品的使用价值及质量被大大削弱，只有在不影响或者有助于商品完成"惊险的跳跃"的前提下资本家才会考虑它们。

马克思主义政治经济学强调生产力与生产关系的辩证统一。生产关系是不断变化发展的，它会随着生产力的发展而不断变化。在社会发展的不同阶段，要根据生产力的发展情况和社会主要矛盾，适时调整生产关系以使生产关系适应生产力的发展。高质量转型的关键是

"提效、增质",是把社会形态目前还缺乏的部分创造出来。当前,我国生产力与生产关系内部及其之间存在影响经济高质量发展的种种瓶颈,例如:自然资源浪费严重与资源供给约束趋紧;劳动力红利消退与劳动力等生产要素成本上升;制造业水平中低端与产业自主创新能力低下;等等。新时代提出高质量发展转型升级是发展生产力、解决生产力与生产关系矛盾的必然要求。高质量发展是能够满足人民日益增长的美好生活需要的发展,它会随着社会矛盾和生产力状况的变化而不断丰富更新。

（三）经济增长理论综述

据文献记载,有关经济高质量发展的相关概念可追溯到"可持续发展"概念的提出。"可持续发展"一词最早由国家自然保护同盟会在1980年制定的《世界自然保护大纲》中提出。1987年世界环境与发展大会发布了《我们共同的未来》,首次将"可持续发展"概念应用于社会发展领域,强调人类社会与自然生态环境的共同发展。1989年,第15届联合国环境署理事会通过《关于可持续发展的声明》,1992年6月联合国环境与发展大会发布可持续发展的相关报告《21世纪议程》,将可持续发展作为全球发展战略。在这期间国外很多著作对此做了研究,其中最具代表性的是1996年出版的《超越增长——可持续发展经济学》,书中指出可持续发展是一种超越增长的发展,强调建立质量型发展。2000年,世界银行出版了《增长的质量》一书,该书指出在经济发展的过程中,既要关注增长质量,又要关注发展质量,被认为是在经济增长理论方面较为成熟的思想和研究。

"经济增长质量"的概念很早就被苏联经济学家卡马耶夫提出,该概念重点考察了经济增长速度与产品结构间的关系。巴罗（Barro,

2000）提出经济增长取决于质量和数量两个因素，而经济发展质量与经济增长密切相关，教育水平、法律、收入水平、预期寿命和身体健康状况等社会、政治以及宗教因素都会对经济增长产生重要影响。托马斯（2001）从福利、资本市场、教育资源分配、自然环境和腐败行为等角度全面分析了各个国家抵御全球金融风险的能力，经研究发现经济发展质量进程的关键内容有机会分配、全球性风险管理和结构治理以及环境可持续等方面，经济增长率水平相近的国家福利效果不同。

第二节　高质量发展的理论创新

当前，国家经济正经历着前所未有的转型，突出表现为经济发展方式的转变以及经济结构的发展优化。基于新时代背景，着眼于经济发展中的顽疾和新出现的问题，习近平总书记明确指出，未来的一段时间内，我国经济发展将专注于高质量发展。这一理论无疑是在中国特色社会主义理论与实践基础上的创新发展，有着十分丰富的内涵。

一、高质量发展是马克思主义经济理论的最新成果

70 多年来，中国共产党始终以马克思主义经济学理论为指导，带领全国人民进行社会主义建设和改革，中国社会生产力获得大幅提高，人民生活水平极大改善。高质量发展理念的提出，是新时期中国特色社会主义经济思想的重要组成部分，也是 21 世纪马克思主义经济理论的最新发展，其背后蕴含许多政治经济学的根本性理论。

一方面，唯物辩证法认为质是一事物区别于其他事物的特殊的内

在规定性。事物的性质是由主要矛盾的主要方面所决定的，由事物的属性在运动中反映出来。质量一词包含了更多人的主观评价因素，这种评价因素并不是纯主观的东西，而是在客观发展规律下人的意识产生对事物质的认同和要求。它在内容上是客观的，形式上是主观的。这种评价不是建立在少数人的主观愿望上的，而是建立在大多数人的实践基础上的，所以质量范畴有着自身的客观评判标准。

另一方面，马克思主义经典理论强调，商品是使用价值和价值的统一体，从根本上来说，是一个矛盾体，使用价值是商品价值的物质承担者。由于商品包含数量和质量两个方面，商品的质量决定商品数量的实现，商品的使用价值同样实现着商品的交换价值。高质量发展理论就是在马克思主义理论的基础上加以扩展，从使用价值一方研究商品的消费，从交换价值一方研究商品的市场认同。

社会主义生产的目的是最大限度地满足人们不断增长的对美好生活的向往，即满足人们的高质量发展需求。高质量发展不仅意味着社会物质资料生产的增加以及物质生活水平的提高，还意味着人们的文化水平和精神生活的提高以及公平正义的实现等。新时代高质量发展，不仅是经济效率的提升和人民物质生活水平的提高，还包括社会公平的实现以及经济环境的改善等。

二、高质量发展是基于中国特色社会主义经济发展理论与实践的创新

自改革开放以来，我国就坚持以经济建设为中心，立足国情，不断进行中国特色社会主义经济发展理论与实践的探索。在党的十八大上，习近平总书记提出，"我国经济已由高速增长阶段转向高质量发

展阶段"，这是站在新时代和国家全局战略的角度提出的新思想，也是中国特色社会主义经济思想在新时代的重要演进。自党的十八大以来，我国已初步建立起一套完整的有中国特色的社会主义经济发展理论。

伴随着国家逐渐步入中国特色社会主义的新时代，中国的经济发展也紧随其后。同时，我们仍应看到，处于新时代的中国，国家的经济发展也正面临着来自后危机时代的严峻挑战：中国贸易争端增多，能源资源瓶颈凸显，信息安全存在极大隐患，金融风险越来越大。面对错综复杂的经济环境，党的十八大以来，习近平总书记就我国经济发展所面临的风险与挑战、矛盾与问题，对我国经济发展的趋势指明了道路。为寻求高质量发展，中共中央始终坚持稳中求进，并以此作为经济工作的总基调。这一思想既强调了在经济工作中对量的要求，又指出，对经济工作中质的要求也绝不能忽略。一方面，速度的增长是当前经济发展阶段的现实需求所在；另一方面，稳定的经济环境更是结构优化、优势释放、质量改善和效益提升的前提。

经济发展的一切都是为了改善民生，这是我国经济发展的根本目的，高质量的经济发展需要依赖人民的力量，而最终经济的高质量发展也是为了造福人民。为了实现这一根本目的，我国在促进经济高质量发展的过程中，每项任务和每次部署都体现出中国特色社会主义的民生福祉。前有"六稳"工作的部署，后有"两个轮子"的驱动，每一次部署都是为了改善民生、造福人民。我国的经济发展理论已经有了创新型的发展，我国的经济发展阶段，也已经由高速增长向高质量发展转变。我国的经济发展正朝着更高质量、更好效益、更优结构的方向迈进。

三、高质量发展是对科技创新理论的继承和创新

经济发展不仅重视数量的提升，更强调结构优化、效益提升和质量改善，因此，坚持创新推动发展、可持续性发展是高质量发展必须贯彻的理念。传统意义上的科技创新理论强调创新是推动经济发展的重要力量，科技要素的贡献度是衡量经济发展质量的指标。第一位提出创新理论的经济学家是熊彼特（J.A.,Schumpeter），他在《经济发展理论》中将创新单独拿出来研究其对经济发展的作用。熊彼特对创新理论在经济发展理论中的应用作出解释，提出了"创新是一种创造性破坏""创新是经济发展最本质的属性"等一系列思想观点。经济学家库茨涅茨（Kuznets）认为知识能够转换为生产力，并以此促进经济增长。这其中包括各类科学知识、科技发明的应用和推广，不断地将其运用到实际生产力中。格罗斯曼（Grossman）和赫尔普曼（Helpman）是技术转移和技术创新内生理论的创立者，他们指出，科技进步提高了生产效率，加快了经济增长方式的转变，这是内生经济增长理论的重大创新。

高质量发展理论对科技创新提出了新的要求。在微观层面，企业作为科技创新的市场主体，应积极发挥自身优势，依托国家利好政策，把创新驱动、科技转型作为企业发展动力，加速提升产业水平，升级产品和服务质量，将科技性能更好的输入产品，真正实现科技赋能和应用型创新。在中观层面，提升价值链层次、产业链水平和区域科技创新水平，在产业层面落实经济高质量发展。这一层面需要实现国家制度政策与产业结构的相互衔接，理顺国家机制的要求，为科技创新更加顺利地进入产业层面铺好路。在宏观层面，要求国家的整体科技能力在世界总体水平上取得更具竞争力的地位，打造科技强国，

树立起科技兴国的标杆。为此，我们需要更加关注国家专利成果的世界排名和对外科技的依存度，这是衡量科技成果国际竞争力的两个重要指标。要实现高质量发展，就要掌握尖端科技发展制高点，成为关键科技领域的领跑者，新兴、交叉和综合性领域的开拓者。

第三节　高质量发展的现实意义

自 2008 年金融危机以来，受国际政治经济环境错综复杂、不可预测的影响，我国经济发展面临着总需求不足、贸易保护主义盛行、环境污染、资源枯竭以及低端产能过剩、高端供给不足等现实困境，在这一背景下企业的高效高质成长和人民的美好生活受到了一定程度的制约，如何实现经济、文化、社会的全面发展成为摆在全国人民面前的一道难题，这一形势已经严重影响了中国经济的高质量发展。党的十九大高质量发展理论的提出，标志着我国经济发展进入全新的阶段。本书从新发展理念的视角总结高质量发展的现实意义，包括以下几个部分。

一、高质量发展有利于提高科技创新能力

创新与发展是两个共生的话题，科技创新是高质量发展的驱动力，高质量发展是科技创新的保障。高质量发展为我国科技创新能力的提升创造了广阔的空间，进一步丰富了经济发展理论。"凡事预则立，不预则废。"党中央在 2017 年党的十九大上提出推进高质量发展的重大举措是合时宜的明智之举。结合目前我国的发展现状，现阶段的高质量发展更加强调自主创新的力量。

高质量发展不仅包含经济系统的发展还涉及社会系统、文化系统和生态系统等多方面的发展,其内涵和意义比经济增长要更加全面、深刻。高质量发展本身就包含了科技创新内容,通过改变技术轨迹、突破目标约束以及构建创新体系促进自主创新能力的提升。具体实现机制如下:高质量发展目标要求我国经济发展模式由高碳经济向低碳经济转变,技术依赖向技术自主转变,促进结构的转型升级,减小贫富差距,实现社会公平,由单一、片面向全面协调可持续转变,真正实现又好又快发展。在高质量发展目标的前提下,政府管制作为一种强制性的制度约束会改变一些企业的技术轨迹和突破企业的目标约束,通过构建协同创新体系促进科技创新能力的提升。

二、高质量发展有利于缩小区域协调发展差异

我国经济发展整体呈现"东高西低"的整体分布格局,各区域经济发展水平差异明显。综观所有地区经济发展水平,北京、上海、江苏、天津等区域经济发展水平高,人均 GDP 和人均收入消费居全国前列,北京和上海优势尤为明显,西藏、新疆、甘肃等地区多属于西部偏远地区,经济发展滞后。高质量发展涉及全面协调可持续发展方面的内容,它的提出为各地区补齐短板、找出薄弱环节从而进行精准施策提供了依据。自党的十九大提出高质量发展理论以来,我国区域协调发展成效显著,经济总量大幅提升,发展差距不断缩小,协调性日益增强。习近平总书记指出要着力推动区域协调发展,城乡协调发展,促进经济结构转型升级。高质量发展要求全面协调可持续,从而进一步缩小区域协调发展差异。

三、高质量发展有利于提高绿色发展水平

"绿水青山就是金山银山。"随着经济的不断发展，经济发展与环境保护、资源节约之间的矛盾日益凸显，给中国经济可持续发展带来沉重的负担。2021 年 4 月 30 日，中共中央政治局第二十九次集体学习时，习近平总书记指出，实现碳达峰、碳中和是我国向世界作出的庄严承诺，也是一场广泛而深刻的经济社会变革，绝不是轻轻松松就能实现的。高质量发展理论更加强调绿色发展和可持续发展，能够促进实现经济社会发展与资源环境共生共荣。高质量与绿色发展的交汇将产生巨大的作用，使中国在高质量绿色转型道路上取得重大的进展。高质量发展本身就包含着绿色发展，高质量发展能够增加社会产能和政府税收，国家和地方也就可以拿出更多资金来保护环境，从而促进绿色发展。

四、高质量发展有利于加深开放程度

过去所取得的经济成就都是在开放当中取得的，为此我国更应该坚定不移地奉行互利共赢的开放战略。事实证明，全球化趋势不可逆，国际关系对我国经济的发展有着重要的影响。自高质量发展这一思想提出以来，中国经济开放程度逐渐加深，形成了多层次、全方位、高水平的开放型格局。我国着力继续推进一带一路建设，积极参与全球治理和公共产品供给，努力构建人类命运共同体，加强吸引外商投资，提高本国企业的国际竞争力，为企业走出去赢得更广阔的市场空间。

五、高质量发展有利于实现更大力度的共享发展

习近平总书记指出，"改革发展搞得成功不成功，最终判断标准

是人民是不是共同享受了改革发展成果。"高质量发展的最终目的是实现改革发展成果由人民共享，逐渐满足人民对美好生活的向往，使人民获得更大的满足感。经济高质量发展的目的是为人民增福祉，习近平总书记反复强调要多谋民生之利，多解民生之忧，促进社会公平正义，改善民生。就业是民生之本，教育是民生之基，社会保障是民生之安全网，住房是民生之保障，这些都是高质量发展要求的体现。

第四节　高质量发展的独特内涵

高质量发展意味着中国社会、经济、民生和生态等全方位的提升，仅仅考虑经济总量与数量上的增加是片面的，与新时代的发展要求背道而驰。从当前形势来看，中国经济正处于由量变到质变的转型过程中，推动高质量发展是保持经济持续健康发展进而建设社会主义现代化强国、实现中华民族伟大复兴的必由之路。科学把握高质量发展的独特内涵显得尤为重要。

一、宏观经济发展视角

高质量发展是指经济稳定增长，充分就业，推动经济发展从粗放型向集约式转变，保持经济平稳运行，实现发展成果由人民共享。为此，新时代背景下，要以创新为动力，坚持稳中求进，保障经济活动各环节有序运行，经济结构更趋合理；遵循客观规律，发挥各地优势，制定科学合理的地方政策，使各类要素合理流动和高效聚集；建立优势互补的地区经济带，支持东部地区优先发展，加强京津冀地区经济协作，形成新的区域经济增长极。从宏观经济视角理解高质量发展的独特内涵，从而为政策制定提供更有力的依据。

二、产业变革层面

高质量发展是指产业结构日趋合理，布局逐渐优化，发展效益不断提升。主要体现在以下四个方面：一是产业规模不断扩大。新时代下，国家提倡建立现代产业体系，增强经济发展动能，使现代农业、服务业和先进制造业等不断发展扩大，实现国民经济的持续快速增长。二是产业结构不断优化，调节产业之间的比例，满足不断增长的社会需求。三是创新驱动转型升级。技术创新能够带来产业变革，为产业注入新的活力，进而促进产业生产效率的提升，是高质量发展的重要助推器。四是质量效益不断提升。以最小的成本换取最大的质量效益是企业追求的目标，也是产业转型的重点。

三、民生布局指向

高质量发展就是为了满足人民的多层次需求，既为人民提供高质量的产品和服务，又要保障公平正义，为人民的自我实现营造良好的外部环境。高质量发展的落脚点与社会主义生产的最终目的高度一致，即让社会公众能够获得高质量产品。

随着经济发展水平的提高，尤其是在进入高质量发展阶段，人民收入水平和生活水平获得大幅提升，开始追求更高层次的需求，对物质需要的满足由更多向更好转变，同时对于高品质服务的需求也快速增长，对中国制造、中国创造和中国服务等提出了更高的要求。因此，从民生视角理解高质量发展的独特内涵，就是要提升质量的合意性，解决产品和服务质量好坏问题以及人民满意不满意的问题。质量高低是影响人民美好生活满足程度最为直接的因素，影响着中国经济质量优势能否形成以及中国经济能否顺利向高质量发展阶段迈进。经济高质量发展能够带来社会整体福利水平的提升和成果分配的完善，以至满足更高层次的民生需求。

四、企业经营内驱

高质量发展需要企业具备全球一流的竞争力、品牌影响力，保持产品的可靠性与持续创新性。

第一，高质量发展要求企业在规模实力、行业布局和技术水平等方面都应该名列前茅，具备行业规则和标准的话语权，保持企业在经济效益、管理水平和公司治理等方面的竞争优势，在激烈的国际竞争和行业竞争中立于不败之地。同时企业还应在技术创新、制度创新、管理创新和商业模式等方面具有引导优势，能够引领或推动整个行业的发展。

第二，高质量发展要求企业具有品牌影响力。长期以来，"价廉""低附加值"一直是中国品牌的标签，中国处于全球价值链中高端的产业、企业、产品仍处在少数。企业层面要实现高质量发展，就要顺应消费个性化、多样化的发展趋势，增加商品和服务供给量，在创新上多下功夫，形成具有全球影响力的品牌。

第三，高质量发展要求企业拥有先进的质量管理方法。认真学习西方先进的质量管理思想，在充分考虑中国市场经济、历史文化等的基础上，逐渐形成具有中国特色且具有国际影响力的质量管理体系，带动中国企业实现变革，稳步提升经济质量和效益。

五、新发展理念内涵

高质量发展蕴含着新的发展理念。在上一个经济高速增长阶段以GDP增速作为评判经济发展高低的主要标准，而在高质量发展阶段，质量第一和效益优先成为各行各业的共同追求和关注点。坚持质量第一是指在经济运行的各个领域严格把好质量关，促进微观产品与宏观经济增长、微观产品与服务质量的提高，为高质量发展奠定基础。坚持效益优先是指牢牢抓住经济运行中生产要素高效配置这个关键，提高全要素生产率，实现各方面效益的最大化。更进一步讲，发展质量和效益的共同提高意味着能够更快地完成社会主义现代化经济体系建设，推进经济发展向更高质量、更高水平、更高效率转变。推动高质量发展，应在保持经济规模持续增长的同时实现绿色发展，为我国经济发展方式转变、全面建成小康社会和实现伟大复兴中国梦奠定基础。

第二章　我国高质量发展的成就与问题

第一节　我国区域高质量发展态势

党的十九大报告指出，我国经济已经进入高质量发展阶段。在内外部环境和条件均发生深刻变化的背景下，推动高质量发展也面临着许多新问题。2020 年 7 月 30 日召开的中共中央政治局会议指出，我国高质量发展虽然具有诸多优势，但仍然存在不平衡不充分的问题。从"转向"到"进入"标志着我国推动高质量发展，实现经济发展质量变革、效率变革、动力变革有着更加重要的现实紧迫性。为达到此目标，科学认识与理解我国高质量发展的成就与问题显得尤为关键，本节从我国区域高质量发展态势角度进行分析。

一、我国生产力布局的历史沿革

自新中国成立以来，我国生产力布局总体上经历了均衡、分散、集中、协调四个主要发展阶段，关系着要素的空间流动和产业分工的形成。

20 世纪 50 年代到 60 年代中期是均衡发展阶段。我国内陆地区的工业发展较为落后，经济的主要发展地都集中在沿海地区。为解决沿海与内地工业的失衡状况，在马克思主义均衡理论的指导下，苏联援建我国重点实施推进的"156项重点工程"，有70%以上布局在北方，其中东北占了54项。

20世纪60年代中期到70年代末，经济发展步入分散发展阶段。鉴于中苏关系恶化、中美关系趋于紧张的国际局势，为保障国防安全，我国提出要大分散、小集中，少数国防尖端项目要"靠山、分散、隐蔽"，正式实施"三线建设"。在1964年到1980年这十几年内，中国向"三线地区"所在的13个省、自治区、直辖市共投资2052.6亿元，建成1100多个大中型工矿企业、基础设施、科研单位和大专院校。企业向"小三线"地区和城市周边偏远山区疏散，这使得生产力在空间上形成分散布局的格局。

20世纪80年代到90年代进入集中发展阶段。随着党和国家的工作重点转移到以经济建设为中心的轨道上，区域发展原则从追求公平开始向追求效率转变，总体上实施东部优先发展的区域发展战略，促使生产力布局由分散化向集中化转变。这一阶段的主要战略是在东部沿海一带设立经济特区和经济开发区，充分发挥东部地区的产业基础和区位优势，吸引资源向东部地区集聚。

21世纪以来进入协调发展阶段。党的十六届五中全会提出我国经济发展的重点分为西部大开发、中部崛起和东北振兴，逐步形成了东、中、西和东北地区"四大经济板块"。党的十八大以来，我国深入贯彻区域协调发展战略，现已形成涵盖京津冀、长江经济带、粤港澳大湾区、长三角地区、黄河流域的五大国家战略。此战略连南接北、承东启西，与四大经济板块交错互融、优势互补，共同助力区域经济高质量发展。

二、四大经济板块呈现支撑高质量发展态势

我国四大经济板块发展各具特色。东部地区下行压力有所加大，但结构持续优化；中部地区经济增速最高、运行最稳定，更深拓展我国经济发展新空间；西部地区不断夯实我国战略回旋余地；东北地区企稳回升，维护国家粮食和生态安全的能力持续增强。[①]

（一）东部地区结构不断优化

东部地区一直发挥着我国经济发展重要牵引和推动的作用。近年来，受外部经贸环境冲击和新冠疫情的影响，东部地区在出口、工业、投资等方面出现了不同程度的下降，经济下行压力一定程度加大，对全国经济的拉动力也出现减弱现象。但由于我国东部地区长期以来致力于先进制造产业链的打造、产业结构不断优化、创新驱动发展战略有效落实，东部经济整体发展仍然具有强大的核心竞争力。2019年我国东部地区生产总值51万亿元，同比增长6.2%，作为中国整体经济最为发达地区，虽然其经济增速已全面回落至全国平均水平，但由于经济体量巨大，东部地区作为我国重要创新策源地的地位并无变化。在"十四五"期间，东部地区将持续攀爬价值链高端和创新链前端，进一步增强创新动力和活力，发挥我国高质量发展的风向标和动力源作用。

后疫情时期全球主要国家纷纷进入以"绿色发展＋数字化"引领高质量发展的新阶段。早在"十三五"以来，作为东部地区一个重要的沿海省份，江苏就以重点高耗能行业节能降耗为工作重点，加快推进工业绿色转型，取得了显著成效。现阶段，江苏累计创建国家绿色

---

① 贾若祥、继源、汪阳红、窦红涛：《五大国家战略引领，四大区域板块支撑》，2020年1月17日，见 http://cjjjd.ndrc.gov.cn/zhongshuochangjiang/xsyj/202001/t20200117_1219215.htm。

工厂 147 家、绿色园区 11 个、绿色供应链企业 7 家，数量位居全国前列，具有重要的示范价值与引领作用。

（二）中部地区崛起势头强劲

党的十八大以来，在以习近平同志为核心的党中央的坚强领导下，中部地区经济社会发展取得重大成就，是我国近年来经济增速最高、运行最稳定的板块。作为国家重要的粮食生产基地、能源原材料基地、现代装备制造及高技术产业基地和综合交通运输枢纽，中部地区在国民经济发展中的地位更为巩固。2019 年中部地区生产总值达 21.87 万亿元，增长 7.3%，中部地区的平均增速在四大板块区域中表现最为出色。同时，东部地区发展不平衡和不充分的问题依然显著，作为内陆城市群，整体开放水平有待提高，生态绿色发展格局有待巩固，创新活力和能力有待增强。

2021 年 4 月 23 日，新华社发布《中共中央 国务院关于新时代推动中部地区高质量发展的意见》，指出，中部地区要充分发挥承东启西、连南接北的区位优势和资源要素丰富、市场潜力巨大、文化底蕴深厚等比较优势，着力构建以先进制造业为支撑的现代产业体系，着力增强城乡区域发展协调性，着力建设绿色发展的美丽中部，着力推动内陆高水平开放，着力提升基本公共服务保障水平，着力改革完善体制机制，推动中部地区加快崛起，在全面建设社会主义现代化国家新征程中作出更大贡献。

（三）西部地区保持高速增长

西部大开发战略实施以来，西部地区在交通基础设施、基本公共服务等领域获得极大改善，还建立了一大批国家级产业转型示范区，有效地促进了工业化进程。

一方面，西南地区依托海陆新通道、成渝双城经济圈等区域战略，区域经济增长新动能显著，成为延续国家经济增长奇迹的新区域，被称为"西南高地"。2019年西南地区生产总值最高的四川和重庆，分别为4.66万亿元和2.36万亿元，超过了云南、贵州和西藏。无论在西南地区还是其他地区，川渝两地的综合经济实力均处于较强位次，成为引领西南地区发展的"领头羊"。川渝经济圈加速融合，跨省旅游恢复，智能制造、数字经济、区块链、新型消费等蓬勃发展，带动西南地区新旧动能加速转换。西南地区人口超过2亿，城镇化率刚过50%，第一产业的就业比重仍超40%，城镇化和工业化的潜力巨大。

另一方面，西北地区正面临经济转型的阵痛期，原先被高速增长掩盖着的结构性矛盾，也在宏观经济增速放缓的背景下，逐步暴露。目前，经济结构仍以能源、化工等资源重工业为主，面临较大转型压力。2019年我国常住人口城镇化率首次突破60%，但西北地区城镇化率却长期低于全国平均水平。

（四）东北地区企稳回升

东北地区是我国老工业基地振兴发展的关键地区，维护国家国防安全、粮食安全、生态安全、能源安全、产业安全的战略地位十分重要。近年来，东北地区发展相对滞后情况明显，经济总量占全国总量的比重不断下滑，常住人口减少超过100万，且多数为年轻人和科技人才。受宏观周期波动和内生动力不足的影响，东北地区经济正处于转型升级的关键期。2019年，东北地区生产总值约5万亿元，增长4.5%，自2016年触底后基本不再下滑，总体稳定在4%到5%区间，逐渐呈现企稳回升势头。2020年，受国际国内能源价格和能源消费等相关因素的影响，东北地区产业转型升级仍然存在较大的难度，要以改革为突破口，着力破解体制机制障碍，着力激发市场主体活力，着力推动产业结构调整优化，促进优质人口向中心城市集聚，走出一条质量更高、效益更好、结构更优、优势充分释放的发展新路。

第二节　跨越式的高质量发展

目前国内经济运行稳中有变，变中有忧，对外贸易环境复杂严峻，经济下行压力加大，尤其是 2020 年上半年一场突如其来的疫情，社会经济发展中不稳定不确定的因素显著增多。正如习近平总书记 2020 年 10 月 12 日在广东考察时所说，"现在我们正经历百年未有之大变局，要走更高水平的自力更生之路"，这也是我国经济向形态更高级、分工更优化、结构更合理阶段演进的必经之路。

高质量发展对我国发展全局有着重大现实意义和深远历史意义。俗话说"欲速则不达"，高质量发展不仅要"蹄疾"，更要"步稳"，不但要关注经济规模和增速，还要更加注重经济质量和和效益。我国拥有稳定的工业体系、巨大的内需市场、充足的政策空间和稳定的生产要素，长期稳中向好的总趋势没有改变，只是要更稳地推进高质量发展。要做到"步稳"，坚实走好跨越拐点的每一步，推进社会经济走上更高的台阶，必须坚定不移贯彻新发展理念，以深化供给侧结构性改革为主线，优化空间布局，完善基础设施，壮大优势产业，拓展共享平台，保障整体质量和效益的稳中求进，使发展成果更好地惠及全体人民，不断实现人民对美好生活的向往。

一、科技创新推动产业转型升级

随着科技的快速发展，科技创新为经济转型升级和高质量发展赋予了新的动能。作为具有全球影响力的科技大国，依靠"中国智造"抢占高质量发展高点，领跑全球。近年来，人工智能在科技领域已经掀起新一轮技术创新的浪潮，进而引发全球产业革命和竞争的重构。全面发挥科技创新能动性，需要在高新技术方面力争突破，瞄准大数据、区块链等新兴领域，努力打造现代先导产业，让高速发展的高新技术产业和装备制造业领跑整体工业，新旧动能加速转换。培养"好的企业更好"，带动相关和支持性产业的发展升级，推动产业整体的稳健、有序、高质量发展，需要政府加大财政支持力度，优化资源要素配置，用好发展扶持政策，以优质的营商环境和商业生态为人工智能企业提供切实、精准的支持。

科技创新可以为金融领域的高质量发展赋能，金融市场特征、竞争格局以及商业模式等均将被数字技术驱动的金融科技重新定义与解析。全球金融领域正面临颠覆性技术、数据治理、数字鸿沟、交叉性金融风险等多重挑战，亟待对未来技术前景加以有效预测和引导性干预，架构出适合数字经济时代发展、基于全局观的长三角一体化发展理念，制定更为科学而全面的金融科技创新政策，主动应对金融行业转型升级面临的风险和挑战。

党的十九大指出：实体经济要和互联网、大数据、人工智能深度融合，发展数字经济、共享经济，培育新的增长点，形成新动能，这为我国数字经济发展指明了方向。作为具有显著特色的数字经济领域创新大省，浙江政府积极响应中央号召，印发了《关于全面加快科技创新 推动高质量发展的若干意见》，即"科技新政50条"，"科技新政

50 条"由总体要求、政策举措和保障措施三部分组成。其中在政策举措部分，聚焦关键核心技术、实施科技创新大项目、聚焦区域协同创新、谋划高新技术产业大布局、聚焦企业创新能力提升、培育创新型领军企业大主体六个方面。旨在为地区高质量发展注入全面的创新驱动力，可以概括为"一强三高十联动"，包括以创新强省为工作导向，以高新企业、高新技术、高新平台为重点，加快打造"互联网 +"和生命健康两大科技创新高地，打造创新创业生态系统。目前已经建成数个主要围绕数字经济和生命健康的科研专项，并且财政拨款 100 亿元支持之江实验室建设，助力西湖大学打造具有全球影响力的生命科学研究中心，引进和培育高端创新载体，重点支持 100 家骨干高新技术企业和 100 家海外研发中心，推进创新专利产业化，深化科技体制改革。

二、科教优势为产业转型升级增添新引擎

伴随着全球新一轮创新经济浪潮的到来，许多城市都面临人才流失和科研成果转化难的问题。

首先，要破解"科研成果转化难"问题。以武汉为例，武汉高校大学数量和在校大学生数量均居全国首位，是一个名副其实的科研大市，所产出的科研成果丰富且覆盖面广，但大多数科研成果都沉淀于实验室，并没有真正盘活运用于生产制造领域，加上地理位置和城市定位，武汉更像是一个为超一线城市生产和输送人才的战略储备城市。如何发掘自身的特殊优势，留住人才是武汉目前亟待解决的问题。科研沉淀是多方作用的结果：第一，作为中部最大的城市，武汉是大都市区的"主中心"，长期以来武汉的龙头带动和辐射功能不断凸显，

但发展空间有限，经济开放度、科研活跃度还不够高；第二，缺乏像深圳的腾讯、华为这样的超大型领军企业；第三，高校对科研人才成果的引导方向不够开放，更多的科研成果被限制于校内；第四，缺少足够权威的第三方平台，企业的需求和高校的科研技术无法准确对接。

为鼓励高端创新要素的聚集，实现科研成果的转化，全国多地推进产业技术研究院建设。产业技术研究院的主体可以是政府、企业和科研院校，形成三方联动的科研成果产业流程循环化。在这个产业循环的外围，政府出台相关政策，鼓励校企合作，聚焦于产业愿意"买单"的技术需求，例如通信、计算机等领域。由产业技术研究院牵头，采取项目经理制等新举措，由企业消化高校的科研产出，完成高新技术的快速产业化、成熟化，形成系统科学有效的科研成果转化体系，极大地调动各方的积极性，助力企业走上科技发展快车道，更为地方创新经济注入全新动力。

其次，紧抓基础教育不放松。教育为社会主义建设现代化服务，是指为社会主义物质建设服务，同时也指为社会主义精神文明，为社会主义民主法制和为社会全面发展进步服务，后三者同基础教育的关系更为密切。目前我国部分省份在基础教育师资人才方面出现问题，面临"学位紧缺""城市挤农村空""教师农村下不去、留不住"等问题，基础教育成为工作重点。

针对上述问题，提出以下要求和建议。第一，促进教育公平，少建少评重点学校，合理配置教育资源，主要向农村、边远、贫困、少数民族等地区的基础教育倾斜。第二，落实教师待遇，让农村留住优秀教师。落实教育优先发展，必须让教师安心从教、热心从教。《教师法》规定中小学教师的平均工资收入水平不低于或高于当地公务员的平均工资收入水平，其中的"工资收入"应该是一个人全年的总收入，应该对标同等等级公务员的所有收入。第三，改变"唯成绩"论，不给学生按分排位。基础教育的重点应当是培养学生综合素质，应当遵循教育规律和人才成长规律，让学生德智体美劳全面发展，只有改变"唯成绩"论，才有利于基础教育高质量发展，真正实现从"学有所教"到"学有优教"的转变，加快补齐基础教育短板。

当前我国正面临机遇交汇、战略叠加，需要集聚科教文卫各方力量，集中突破高质量发展的瓶颈，重点发展实体经济，加快推进基础设施一体化、区域市场一体化、社会治理一体化、公共服务一体化，稳住经济基本面，培育新的经济增长点，不断提升发展质量和效益。

三、绿色发展倒逼产业转型升级

党的十八大以来，我国高度重视经济发展和生态保护不平衡的问题，生态优先、绿色发展成为高质量发展的必由之路。各地各部门协同努力，共创生态文明建设，其力度之大前所未有，"绿水青山就是金山银山"的观念正逐渐深入人心。

国家发展改革委印发的《"十四五"循环经济发展规划》提出，到 2025 年，循环型生产方式全面推行，绿色设计和清洁生产普遍推广，资源综合利用能力显著提升，资源循环型产业体系基本建立。现阶段工业污染仍然是环境污染的罪魁祸首，如何界定工业对环境的破坏程度，需要引入一个概念——排放量，治理污染需要梳理排放总量的理念，将其作为一把戒尺，把污染物的排放总量限定在环境容量以内，让环境容量发挥硬约束的作用，倒逼产业结构转型升级，借此强化企业排放量改造的观念，全力打造高效、清洁、低碳、循环的绿色制造体系，推动绿色产品、绿色工厂、绿色园区全面发展。

江苏已基本形成推动循环经济发展的政策法律框架，2010年发布《关于支持循环经济发展的投融资政策措施意见的通知》，2015年颁布《江苏省大气污染防治条例》，2016年出台《江苏省"十三五"工业绿色发展规划》，2018年推出《江苏省工业固体废物资源综合利用评价管理实施细则（暂行）》等。党的十八大以来江苏加快产业转型升级步伐，产业结构进一步调高、调轻、调优、调绿，第一产业比重不断下降。调研表明，江苏代表最高结构层次的第三产业比重逐渐提高，但轻重工业比例失衡的情况仍然存在，特别是高消耗、高污染的重工业在工业中仍占据很大比例，在大力发展循环经济方面任重道远。

20世纪初，贵州就将循环经济作为经济发展的必由之路，在绿色效益、资源利用、节能减排等方面全面发力，走出了一条生态优先、绿色发展的高质量工业发展新路。从"工业强省"到"十大工业产业振兴行动"，贵州在不断发展壮大的同时，始终不忘与生态战略行动协同推进、耦合联动。贵阳经济技术开发区、遵义经济技术开发区园区循环化改造示范试点园区和贵阳市、遵义市餐厨废弃物资源化利用和无害化处理试点城市，4个国家循环经济示范试点全部通过国家终期验收，工信部公布的绿色制造体系建设名单中，贵州多家园区榜上有名。

黄河流域是我国重要的生态屏障和重要的经济地带，是打赢脱贫攻坚战的重要防线，在我国经济社会发展和生态安全方面都具有战略性的重要地位。随着国家对黄河流域生态保护和高质量发展的持续发力,"山河相依、人河相亲、城河相融"的新局面正逐渐展露。作为黄河上游最大的工业城市和西部地区重要的能源化工基地,兰州工业排放造成黄河污染的问题一度非常突出。近年来,通过严控工业污染排放、沿河截污、河道湿地修复等措施多管齐下,黄河兰州段水质已经稳定在国家二级水质标准之上,黄河兰州沿岸正呈现出水草丰美的美丽景象。持续有效地治理不仅换来了水净、岸绿、景美,也进一步畅通了兰州的城市建设发展思路——在黄河之滨重点打造黄河风情线。

绿色发展可以与旅游业、乡村振兴相结合,并产生巨大的生态效益。乡村振兴战略是建设美丽中国的关键举措,要将生态减贫这一治理体系与乡村振兴战略相衔接,必须牢固树立和践行"绿水青山就是金山银山"的理念。作为典型标杆的陈庄,坐落在江苏镇江李塔村,位于茅山风景区北部、九龙湖山脉深处,背靠群山、坐拥李塔湖泊,自然资源丰富,生态环境优良。对于这样自然资源丰富的自然旅游区来说,商业化虽然是最快的发展途径,但不是最优途径。从2014年起,陈庄依托得天独厚的自然条件,开启了以自然天云风光为主题的生态文明建设之路。但由于苏南地区旅游地区高度同质化,导致陈庄的特色无法凸显,发展受限。2019年以来,在江苏高质量发展的引导下,随着文旅融合,红色旅游逐渐成为重要担当,陈庄开始兴建红色纪念馆,修复新四军军部修械所等遗址,深挖红色资源内核,逐步建成红色遗址群、生态农场相结合的红色生态农庄,人们不仅可以欣赏到山水田园的秀美风光,还能从历史的痕迹中汲取新时代砥砺前行的精神力量,奋力书写乡村振兴高质量发展的新篇章。

第三节　我国经济高质量发展存在的突出问题

党的十九大报告指出，"中国特色社会主义进入新时代，我国社会主要矛盾已经转化为人民日益增长的美好生活需要和不平衡不充分的发展之间的矛盾"。不平衡不充分的发展包含很多方面，其中经济发展中的不平衡不充分问题是根本方面。改革开放以来，中国经济飞速发展，逐渐从贫穷落后走向繁荣富强，成为全球第二大经济体，然而在高速增长的背后，暴露出一系列问题，如资源日益枯竭、环境恶化、创新能力不足、城乡区域发展差距较大、市场决定资源配置作用不够等。[①] 新时代下，认识到我国经济发展不平衡不充分这一现状显得尤为重要。

一　经济发展存在多元不平衡

（一）区域经济发展不平衡

从地理空间上看，中国区域经济发展呈现"东高西低"的局面。自国家西部大开发政策实施以来，通过政策倾斜、投放资金、开放项目资源等方式来扶持和帮助中西部地区经济社会发展，促进人民生活水平提高，这使得东西部经济发展差距有所缩小。然而，近几年以京津冀、长三角、珠三角城市群为代表的东部地区实行人才引进政策，推行科技创新，地区经济快速增长，使得东西部差距又逐渐扩大。长三角、珠三角等地区已初步走上高质量发展之路，中西部地区正在跑

---

① 蒋永穆、周宇晗：《着力破解经济发展不平衡不充分的问题》，《四川大学学报》（哲学社会科学版）2018 年第 1 期。

步追赶。

（二）城乡发展不平衡

在新中国成立之前，由于国民党政府的统治，官僚资本的集聚，造成了农村长期贫困的局面。新中国成立后，提出加速实现工业化目标，但在当时历史条件和西方国家的封锁下，只能从农业中获得资本原始积累，加剧了农村的贫困。中国长期的城乡分离户籍制度，阻碍农村劳动力向城市转移，再加上改革开放以来国家在经济政策上长期对城市倾斜，支持城市建设，进一步拉大了城乡差距，突出表现为在就业、教育、医疗、社会保障、居民收入等方面的差异。

进入 21 世纪后，国家开始重视三农的发展，逐渐缩小城乡发展差距。通过制定一系列惠农政策，例如"脱贫攻坚""乡村振兴计划""农村电商""发放粮食补贴"等，以此来改善农村基础设施建设，提高农民生活水平。截至 2020 年，城乡差距仍然存在。第一，农村教育医疗资源普遍落后于城市。多数农村师资和医师力量薄弱，基础设施不健全，普遍存在看病难、看病贵的问题。第二，农村水电路气网等基础设施不配套，与城市相比有较大差距。第三，城市比农村具有更多的就业岗位。

（三）居民收入分配不均

虽然我国居民收入快速增长，但是仍然存在发展不均衡、不协调问题。[1] 这成为进一步实现均衡发展迫切需要解决的重大问题。

目前，我国居民收入分配差距依然较大，具体来说，主要体现在以下方面：根据国家统计局数据，刻画收入分配公平程度的指标基尼

---

[1]　龚六堂：《缩小居民收入差距推进共同富裕的若干政策建议》，2021 年 1 月 28 日，见 https://www.gsm.pku.edu.cn/info/1316/22788.htm。

系数，我国近 20 年来一直处于 0.4 以上，从 2015 年的 0.462 逐年上升到 2018 年的 0.474。根据联合国有关组织的规定，0.4—0.5 表示收入差距较大，0.5 以上表示收入差距悬殊，一般发达国家的基尼系数通常在 0.3 左右。国际上以 0.4 作为基尼系数的预警线，可见我国的财富集中度在不断增加。

存在这样的问题，主要有三个原因。一是区域间收入水平不均衡，东西部收入差异较大。上海居于全国首位，北京紧随其后。2019 年上海居民人均可支配收入 6.9 万元，是甘肃的 3.63 倍，是贵州的 3.45 倍。二是城乡居民收入差距较大。我国的城乡二元结构造成城乡居民之间的收入差距较大，上海 2019 年城镇居民人均可支配收入是农村居民人均可支配收入的 2.22 倍，而甘肃 2019 年城镇居民人均可支配收入是农村居民人均可支配收入的 3.36 倍。三是不同群体收入差异加大，20 世纪 90 年代中期，我国的财富不平等程度曾远低于西方国家，但目前已介于欧洲和美国之间，从绝对值和相对水准来看，我国财富集中程度都是在不断增加的。

（四）经济发展与社会民生发展不平衡

改革开放以来，我国经济高速发展，但社会事业的发展未能与经济发展同步，显得不太协调。党的十九大报告指出，"民生领域还有不少短板……群众在就业、教育、医疗、居住、养老等方面面临不少难题……"在 2021 年中国共产党成立一百周年的重要时刻，我国脱贫攻坚战取得了全面胜利，区域性整体贫困得到解决，完成了消除绝对贫困的艰巨任务。党和政府把群众满意度作为衡量脱贫成效的重要尺度，集中力量解决贫困群众基本民生需求。

2018 年 7 月，中央提出"六稳"方针，把"稳就业"放在首位。

2020 年 4 月，又提出了"六保"的新任务，依然是首要保居民就业、保基本民生。2021 年第一季度，全国城镇调查失业率平均为 5.4%，同比下降 0.4 个百分点，低于 5.5% 左右的预期目标，虽然当前就业形势总体稳定，但重点群体就业仍面临一定压力。

教育资源紧缺，养老资源稀缺，医疗资源过度集中这是民生领域的"三座大山"，刚性需求呈爆发式增长。教育的主要矛盾不是优质教育资源不足的问题，而是教育资源不均衡的问题。《中华人民共和国义务教育法》规定在九年义务教育阶段不得办重点学校，但义务教育阶段实质上的重点学校还是很多，侵占了其他学校的资源，是导致上学难上学贵的重要原因。普查的数据显示，我国 60 岁及以上人口有 2.6 亿人，其中，65 岁及以上人口 1.9 亿人。而且老龄化进程明显加快，2010—2020 年，60 岁及以上人口比重上升了 5.44 个百分点，65 岁及以上人口上升了 4.63 个百分点。与上个十年相比，上升幅度分别提高了 2.51 个和 2.72 个百分点，一些城市的养老院出现一床难求的现象，积极应对人口老龄化已上升为国家战略。近年来，一方面，"看病难、看病贵"的问题愈演愈烈；另一方面，大医院和小医院的两极分化也越来越严重。同样是来自医疗资源不均衡的问题，2015 年年末，民营医院在数量上已超过公立医院，而民营医院追求盈利的本性使得民众对民营医院的信任缺失，也损害了行业的长远发展。

（五）经济发展与生态环境之间不平衡

环境是人类赖以生存的物质基础。人类在从事经济活动的过程中，也在不断受到环境的反作用力。解决好经济发展和生态环境之间的关系问题，不仅是发达国家在经济发展过程中高度关注的话题，也是发展中国家面临的问题。在我国，环境污染问题已成为制约经济发展的重要因素。

清新空气、安全用水、环境优美等是人民大众的基本需求，但在许多地方这些要求变成一种奢望。据统计，2017 年我国仅有 1/3 的城市环境质量达标，其余城市都因大气、土壤、水资源等被污染而不达标。虽然近几年我国经济增长速度有所减缓，但经济发展所产生的环境污染和资源浪费现象仍不容忽视。由于监督力度不够、技术工艺落后、资金缺乏等因素，我国环境保护还未能达到理想状态，经济发展对生态环境的压力仍然存在。

（六）产业发展不平衡

当一个国家的产业结构中制造业和农业的比重低于服务业所占国民经济的比重时，意味着这个国家经济步入后工业阶段。据统计，发达国家服务业占国民生产总值的 60%—70%。虽然现阶段我国服务业对经济增长的贡献已超过制造业的比重，但是仍然低于发达国家平均水平。从目前来看，我国产业发展不平衡主要表现在第二产业（工业）占国民生产总值的比重大，而第三产业（服务业）占比较少。服务业与制造业发展不平衡，同时掌握核心技术的先进制造业也比较落后。

（七）金融与实体经济发展不平衡

近年来，我国实体经济结构性供需失衡，金融业发展过快，实体经济融资难、融资贵等问题较为突出，中国实体经济中制造业占 GDP 比重已经从 2006 年的约 32% 下降到 2019 年的约 27%。金融"脱实向虚"严重削弱了金融服务实体经济的功能：一是金融资产过度扩张，放大金融杠杆倍速，容易引发系统性金融风险；二是金融产品收益率过度提升，实体经济企业资本回报率降低；三是金融监管制度存在缺陷，滞后于市场多元化发展，尚未形成有效的风险约束机制，导致市场格局扭曲；四是金融机构决策机制受制于资金的市场供求关系，放松风险约束。

（八）经济发展与科技创新不平衡

自国际金融危机爆发以来，全球经济增速由 2008 年的 4.13% 下降至 2019 年的 2.3%，导致外部需求对我国经济增长拉动效应弱化。发达国家和发展中国家都在寻求通过"再工业化""工业化"振兴制造业，导致世界市场竞争加剧。我国老龄化程度不断加深，适龄劳动人口自 2012 年起每年净减少数百万，工资水平不断上涨，加之资源约束加紧，我国的成本优势正逐渐减弱。

在此背景下，我国经济增长方式的转变依然存在以下三个方面的问题。一是经济质量效益不高、增长动能不强。我国经济大而不强、大而不优，产能过剩、房地产库存较大、杠杆率过高等问题尚存，金融和债务风险不断累积，新动能尚未全面接续转换。二是科技创新基础薄弱，原创能力相比世界尚存较大差距。与世界科技强国相比，我国仍面临重大科技研发瓶颈、重要原材料依赖进口等问题。2019 年我国 R&D 支出 2.17 万亿元，占 GDP 比重为 2.19%，远低于高收入国家 2.5% 的水平，与美、日、德等科技强国 3% 左右水平差距更大。三是服务供给质量不高，服务贸易逆差一度扩大。国内需求较快的医疗健康、教育培训、文化娱乐、旅游休闲等高端服务供给不足，国外采购、就医、留学、旅游成为近年来民众消费的热点。大量高端服务需求转向海外，导致我国服务贸易逆差逐年扩大。2018 年服务贸易逆差达 2922 亿美元，居世界首位，占全球服务贸易逆差的 41%。2019 年服务贸易总额 5.41 万亿元，同比增长 2.8%，服务贸易逆差下降 10.5 个百分点，结构显著优化。

二、经济不充分发展的主要现状

（一）创新能力不足

创新是经济发展的动力。改革开放以来，通过制定科技创新政策，我国在创新领域取得一定进展。然而从整体上看，中国科技创新能力不强，还有较大发展空间。首先，核心技术对国外依存度较高。2012 年至 2020 年，我国制造业增加值从 16.98 万亿元增长到 26.59 万亿元，连续 11 年保持世界第一制造业大国的地位，总体规模、创新能力、综合实力跃上新台阶，人工智能、物联网、大数据、云计算、区块链等新技术、新产品不断涌现，但核心技术仍受制于人、"卡脖子"的问题凸显，在一些关键领域仍然还需要引进国外先进技术，对国外的依存度较高。其次，科技创新人才缺乏。国际竞争力的较量从根本上来说是人才的较量。相比发达国家，我国拥有高学历、高端知识和技术的专家较少。最后，科技成果转化率低。虽然我国论文发表量和专利数排在世界前列，但成果转化率和对经济发展的贡献较低。企业是科技成果转化的重要场所，我国真正具有市场竞争力的企业较少，大多数企业附加值低、先进技术依赖国外进口，技术创新水平低。

（二）过剩经济和有效供给不足并存

由于政府利益驱动，重复建设的现象普遍存在，使一部分产品和服务在狭窄市场范围内形成非理性竞争，长期以来就会造成无效供给过多、有效供给不足的局面。再加上我国大部分企业生产的产品价格高、质量低、品种少，加剧了有效供给不足，使供给结构进一步失衡。

据统计，2013 年和 2014 年我国人均境外消费是很多欧美国家境外人均消费额的 3—5 倍，位列世界第一，这意味着全球将近一半的奢侈品都被中国人买走。2015 年至 2019 年虽然有所下滑，但出境消费总额仍位居世界第一，说明国内生产对于高端产品尤其是奢侈品的供给存在较大缺口。

面对过剩经济，实行有效的供给管理是必不可少的。第一，为解决重复建设的问题，就要完善改革，进行体制机制建设，形成经济自我调节的方式。第二，加强技术创新力度，提高产品的质量和附加值。加大研发投入，建立一批具有学习能力的组织，夯实人力资本的基础。第三，校正结构偏差，进行结构创新，避免无效供给存在。

（三）市场决定资源要素配置作用发挥不到位

市场决定资源配置是市场经济的一般规律。改革开放以来，我国经济领域的大多数资源配置都是在市场作用下完成的，取得了重大成就。但是从目前情况来看，市场决定资源配置作用还发挥不到位，发展过程中仍然存在一些问题，例如行政干预过多、法制还不够完善、所有制歧视等，严重制约着市场经济的合理运行。一些"僵尸"企业还未完全退出市场，低端产品和服务过剩，而且高耗能企业仍然占据现有资源，这给一些优质企业的发展带来了阻碍和壁垒。

第四节　高质量发展阶段产业转型的瓶颈问题

推动经济高质量发展，必须将重点放在推动产业结构转型升级上，将以先进制造业为龙头的实体经济做实、做大、做精、做强、做优，把以新一代信息技术、生物、高端装备、绿色低碳等为代表的战略性新兴产业发展作为重中之重，构筑产业体系新支柱。我国的产业结构经历了从工业主导转向服务业引领，从重化工型、资源加工型、劳动密集型为主转向资金、技术、知识密集型，产业高质量发展的基础不断夯实，但是总体来说，我国产业结构仍然处在全球价值链的中低端，传统产业比重过高，内部结构失衡等现象，制约了我国经济高质量发展的步伐。①

一、供给结构不合理

现阶段，我国产业结构持续调整，基本趋于合理，总体遵循产业结构高级化的一般规律。但仍然存在结构比例失衡，产业链各环节协调不畅，生产供给与消费需求匹配不足等问题，不能满足人民群众日益增长的美好生活需要。当前产业间矛盾主要体现为"三个结构性失衡"。②

（一）产业内部结构失衡

三次产业结构比重是衡量我国经济发展质量的重要指标之一，第三产业服务业对拉动经济增长起着极为重要的作用。当前新冠肺炎疫情全球蔓延，对经济社会造成了严重的冲击，全球产业链、供应链出现紊乱，面临断链的危机。制造业是中国经济的根基，面临疫情对制造业的冲击，传统的依靠"高投入、高污染、高排放"的粗放型发展模式已然成为制造业发展中的巨大羁绊。制造业大而不强，缺乏高端核心技术，有利于制造业智能转型的生态体系还有待健全。在制造业

---

① 黄汉权：《新中国产业结构发展演变历程及启示》，2019 年 9 月 16 日，见 https://www.financialnews.com.cn/zt/zl70n/201909/t20190916_167938.html。

② 涂圣伟：《我国产业高质量发展面临的突出问题与实现路径》，2018 年 7 月 30 日，见 http://www.chinado.cn/?p=6413。

快速发展的同时，服务业发展规模和水平也在不断提高，但从新发展理念的标准来看，服务业仍然存在明显的短板，尤其是现代服务业还有很大的发展空间。服务业增加值没有达到发达国家服务业增加值占GDP 比重75% 的水平。农业生产虽进入机械化主导的新阶段，但基础依然薄弱，发展滞后，主要表现为阶段性供过于求，同时高品质农产品供给不足。

（二）制造业与服务业结构失衡

制造业是发展实体经济的重中之重。根据《中华人民共和国2020年国民经济和社会发展统计公报》，2020 年，第三产业增加值55.4 万亿元，较上年增长 2.1%，增加值比重上升至54.5%，第二产业增加值38.43 万亿元，比上年增长 2.6%，增加值比重降至37.8%。制造业服务化水平较低，转型成效不明显，同时现代服务业发展不充分。制造业传统比较优势弱化，从而导致制造业比重过早、过快下降，服务业占国民经济比重过快上升，产业结构调整过程中相关激励措施使用过度，产业结构并未朝着升级、优化的方向调整。①

（三）实体经济与虚拟经济结构失衡

实体经济与虚拟经济之间保持相互联系、相互依存的关系，是经济持续稳定发展的基础。近年来，随着房地产市场、金融市场以及电子商务的发展，我国虚拟经济增长过快，出现了实体经济与虚拟经济结构严重失衡的问题。实体经济是根基，是国民经济发展的基础。实体经济的发展受制于市场需求不足、融资约束、资源和环境压力、传统产业产能过剩以及成本上升等方面，导致资源要素"脱实向虚"，

---

① 蔡昉：《中国制造业"早熟型"下降？非打破利益僵局不可》，2021 年 6 月 8 日，见 https://www.sohu.com/a/471111055_232950。

这将对实体经济的可持续发展产生不良影响，不利于经济社会稳定发展。

二、全要素生产率增速偏低

党的十九大报告中首次提出要提高全要素生产率。当前我国经济发展已进入高质量发展阶段，经济增长的新动能更加依赖科技创新和资源的高效配置，要保持一定的全要素生产率增速。现阶段我国全要素生产率尚未成为效率源泉的主体，比如我国先进制造业发展核心技术和零部件研发能力薄弱，80%的芯片依赖进口，产品的原始创新能力亟待加强。

当前，我国的全要素生产率增速不断下滑，成为我国经济增速放缓的主要原因，主要归因于两个方面。

一方面，这与经济周期波动、国际国内形势、产业结构调整等因素有关。自2008年国际金融危机爆发以来，世界经济出现了低增长、低利率、高杠杆、高泡沫等现象，新冠肺炎疫情进一步加剧了这一趋势。我国对外贸易、吸引外资和对外投资等都受到一定程度的影响。尤其是以美国为代表的西方发达国家，持续在科技、金融、贸易、人才等多个领域围堵遏制我国的发展步伐，导致我国产业结构的调整跟不上国内消费需求结构变化的影响被放大。反全球化现象造成的出口受阻，传统产业产能严重过剩，暴露了我国在要素市场存在行政干预过多造成的弊端，凸显出现有资源配置效率不高、经济循环不畅等矛盾和问题。

另一方面，产业转型发展、科技创新、现代金融和人力资源未能充分结合。我国科技创新由量变到质变，部分科技创新成果已达世界领先水平。高铁技术、北斗、天宫等众多创新成果不断涌现，科技创新能力显著增强，但是仍然有大量的关键材料、核心零部件严重依赖进口，部分核心技术出现"卡脖子"问题，科技创新对产业转型升级的支撑不够，迫切需要由效率驱动转为创新驱动发展。同时，产业发展与现代金融不协同。金融是国民经济的一部分，现代金融与产业发展结合在一起就是要求金融业发展回归本源，服务于实体经济。当前金融资本有脱实向虚的趋势，金融产品创造及金融市场运行逐渐远离实体经济，失去金融经济必须服务实体经济的本意。同时，产业发展依靠科技创新，而科技创新又离不开科技人才的支撑。由于高级人才与前沿知识的稀缺，我国的产业结构转型进程仍然缓慢与艰难，并有持续桎梏于现有知识结构惯性轨道上的风险。高端人才与前沿知识库存的稀缺，同时新增劳动力资源并没有及时进入新产业发展空间，导致现有的人力资源配置无法匹配产业高质量发展需求。

举例来说，随着电商经济的蓬勃发展，传统产业中的快递运输业成为新的朝阳产业。大数据、人工智能等科技创新发展，不断加强行业科技应用，提升行业技术水平，推动行业由劳动密集型向知识密集型发展，对于科技创新和人力资本的需求业也发生了重大改变。如企业仍将之定位为劳动密集型，必然会呈现以降低劳动力成本为支撑的价格恶性竞争和以金融资本支持的垄断风险。为提升我国快递业在全球价值链上的地位，就必须把广大快递员培养成高素质的劳动大军，同时完善快递行业立法，加大反垄断执法力度，建立价格监管机制，创造良好的营商环境，积极引导企业积极创新，推动快递行业高质量发展。

三、产业发展竞争力不足

随着中国加入 WTO，我国制造业发展迅速，已经建成门类齐全、独立完整的现代工业体系，并成为为世界市场大规模提供工业品的生产制造基地。按照联合国对全球工业产业分类来衡量，我国是全球唯一一个拥有分类中全部工业门类的国家。目前世界上还有一些经济大国如美国的工业体系也相对完整，这些大国缺少的门类并非无法拥有，而是相关产业经济效益较低，且无特殊的战略意义。

产业竞争力是指一个国家所拥有的产业在世界市场上均衡地生产出比竞争对手更多财富的能力，一定程度上代表了国家在科技、经济、军事等重要领域的综合实力。现阶段我国在高技术含量、高附加值的设备与材料上仍需大量进口，整体产业还处于国际价值链低端。我国的支柱产业仍然以传统产业为主，而代表现代技术产业化较高水平的先导产业和新兴产业，却存在缺少核心技术、自主创新能力不足的现象，表现为高端产业低端化、高科技产品组装化现象。先进制造企业如果以"代工"为主要工作内容，必然导致其在全球价值链的"垂直分工"地位偏弱，产品和服务的附加值低，无法在国际市场上获得更大的竞争力。

第三章　高质量发展评价的基本模型

第一节　高质量发展综合评价的现状与困境

党的十九大指出，中国的经济已由高速增长阶段转向高质量发展阶段，正处在转变发展方式、优化经济结构、转换增长动力的攻关期。为了更好地适应未来"高质量发展"的发展方式，顺利走上国家复兴的必由之路，通过各维度对高质量发展工作展开综合评价具有十足的必要性。良好的综合衡量能够有效监测、衡量和评价各地发展现状、发展进程和发展绩效，破解各地高质量发展进程中的突出问题，也能进一步指示未来发展方向，充分发挥指挥棒、风向标、助推器作用，对于高质量发展的建设有所裨益。[①]

一、高质量发展综合评价的现状

关于高质量发展的综合评价，现有研究大多聚焦于评价指标体系的构建与探讨。评价指标体系是开展评价工作的首要基础，评价指标过少、过多都无法准确地为评价工作服务。并且，十分必要的是，面

---

① 张晓军、应世为：《高质量发展评价体系探析》，《农业发展与金融》2020 年第 1 期。

向高质量发展的评价指标构建需符合新时代、新思想、新理念，体现出"新"内涵。现有研究中，专家学者们已为高质量发展指标体系作出了有益的贡献。紧贴高质量发展要义，现有评价指标体系可归纳为三类。第一类主要是围绕经济增长质量从经济发展的基本面、社会成果、生态成果等方面构建的指标体系；第二类主要是基于新发展理念构建的指标体系；第三类主要是基于对高质量发展内涵和外延的界定来构建的指标体系。① 可以看出，现有指标体系各具特色，但整体而言，目前国内对于高质量发展评价体系的构建仍处于起步阶段。

二、高质量发展考核评价体系的构建与实施 ②

于高质量发展综合评价工作而言，一套完备的考核体系必不可少。传统评价工作对应的考核体系侧重于经济发展的"量"和"速"，显然，这已不再适用于当今中国经济的发展模式。从"高速增长"转向"高质量发展"，不仅是经济发展阶段的变更，更是细微到发展理念、方式、路径等的深刻变革。为了适配未来中国经济的高质量发展模式，相应的考核评价体系应更加注重反映发展的质量、结构和效益，更加注重反映经济、社会、生态发展变化情况，更加注重反映人民群众多样化美好生活需求，全面展现质量变革、效率变革、动力变革，以高质量的"标尺"不断引领和驱动高质量发展。

高质量发展考核评价体系的构建涵盖体系构建的指导思想、具体指标的选取、考核评价方法的选择以及评价结果的应用四个方面。关

---

① 李金昌、史龙梅、徐蔼婷：《高质量发展评价指标体系探讨》，《统计研究》2019 年第1 期。

② 蒋文龄：《高质量发展考核评价体系的构建与实施》，《中国领导科学》2020 年第 1 期。

于体系构建的指导思想，首先，应坚持系统思维，培育正确的政绩观，坚决摒弃"唯 GDP"取向，加强经济发展质量的提升，注重经济、社会、环境等方面的均衡发展。其次，应深入贯彻新发展理念。[①] 最后，考核评价体系要体现激励和约束功能。其中，激励性是指通过同一体系衡量各地基层和干部从而带动其在高质量发展决策响应上的积极性。约束性是指在既定评价基础上根据不同区域、不同单位的特点建立各有侧重的考评内容和指标体系。总的来说，既要通过一般需求激励各层单位，又要通过个性需求实行一定的约束，体现激励与约束相统一。

　　关于具体指标的选取，是高质量发展考核评价体系构建的关键性和基础性工作，只有将评价指标具体化，后续评价工作才能真正落实。高质量发展的评价指标应坚持定量指标和定性指标相结合，指标既要提出高质量发展的目标要求，更要指明推动高质量发展的方法路径。在此背景下，有几类指标需要被重视：一是反映经济结构优化的指标，要能实现经济发展从"有没有"向"好不好"的转变；二是反映创新驱动发展的指标，要能从科技进步对发展质量效益的带动方面做好考究；三是反映人民群众生活质量的指标，要能树立"以人民为中心"的思想、突出新时代下我国社会主要矛盾；四是反映重大任务落实的指标，要能推动党中央重大决策部署的贯彻落实、紧紧围绕打好"三大攻坚战"的要求同时重视刚性约束指标的设置。

　　关于评价方式的选择，最重要的是要确保所得结果的准确性和可靠性。首先，要实行差别化与综合性评价相结合的评价方式，综合性

---

　　① 冯志峰：《探索构建高质量发展评价指标体系》，《中国井冈山干部学院学报》2020 年第 3 期。

体现在对于同组同批的评价对象运用统一的评价体系，差别化体现在根据各地经济社会发展、各部门工作职能和特点以及各行业发展特征的不同而制定的个性化衡量标准。其次，要增强评价工作实效，及时掌握评价对象的"活情况"和"新变化"，实施经常性、动态性的评价，最大化发挥高质量发展评价工作的实绩实效。要扩大考核评价主体，把多主体评价有机结合起来，打通考核评价工作的层次性，增加考核评价工作的透明度。最后，要综合研判考核评价结果，充分考虑不同区域、不同部门的工作基础、资源禀赋等客观条件，结合主观努力与客观条件辩证分析。

关于评价结果的应用，首要考虑的是其实际影响力和可执行程度，只有将评价结果及其衍生出的政策建议真正"用"起来，才能发挥作用、体现价值、得到检验。首先，可以把评价结果与奖惩激励有机结合，根据评价结果，对高质量发展建设较好的地区、行业、部门等评价对象予以奖励和支持；反之，对于表现差的评价对象，通过反向约束的机制，加大责任追究力度。其次，可以把评价结果与干部管理有机结合，通过评价结果的好坏程度，找准高质量发展建设中起着引领推动和阻碍拖延作用的干部，分别进行表彰提拔和问责处理，突出高质量评价对领导班子的合理约束性。

三、高质量发展综合评价的困境

高质量发展综合评价工作的开展过程中难免会存有一些前进的困惑和问题。这些困境主要来源于评价指标体系、评价对象以及评价维度三个方面。

（一）评价指标体系

首先，关于评价指标体系，2017 年底，中央经济工作会议提出，应该加快形成经济高质量发展的指标体系、统计体系以及绩效考核体系等。这一指示进一步明确了高质量发展评价指标体系构建的迫切需要。[①] 然而，在处于起步阶段的情况下，现有评价指标体系仍存在以下一些问题，是造成高质量发展综合评价的困境之一。

1. 过程指标与结果指标相混淆

结果性指标通常是指以"产出"为导向而构建的指标，这类指标易于衡量，能够很好地反映和呈现事物的成果效力、成果高度；过程性指标通常是指以"投入"为导向而构建的指标，这类指标主要反映在对事物的"影响"层面。高质量发展是我国新时代社会经济发展成果的体现，应当选择结果指标对其进行评价。然而，现有研究涵盖的指标体系中不免存在过程指标的应用，例如"每万名就业人员 R&D 人员全时当量""R&D 经费与 GDP 之比""企业 R&D 经费支出增长率"等。过程指标与结果指标反映了事物的不同维度，揭示了不同角度的高质量发展情况。在高质量发展评价中，应当注意这两类指标的应用，避免指标混淆对评价结果的负面影响。[②]

2. 同类指标重复

评价指标的选取是高质量发展评价工作的关键前提，指标选取的恰当与否直接关系到评价结果的真实性和可信度。评价指标的选取一定要守好原则、抓住核心。现有研究中，评价指标选取最大的问题在

---

① 韩军辉、Shokirov Shakhzod、柳洋：《基于熵值法的高质量发展综合评价研究》，《科技和产业》2019 年第 6 期。

② 李金昌、史龙梅、徐蔼婷：《高质量发展评价指标体系探讨》，《统计研究》2019 年第 1 期。

于具有较高相关性的指标在研究中出现的频率极高。例如,"资本产出效率""劳动生产率"和"全要素生产率"这几项指标之间具有较强的相关性,"规模以上工业亩均增加值"与"亩均税收"之间也是如此。当这些具有较高相关性或相似性的指标共同出现在研究中时,它们实质上反映的都是相同的方面,这样一来,不仅占据了指标的数量,使得指标体系太过庞大,还在一定程度上造成了研究结果的不准确和无意义。因此,在今后的高质量发展评价中,应确保各指标的独特性,从而对高质量发展展开精准评价。[①]

3. 核心指标难以定义

统计指标的核心内涵在于它能够反映不同时代下社会经济总体现象的数量特征,例如我国计划经济时代的主要发展目标是建设一个具有完备工业体系的国家,因此相应的统计指标大多都旨在反映工业建设情况。进入改革开放时代后主要聚焦于对经济发展水平的考察,随之符合这一时期的一些新指标被创立采用。[②]全面发展阶段中,统计指标主要围绕"科学发展观""和谐社会"和"全面建设小康社会"展开。再后来,我国开始进入创新发展阶段,统计指标基于"国民经济又快又好发展""五位一体""全面建成小康社会"和"新发展理念"展开,"创新指数""互联网普及率""科技进步贡献率"等指标纷纷被引入。[①]当前,在习近平总书记提出"高质量发展"这一划时代的理念后,赋有时代特征的统计指标又需要紧贴高质量发展内涵而再次被更新。

---

① 孔维嘉、邵云飞:《高质量发展经济评价体系的思考与探索》,《科技和产业》2020年第6期。

4. 某些指标测度较为困难

评价指标体系构建的过程中，定性指标和定量指标都有可能出现指标数据测度困难的问题。对于定性指标，例如高质量发展评价中涉及的居民存款安全性、企业融资便利性和创新企业的成长性，这类指标难以通过具体的数值来刻画，通过直接评级等主观方式又具有一定的模糊性，并且在评价过程中还需将主观评价按照某一标准进行转化。这些问题都在一定程度上阻碍了对这类指标的测度。对于定量指标，例如企业融资成本、企业破产成本等，这类指标的数据获取都较为困难。虽然这类指标的定义清晰、也确实有数值型数据存在，但由于涉及数据的隐私性等问题，难以找到公开的数据源，使研究难以进一步推进。在今后的高质量发展评价中，应当注意指标的衡量方式，更要首先考虑到在实际工作中获取各项指标的可能性、可靠性和可行性。①

（二）评价背景

顾名思义，高质量发展的综合评价就是要对处于高质量发展背景之下的对象进行多方位评价。然而，现有研究不一定全都紧贴高质量发展的要义和内涵，这就在一定程度上影响了实际应用性。因此，在展开具体评价之前，十分有必要确保评价对象处于高质量发展背景。通过对现有研究的研读与分析，"人民美好生活""经济增长速度和质量""优化经济结构""经济内生动力"等表述已成为高质量发展的重要标签。通过这些标签，一些学者总结出高质量发展的评判标准，即"三个是否"：一是以是否有利于解决不平衡、不充分的发展问题为依据界定高质量发展；二是以是否有利于建设社会主义现代化国家、增强社会主义国家的综合国力为标准来审视其是否为高质量发展；三是以是否有利于满足人民日益增长的美好生活需要为根本标准，判断其是否为高质量发展。①

新时代下的经济发展面临着要素供需形势变化、投资拉动放缓、生态环境硬约束强化、社会主要矛盾发生改变等复杂现实。因此，开展具体的评价之前，需要根据以上标准对评价对象进行衡量，判断其是否处于高质量发展的背景下、是否具有开展高质量发展综合评价的基础，对符合评价背景的对象构建符合新时代发展需要的评价体系，并通过指标展开具体评价过程。

（三）评价对象

现有研究对高质量发展的评价主要是以各地区作为研究对象，评价视角主要集中在高质量发展的经济水平、生态水平、城市水平等等。然而，关于高质量发展评价的研究对象，目前也存在一些问题：

1. 评价对象的同质性难以把握

首先，在评价对象的选取上，缺乏同质性的考究。② 例如，在省域层面的评价中，大多数研究以国内行政省市作为参评对象，根据评价结果将各省域的高质量发展情况直接进行对比分析。然而，各地经济社会发展不平衡、发展程度不一，若将所有省域统一放至在一个标准下衡量，由此得出的类似于"发展不够好的省域的目标是向发展最好的地区改进"的建议是偏离实际情况的。当两个地区之间的差距过大时，将二者放在同一标准下作对比会形成对发展较差地区的不公

---

① 贺胜兰、蔡圣楠：《学术界关于高质量发展评价体系的研究综述》，《国家治理》2019年第38期。

② 吕军、陈宝华、姜子玉、侯俊东：《中国经济高质量发展评价及障碍因素分析》，《资源开发与市场》2020年第2期。

平。因此，为了打破这一困境，今后研究应注意根据评价对象之间的发展特征、发展高度、发展目标等方面进一步细分，尽可能保证参评对象之间的可比性、同质性，尽可能让相同类别的参评对象在同一赛场上"赛跑"，使其在自身能够达到的范围内实施举措，从而确保评价结果的可靠性和实际影响力。

2. 评价对象的差异化难以体现

现有研究往往也忽略了参评对象的个性差异化。在省域层面的评价中，若直接将所有省域都放至同一标准下进行评价，则无法突出各个省域自身的特征、无法让各地优势充分发挥。例如，经济发达的地区在社会资源等方面必然比经济落后的地区强，贫困落后的地区在脱贫攻坚这类统计指标上就尤为看重。再如，我国省域中，有一些是典型的工业基地、生态功能区、文化古城区、旅游产业发达地区等。由于各省域发展的侧重点不同，形成了不同的地域特色，而高质量发展是一种全新的发展形式，它必定是融合各省域原有的发展形态后进一步形成的。因此，在今后的高质量发展综合评价中，应将各地的差异化形态充分体现，可为所有参评对象制定一套通用的评价指标体系，同时又根据各地发展特色设立相应的评价指标，结合两部分对各地的高质量发展建设进行综合评价。

第二节　高质量发展综合评价的方法选择

一、指标权重设定方法

高质量发展评价的具体过程中，关键的是评价指标的权重设定，合理的权重设定能够促进后续评价结果的真实性和可靠性。截至目前，高质量发展的评价研究采用的赋权方法主要有熵权法、层次分析法（AHP）、主成分分析法等等，这些方法可归为主观赋权法、客观赋权法以及组合赋权法三类。

（一）主观赋权法

主观赋权法是指根据决策者的意图来确定指标属性权重的方法，现有研究中典型的是层次分析法（Analytic Hierarchy Process，AHP）。

层次分析法（Analytic Hierarchy Process，AHP）由美国运筹学家萨蒂教授（T. L. Saaty）于 20 世纪 70 年代提出，常被用于多目标、多准则、多要素、多层次的非结构化的复杂决策问题。[①]

层次分析法的具体实现过程包括五个步骤。首先，为了体现层次分析法的层次性，需要把系统问题层次化，构造出一个具有递阶层次结构的模型。在模型中，将决策的目标、考虑的因素（决策准则）和评价对象（具体的方案或指标）按照它们之间的相互关系将系统问题逐层分解为目标层、准则层和方案层。

具体来看，目标层是层次结构中的最高层次，也是拟解决的问题；准则层是为实现总目标而采取的措施和方案，用于评判方案的优劣，还可细分为子准则层和次准则层；方案层是指最底层的、用于解决问题的备选方案或具体指标。

紧接着，根据构建好的系统递阶层次结构，需要对结构内的各层元素进行比较判断，从而构造两两比较判断矩阵。该矩阵中的两两比较判断值是指对两个不同元素之间进行相对重要性判断后得出的值，而相对重要性是指参与比较的两个元素分别相对于上一层元素的重要

①　徐银良、王慧艳：《基于"五大发展理念"的区域高质量发展指标体系构建与实证》，《统计与决策》2020 年第 14 期。

程度。

在递阶层次结构中，假设上一层元素 C 为准则层，共有 m 个元素，下一层的元素 $u_1, u_2, \cdots, u_n$ 为方案层的因素，则两两比较判断就是指将方案层的 n 个元素分别进行两两组合，并将这些组合根据准则 C 中 m 个元素的标准来判断组合中哪个方案层元素更加重要，通常按照 1—9 的比例标度对其重要性程度进行赋值，如表 3.1 所示。因此，对于准则层 C，经过对方案层 n 个元素的两两比较判断后，m 个元素都可以得到一个两两比较判断矩阵，即 $A = (a_{ij})_{n \times n}$，其中，$a_{ij}$ 就是元素 u_i 和 u_j 相对于 C 的重要性的比例标度。且矩阵 A 具有以下性质：$a_{ij} > 0$, $a_{ij} = \dfrac{1}{a_{ji}}$, $a_{ii} = 1$。

表 3.1 评价基准

重要性程度	含义
1	第 i 行指标与第 j 列指标影响相同
3	第 i 行指标比第 j 列指标影响稍强
5	第 i 行指标比第 j 列指标影响强
7	第 i 行指标比第 j 列指标影响明显强
9	第 i 行指标比第 j 列指标影响绝对强

注：2，4，6，8 表示第 i 行指标与第 j 列指标相邻等级之间的评价值。

对于较复杂的系统问题，采用两两比较时，由于决策者对知识的掌握程度不一，不可能做到判断的完全一致性，两两比较判断矩阵会存在估计误差。因此，通过两两比较判断矩阵 A 进行决策前应先进行权向量的计算和一致性检验。其中，权向量的计算与层次单排序意义相同，是指某一层次元素对于它的上一层某元素而言的重要性的排序。通过以上信息，可以求出元素 $u_1, u_2, \cdots, u_n$ 对于准则 C 的相对权重

集 $W=(\omega_1,\omega_1,\cdots,\omega_n)^T$，权向量的计算方式有特征根法、和法、根法、幂法等。

对层次单排序的结果进行一致性检验，包括一致性指标、随机一致性指标和一致性比率。首先，一致性指标 $C.I.$ 的衡量如式（3.1）所示，当 $C.I.=0$ 时，表示判断矩阵 A 具有一致性。而当 $C.I.$ 值越大时，判断矩阵 A 的不一致性程度就越严重。其次，平均随机一致性指标值 $R.I.$（Random Index）与方案层元素的个数具有对应关系，如表 3.2 所示。一致性比率（Consistency Ratio）便是一致性指标和随机一致性指标的比值，该比值用于确定判断矩阵 A 不一致性的容许范围。当 $C.R. < 0.1$ 时，则判断矩阵 A 的一致性在容许范围内，此时可用判断矩阵 A 的特征向量作为权向量；当 $C.R. > 0.1$ 时，认为判断矩阵 A 不符合一致性要求，需要对该判断矩阵进行修正。一致性检验通过以上三个指标来进行，若检验不通过，则需重新构造判断矩阵。

$$C.I. = \frac{\lambda_{\max} - n}{n-1} \qquad （3.1）$$

表 3.2　n 和 $R.I.$ 值的关系

n	1	2	3	4	5	6	7	8	9	10	11
RI	0	0	0.58	0.90	1.12	1.24	1.32	1.41	1.45	1.49	1.51

经过各层级的层次单排序和相应的一致性检验后，需要对层次进行总排序，这是指某层所有元素针对目标层的相对权重排序。

假设准则层 C 有 m 个元素 $C_1, C_2, \cdots, C_m$，且准则层 C 对目标层 Z 的层次单排序为 $(a_1, a_2, \cdots, a_m)^T$，方案层 P 的 n 个元素对准则层 C 中各元素的层次单排序为 $(b_{1j}, b_{2j}, \cdots, b_{nj})^T$，$j = 1, 2, \cdots, m$，则方案层 P 第 i 个元素对总目标的层次总排序为：$\sum_{j=1}^{m} a_j b_{ij}$。通过层次总排序相应地可获

得一组综合权重，进而可依据评价准则和综合权重展开后续评价。

（二）客观赋权法

客观赋权法是指从数据本身出发，根据数据的性质经过一系列处理后得出指标属性权重的方法，主要包括熵权法（熵值法）、CRITIC法、变异系数法、主成分分析法、因子分析法等，这类方法通常不包含决策者的主观性，而是基于经济社会中数据的特征和变化的特点来分析各项评价指标的贡献程度，相较主观赋权法来讲可以使评价结果更具参考价值。

1. 熵权法（熵值法）

熵权法也被称为熵值法，这种方法通过衡量各指标反映出的真实信息熵、判断某个指标离散程度来实现指标权重的客观计算。[1] 熵是一种用来衡量系统混乱程度的状态函数，某个指标的信息熵越大，表明该指标值的变异程度越小，提供的信息量也越少，则该指标在指标体系中的作用就越小，其相应所占的权重也越小，反之亦然。[2] 熵权法的具体实现过程如下。

（1）构建初始评价矩阵

对于初步得到的原始指标数据，首先将其以高质量发展评价矩阵的形式呈现，以方便进一步的处理计算。初始评价矩阵 G 中，假设共有 m 个参评对象，n 项评价指标。A_i 代表第 i 个参评地区，即评价对象，I_j 代表第 j 个评价指标，x_{ij} 代表第 i 个评价对象关于第 j 个评价指标得

① 张旭、魏福丽、袁旭梅：《中国省域高质量绿色发展水平评价与演化》，《经济地理》2020 年第 2 期。
② 甘卫华、谌志鹏、王陌语、李大媛：《基于熵权 TOPSIS 中部六省物流高质量综合评价研究》，《物流工程与管理》2020 年第 3 期。

到的初始评价值。初始评价矩阵 G 如矩阵（3.2）所示。

$$G = \begin{array}{c} \\ A_1 \\ \vdots \\ A_i \\ \vdots \\ A_m \end{array} \begin{array}{cccccc} I_1 & \cdots & I_j & \cdots & I_n i \\ \left[\begin{array}{ccccc} x_{11} & \cdots & x_{1j} & \cdots & x_{1n} \\ \vdots & \ddots & \vdots & \ddots & \vdots \\ x_{i1} & \cdots & x_{ij} & \cdots & x_{in} \\ \vdots & \ddots & \vdots & \ddots & \vdots \\ x_{m1} & \cdots & x_{mj} & \cdots & x_{mn} \end{array}\right] \end{array} \qquad (3.2)$$

$$i = 1, 2, \cdots, m; j = 1, 2, \cdots, n$$

（2）原始数据的无量纲化处理

由于各指标的实际含义不同，使得各指标下原始数据的计算单位常常不一致。此时，为了使各指标数据更好地用于同一评价，往往需要对数据进行无量纲化处理。

归一化处理是一种常见的处理方式，极值法常被用于进行归一化处理。首先，对于正向指标即效益型指标，通过式（3.3）进行归一化处理：

$$y_{ij} = \frac{x_{ij} - (x_j)_{\min}}{(x_j)_{\max} - (x_j)_{\min}} \qquad (3.3)$$

对于负向指标即成本型指标，通过式（3.4）进行归一化处理：

$$y_{ij} = \frac{(x_j)_{\max} - x_{ij}}{(x_j)_{\max} - (x_j)_{\min}} \qquad (3.4)$$

其中，$(x_j)_{\max}$ 和 $(x_j)_{\min}$ 分别代表某一指标下的最大评价值和最小评价值，$i=1,2,\cdots, m; j=1,2,\cdots,n$。

由于归一化处理的原理是将数据映射到 0—1 的范围内，所以经过归一化处理的数据必然会出现零值，而零值会影响进一步的评价结果，因此，为消除零值的影响，对归一化处理结果进行坐标平移，如式（3.5）所示。

$$y_{ij}^{'} = y_{ij} + A \tag{3.5}$$

其中，$y_{ij}^{'}$表示经过无量纲化处理后的数据，A代表平移的幅度，可根据实际评价中经过归一化处理后的数据值进行设置。但要注意的是，A值的选取既要保证后续步骤中的$\ln y_{ij}^{p}$具有数学意义，又要使其对评价指标熵值的影响更具合理性。

（3）构建标准化评价矩阵

经过无量纲化处理后得到的数据已具有较强的可比性，为了使数据更加标准，需要进行以下标准化处理：$y_{ij}^{p} = \dfrac{y_{ij}^{'}}{\sum\limits_{i=1}^{m} y_{ij}^{'}}$，表示第$j$项评价指标在第$i$个评价对象指标值的比重。

进而，由以上得到的y_{ij}^{p}值构建标准化评价矩阵P，以便直接用于后续的熵权计算。标准化评价矩阵P中，y_{ij}^{p}代表第i个评价对象关于第j个评价指标的标准化评价值，如矩阵（3.6）所示。

$$P = \begin{array}{c} \\ A_1 \\ \vdots \\ A_i \\ \vdots \\ A_m \end{array} \begin{array}{ccccc} I_1 & \cdots & I_j & \cdots & I_n \\ \left[\begin{array}{ccccc} y_{11}^{p} & \cdots & y_{1j}^{p} & \cdots & y_{1n}^{p} \\ \vdots & \ddots & \vdots & \ddots & \vdots \\ y_{i1}^{p} & \cdots & y_{ij}^{p} & \cdots & y_{in}^{p} \\ \vdots & \ddots & \vdots & \ddots & \vdots \\ y_{m1}^{p} & \cdots & y_{mj}^{p} & \cdots & y_{mn}^{p} \end{array}\right] \end{array} \tag{3.6}$$

$$i = 1, 2, \cdots, m; j = 1, 2, \cdots, n$$

（4）计算评价指标熵值

根据标准化评价矩阵P，各项评价指标的熵值可通过式（3.7）计算。

$$H_j = \frac{-1}{\ln m} \sum_{i=1}^{m} y_{ij}^{p} \ln y_{ij}^{p}, j = 1, 2, \cdots, n; H_j \in [0,1] \tag{3.7}$$

（5）计算评价指标重要性

评价指标的重要性可理解为评价指标的效用值、指标的差异系数或者指标的信息熵冗余度，该值越大则表示该项指标对评价结果的影响越大。根据各指标熵值，其相应的重要性由式（3.8）表示：

$$e_j = 1 - H_j, \, j = 1, 2, \cdots, n \qquad (3.8)$$

（6）计算评价指标熵权

经过以上步骤，各评价指标的权重可由式（3.9）求得：

$$\omega_j = \frac{e_j}{\sum_{j=1}^{n} e_j}, \, j = 1, 2, \cdots, n; \, \omega_j \in [0,1]; \, \sum_{j=1}^{n} \omega_j = 1 \qquad (3.9)$$

2．CRITIC 法

CRITIC 法是迪亚库拉基（Danae Diakoulaki）等于 1995 年提出的一种客观赋权方法，通过评价指标的对比强度和冲突性来衡量指标的客观权重。其中，对比强度表示同一指标下各个评价方案值的差距，以标准差的形式表示；冲突性用指标之间的相关系数表示，若两个指标之间具有较强的正相关，则说明两个指标的冲突性较低，反之冲突性较高。[①]

CRITIC 法发展至今存在两处问题：一是标准差带有量纲，二是相关系数可能会出现负值。对此，现有研究对其作出了一些改进：一是用标准差系数代替标准差，消除量纲影响；二是对相关系数取绝对值，消除正负号影响。[②]

同熵权法一样，CRITIC 法运用前也需要先对数据进行无量纲化处理，在这种方法中也常采用极值法对正负向指标进行归一化处理。

---

①　Danae Diakoulaki, George Mavrotas, Lefteris Papayannakis, "Determining Objective Weights in Multiple Criteria Problems: The Critic Method", *Computers & Operations Research*, No.7, 1995.

②　傅为忠、储刘平：《长三角一体化视角下制造业高质量发展评价研究——基于改进的 CRITIC—熵权法组合权重的 TOPSIS 评价模型》，《工业技术经济》2020 年第 9 期。

根据无量纲数据，结合指标的标准差、平均值以及相关系数的信息，进一步得出各个评价指标的信息量。通过指标的信息量可进一步衡量指标的权重。评价指标所包含的信息量越大，该指标的相对重要性也越大，反之亦然。[①]

3. 变异系数法

变异系数法也是一种直接通过指标信息求得指标权重的客观赋权法，其原理为：在评价指标体系中，指标值差异越大的指标，也就是难以实现的指标，越能反映评价方案之间的差距，这种指标值的差异性就通过变异系数来表现。变异系数又称标准差率，它是指标准差与平均数的比值，用于度量单位和平均数不同时的变异程度衡量。[②] 变异系数法的具体实现过程如下。

变异系数法的实现主要是通过变异系数计算出指标的权重，而一个指标的变异系数便是该指标的标准差与平均数的比值。变异系数法的运用首先也需要对原始数据进行无量纲化处理，根据处理后的无量纲数据求得各指标变异系数这一比值，并计算各指标变异系数占比，从而求出各指标权重。

4. 主成分分析法

在解决实际的系统问题时，变量之间存在的相关性常常会导致统计分析结果产生重叠、信息冗余的现象。而对于决策者来说，最理想的便是在避免这类情况出现的同时以较少的变量呈现较多的信息量。针对这类考虑，主成分分析法（Principal Components Analysis，PCA）

---

① 张立军、张潇：《基于改进 CRITIC 法的加权聚类方法》，《统计与决策》2015 年第 22 期。

② 苏永伟：《中部地区制造业高质量发展评价研究——基于 2007—2018 年的数据分析》，《经济问题》2020 年第 9 期。

便是一种理想的解决方法。这种方法的原理为：利用降维的思想，通过线性组合的方式从各个原指标中提取信息，从而转化为少数的几个新的具有综合性的指标，即主成分，且它们之间互不相关。[1] 在获得多个主成分后，便可以将各个主成分的方差贡献率设置成指标权重。主成分分析具有减少数据集的维数、同时保持数据集的对方差贡献最大的特征。[2]

主成分分析法具体包括原始数据的标准化处理、计算相关系数矩阵、计算特征值和特征向量和选择主成分几个步骤。目前，现有研究大多都通过 SPSS 软件来完成主成分的提取工作。[3] 根据 SPSS 软件，主要包括以下过程：

（1）可行性分析

进行主成分分析之前，首先要判断现有变量是否适合做主成分分析，SPSS 中会用到 KMO 检验和 Bartlett 检验。将数据标准化处理后输入 SPSS 进行检验，其中，根据 Kaiser 常用的度量标准，$KMO > 0.9$ 表示现有变量非常合适做主成分分析；$KMO > 0.8$ 表示合适；$KMO > 0.7$ 表示一般；$KMO > 0.6$ 表示不太合适；KMO 在 0.5 以下表示极不合适。Bartlett 球形度统计量则是越大越好。[4]

（2）提取主成分

主成分的生成和选择需要注意两个方面，首先，需要通过公因子

① 尹海丹：《粤港澳大湾区城市经济高质量发展评价与对策》，《中国经贸导刊（中）》2020 年第 2 期。

② 郑琳：《皖江城市带经济高质量发展评价研究》，《常州工学院学报》2019 年第 6 期。

③ 葛莉、钱智勇、董超：《安徽省各地区高质量发展情况评价》，《河北北方学院学报》（自然科学版）2020 年第 5 期。

④ 黄小花：《高职生慕课学习意愿影响因素实证研究》，《电脑与电信》2019 年第 4 期。

方差信息确保绝大部分的原有指标的信息量提取程度处于高水平，这是因为主成分的形成是基于原有指标的转化，因此原有指标所涵盖的信息量一定要尽可能多地呈现在主成分中。其次，主成分的选择要注意方差贡献率，一般来讲，并不是选择的主成分越多越好，而是选取的主成分个数可以概括绝大部分信息即可。

（3）建立因子载荷矩阵和主成分命名

为了反映原始变量在各个主成分上的载荷程度，可以通过建立因子载荷矩阵来表示。据此可进一步为主成分起一个恰当的名称。

（4）建立综合评价体系

根据因子载荷矩阵，可以建立各个主成分的表达式，实现主成分与原始指标数据的相关联。并且，可以将各个主成分的方差贡献率作为其权重运用到后续的评价当中。

5. 因子分析法

因子分析的主要目的是用来描述隐藏在一组测量到的变量中的一些更基本的、但又无法直接测量到的隐性变量，多适用于大样本空间，一般样本数量是评价指标的 3 倍以上。

现有研究大多也通过 SPSS 软件实现因子分析，具体过程也包括 KMO 和 Bartlett 球形检验的可行性分析、公因子提取和公因子的命名。[①] 然而，因子分析和主成分分析的不同之处在于：因子分析基于一些假设，把错综复杂关系的原始变量表示成少数的公共因子和仅对某一个变量有作用的特殊因子线性组合。并且因子分析的因子个数需要分析者指定，指定的因子数量不同结果也不同。

① 杨阳、朱家明：《基于因子聚类分析对安徽省经济高质量发展的综合评价》，《哈尔滨师范大学自然科学学报》2019 年第 6 期。

（三）组合赋权法

组合赋权法是指结合多种赋权法共同确定指标权重的方法，其中包括了主观赋权法和客观赋权法的结合、多种客观赋权法之间的结合等。

1. 主观赋权法与客观赋权法的结合

主客观赋权法组合的提出主要基于主客观单一方法应用的两点困境：一是通过决策者打分的主观赋权虽然能够根据实际情况得出较为专业的评价，但存在主观随意性大的缺陷，即决策者思维的不确定性和对知识的掌握程度会使评分结果与真实值存在无意识的偏差。二是客观赋权法仅靠数据处理计算获得指标权重，经常导致较差的解释性。[①] 基于以上两点不足，将两种方法组合评价便可以最大限度减少系统性误差，使指标权重尽可能地接近实际值。

现有研究中，层次分析法（AHP）与熵权法的结合良好地体现了高质量发展领域主客观评价的结合。这类研究中，首先基于层次分析法（AHP）和熵权法求出两部分指标权重，进而确定综合权重。一般来讲，综合权重的确定有以下几种方法：

假设通过层次分析法（AHP）和熵权法获得的指标权重分别 W_j 和 H_j，综合权重为 P_j。

（1）乘法合成法

$$P_j = \frac{W_j H_j}{\sum_{j=1}^{n} W_j H_j}, j = 1, 2, \cdots, n \qquad (3.10)$$

（2）线性加权法

$$P_j = aW_j + (1-a)H_j, j = 1, 2, \cdots, n \qquad (3.11)$$

---

① 刘昭沄、黄琬真、江金启：《辽宁省农业高质量发展水平测度和障碍因子研究》，《沈阳农业大学学报》（社会科学版）2020 年第 1 期。

其中，若两种赋权法得出的权重排名完全相同，取 $a=0$ ；若权重排名完全不同，取 $a=1$ ；若权重排名差距较小，取 $a=0.5$。[①]

（3）算术平均值法[②]

$$P_j = \frac{W_j + H_j}{2}, j = 1, 2, \cdots, n \qquad （3.12）$$

2. 客观赋权法之间的结合

多种客观赋权法组合的形式也是组合赋权法中常见的一种，客观赋权法虽然依照数据本身的性质得出指标权重，但仅仅依靠某一种方法仍然存有缺陷，而与另一种客观赋权法结合不仅能够避免这种缺陷，还能使指标权重更具解释性。

（1）CRITIC 与熵权法的结合

CRITIC 与熵权法的结合是一组经典的客观组合赋权法。[③]由于 CRITIC 方法在指标离散程度衡量方面存在欠缺，熵权法便可用来弥补这个不足，两者的结合能够更加客观反映指标的权重。[④]

根据以上对 CRITIC 法与熵权法的描述，假设通过 CRITIC 法和熵权法得到的第 j 项指标的权重分别为 ω_1 和 ω_2，则第 j 项指标的综合权重如式（3.13）所示：

$$\omega_j = \beta\omega_1 + (1-\beta)\omega_2 \qquad （3.13）$$

其中，β 表示通过两种赋权方法求得权重的重要性，一般来说，

[①] 杨旭、邓远建、屈雪：《林业高质量发展水平评价研究——以贵州省为例》，《武汉交通职业学院学报》2020 年第 1 期。

[②] 高志刚、克麒：《中国沿边省区经济高质量发展水平比较研究》，《经济纵横》2020 年第 2 期。

[③] 王伟、顾飞：《省域高质量发展的评价分析——以重庆为例》，《当代金融研究》2020 年第 1 期。

[④] 吴忠、关娇、何江：《最低工资标准测算实证研究——基于 CRITIC—熵权法客观赋权的动态组合测算》，《当代经济科学》2019 年第 3 期。

假设两种赋权法具有相同的重要性，即设 $\beta=0.5$。

（2）变异系数法和主成分分析法的结合

目前关于高质量发展评价的定量研究中，另一种客观组合赋权法是变异系数法和主成分分析法的结合。[①] 其中，关于变异系数法得到的权重参照变异系数法的求解步骤，记为 c_j。但由于主成分分析法得出的是新的综合性指标，因此需要找到一种方法再赋予原有指标权重，以进行综合权重的组合。

现有研究将各个主成分的系数除以对应的特征根得到单位特征向量，然后对所有单位特征向量的分量取绝对值，对方差贡献率归一化后分别为各个主成分的权重，赋权加总后得到的向量作为各指标的权重向量，记为 h_j。

因此，综合权重便可通过多种方式组合以上两种权重求得，例如，通过式（3.14）取两者的平均值作为各评价指标的组合权重 ω_j。

$$\omega_j = \frac{c_j + h_j}{2}, j=1,2,\cdots,n \qquad （3.14）$$

二、高质量发展水平测度方法

高质量发展综合评价中，除了最关键的赋权法之外，根据所得指标的权重进一步得出评价分数也十分重要。这一过程中，有许多测量方式和指标权重相结合。

（一）TOPSIS

TOPSIS（Technique for Order Preference by Similarity to an Ideal Solution）又被称为逼近理想解排序法，这种方法首先根据指标性质找

---

① 黄顺春、邓文德：《中国区域经济高质量发展差异及其影响因素分析》，《广西师范大学学报》（哲学社会科学版）2020 年第 2 期。

出各指标下的最优和最劣方案，基于此，找出各评价对象分别与各指标下最优解和最劣解之间的差距，最后遵循"最靠近正理想解同时远离负理想解"的最优原则对评价对象进行排序。这种方法基于各评价对象的真实评价值做比较，排除了人为因素的影响，使每个评价对象的结果对于所有评价对象都是公平的。[①]现有研究中，TOPSIS 常与熵权法结合使用，根据指标权重进一步地得出评价排序结果，具体实现过程如下。

1. 构建加权评价矩阵

根据熵权法中的标准化评价值 $y_{ij}{}^p$ 构成的标准化评价矩阵 P 以及最终所得指标权重 ω_j，可以通过式（3.15）求得加权评价值。

$$y_{ij}{}^\omega = y_{ij}{}^p \times \omega_j \qquad (3.15)$$

进而，由加权评价值 $y_{ij}{}^\omega$ 构建加权评价矩阵 Y，该矩阵可直接用于后续的评价结果衡量，如矩阵（3.16）所示。

$$Y = \begin{array}{c} \\ A_1 \\ \vdots \\ A_i \\ \vdots \\ A_m \end{array} \begin{array}{ccccc} I_1 & \cdots & I_j & \cdots & I_n \\ \left[\begin{array}{ccccc} y_{11}{}^\omega & \cdots & y_{1j}{}^\omega & \cdots & y_{1n}{}^\omega \\ \vdots & \ddots & \vdots & \ddots & \vdots \\ y_{i1}{}^\omega & \cdots & y_{ij}{}^\omega & \cdots & y_{in}{}^\omega \\ \vdots & \ddots & \vdots & \ddots & \vdots \\ y_{m1}{}^\omega & \cdots & y_{mj}{}^\omega & \cdots & y_{mn}{}^\omega \end{array} \right] \end{array} \qquad (3.16)$$

$$i = 1, 2, \cdots, m; j = 1, 2, \cdots, n$$

2. 确定正负理想解

构建好加权评价矩阵后，需要确定各项评价指标下的最优评价对象和最差评价对象。正负理想解的选取与评价指标性质有关，设 J_1 和

---

① 朱卫未、林华萍、叶美兰：《网络文化软实力的综合评价方法与应用》，《电子政务》2020 年第 9 期。

J_2 分别表示效益型和成本型指标集合，A^* 和 A^- 分别表示正负理想解。对于效益型指标来说，评价对象的表现即加权评价值越高越好。反之，对于成本型指标，加权评价值越低越能体现成本性。相应地，A^* 与 A^- 的选取应满足式（3.17）和式（3.18）两个条件：

$$A^* = \left\{ A_1^*, \cdots, A_j^*, \cdots, A_n^* \right\} \\ = \left\{ (\max_i y_{ij}^\omega \mid I_j \in J_1), (\min_i y_{ij}^\omega \mid I_j \in J_2) \right\} \quad (3.17)$$

$$A^- = \left\{ A_1^-, \cdots, A_j^-, \cdots, A_n^- \right\} \\ = \left\{ (\min_i y_{ij}^\omega \mid I_j \in J_1), (\max_i y_{ij}^\omega \mid I_j \in J_2) \right\} \quad (3.18)$$

3. 计算各评价方案与正负理想解的距离

在众多距离测量方法中，归一化欧几里得距离测度方法是较为常用的一种，通过式（3.19）和式（3.20）可以分别求出各评价方案与正负理想解之间的距离 S_i^* 和 S_i^-，便可衡量某个评价对象在不同指标下与最优值和最差值之间分别存在的差距。

$$S_i^* = \sqrt{\sum_{j=1}^n (y_{ij}^\omega - A^*)^2}, \ i = 1, 2, \cdots, m \quad (3.19)$$

$$S_i^- = \sqrt{\sum_{j=1}^n (y_{ij}^\omega - A^-)^2}, \ i = 1, 2, \cdots, m \quad (3.20)$$

4. 计算相对贴近系数

TOPSIS 方法的最后一步是通过 S_i^* 和 S_i^- 求出各个方案关于负理想解 A^- 的相对贴近系数 C_i。C_i 值越大，表明该评价方案与负理想解的相对距离较远，即该评价对象就越接近最优水平。C_i 值的求解公式如（3.21）所示：

$$C_i = \frac{S_i^-}{S_i^* + S_i^-}, \ 0 \le C_i \le 1 \quad (3.21)$$

（二）线性加权求和函数法

线性加权求和函数法是最简单的一种求得综合评价分值的方法，它是指将各个评价对象在不同指标下的标准化评价值与通过赋权法求得的指标权重进行相乘，进而求和得出某个对象的综合评价结果。由于思想简单、操作方便，这种方法能够和众多赋权法相结合来计算综合评价分值。[1]

假设共有 m 个参评对象，n 项评价指标，x_{ij} 表示标准化后的指标数据，ω_j 表示指标权重，则某个参评对象的综合评价分值如式（3.22）所示。[2]

$$F_i = \sum_{j=1}^{n} x_{ij} \times \omega_j \qquad (3.22)$$

第三节　综合评价的数据包络分析方法

一、数据包络分析介绍

数据包络分析（Data Envelopment Analysis, DEA）是数学、运筹学、管理科学和数理经济学的一个交叉领域，由查尔斯（Abraham Charnes）和库伯（William W. Cooper）等学者于 1978 年首次提出。[3]DEA 是运用数学规划模型来评价一组处于"多投入、多产出"环境中的

---

① 吕军、陈宝华、姜子玉、侯俊东：《中国经济高质量发展评价及障碍因素分析》，《资源开发与市场》2020 年第 2 期。

② 梁荣平：《基于熵权法的新疆高质量发展综合评价研究》，《环渤海经济瞭望》2020 年第 4 期。

③ Abraham Charnes, William W. Cooper, Edwardo Rhodes, "Measuring the Efficiency of Decision Making Units", *European Journal of Operational Research*, No.6, 1978.

评价对象的相对有效性，这些评价对象被称为决策单元（Decision Making Unit, DMU），并且它们之间具有同质性。DEA 本质上是为了判断决策单元是否处于生产可能集的"生产前沿面"上，通过 DEA 可以确定生产前沿面的结构和特征，因此，又可将数据包络分析称作是一种非参数的评价方法，决策者无须构建生产函数，直接通过现有的投入和产出指标数据便可建立非参数的 DEA 模型。[①]

由于 DEA 具有原理相对简单、操作相对简便、适用范围较广等特点，特别是在多投入多产出的环境中具有其独特的优势，因而其实际应用已迅速扩展到多个领域，包括银行、教育、生态环境、医疗卫生、公共交通、电信、物流、金融、电力、企业、军队等。[②]

二、DEA 方法在高质量发展综合评价中的优势

数据包络分析可用于"多投入、多产出"环境下的效率评价。现实中的评价工作往往需要多个指标做支撑，高质量发展综合评价亦是如此。与以往的只能处理单投入单产出指标的效率评价方法相比，DEA 方法的适用环境更加符合实际评价需求，并且 DEA 方法无须构建生产函数对参数进行估计，而是直接通过对投入和产出指标的处理便可得出评价结果。

数据包络分析不受指标量纲的影响。不会因为各个指标计量单位的不同而影响最终的评价结果，而是只需要确保所有决策单元的同类

---

① Weiwei Zhu, Ziyang Miao, Xujin Pu, "Serial Setwork DEA Models with a Single Intermediate Measure", *Journal of the Operational Research Society*, 2020.

② Weiwei Zhu, Yaqin Zhu, "China's Regional Environmental Efficiency Evaluation: A Dynamic Analysis with Biennial Malmquist Productivity Index Based on Common Weights", *Environmental Science and Pollution Research International*, No.32, 2019.

指标都使用相同的计量单位即可。因此，运用数据包络分析不需要做无量纲化处理，省去了大量数据处理的时间。

数据包络分析指标权重具有总观性。现有研究对于高质量发展评价权重的设定已从主观、客观和主客观相结合的方面进行衡量，然而，现有的衡量方式仍然难以使指标权重的设定达到公平合理的状态，这也是现有评价方法的不足和权重设定面临的困境。值得注意的是，数据包络分析的优势恰好可以弥补目前指标权重设定存在的缺陷。数据包络分析是一种客观评价方法，由 DEA 得出的指标权重是内生式的，对于参评的每一个决策单元都会在评价过程中生成一组最优权重，不需要预先赋予权重值，避免了人为主观因素的影响。同时，与其他客观赋权法相比，DEA 方法还大大减少了数据处理和计算的过程。并且，指标权重生成后，DEA 还会直接给出效率评价结果，不需要再将指标权重与其他结果测度方法进行结合。整个流程体现了评价工作的综合性和一体性，十分适用于高质量发展的综合评价中。

数据包络分析旨在评价一组决策单元的相对有效性。每个决策单元的 DEA 效率都是指相对于和它同组参评的其他所有决策单元来说的相对效率，不是完全绝对的。高质量发展综合评价中，大多研究都会选取一组评价对象共同参与评价，例如，不同省域或者某省域下的不同地级市等，通过各个对象的评价结果互相做对比，以达到互相取长补短、共同发展的目的。这样一来，DEA 方法将一组同质决策单元放在一起进行评价，既体现了可比性，又通过其效率的相对性贡献了许多具有实际意义的决策依据。

数据包络分析是一种具有实际效力的评价方法。DEA 评价结果不仅可以帮助总结评价对象当下发展的成果，还能够指示其未来发展方向。相比于其他的只能给出评价结果的方法，DEA 方法可通过对指标的松弛变量分析为非有效的决策单元提供改善的方向，从而帮助决策者深入了解非有效决策单元的资源配置情况，以更好地提出针对性的改善效率的对策。

三、传统 DEA 模型介绍

（一）CCR 模型

数据包络分析方法发展至今，已衍生出众多 DEA 模型运用于各个领域当中。1978 年，查尔斯、库伯和罗德（Edwardo Rhodes）提出第一个 DEA 模型，并以他们三人姓氏的首字母命名为 CCR 模型。[①]CCR 模型是在假设规模收益不变（Constant Returns to Scale, CRS）的情况下进行效率评价，因此，CCR 模型也被称为规模收益不变模型（CRS）。通过 CCR 模型得出的效率为综合技术效率，这一效率包含纯技术效率和规模效率两部分内容。

1. 投入导向的 CCR 模型

投入导向的 DEA 模型是指在产出水平确定不变的情况下进行的投入最小化分析，旨在寻找投入减少的最大范围。假设有 n 个决策单元（DMU）待评价，记为 DMU_j, $j=1,2,\cdots,n$，每个 DMU 有 m 个投入，记 x_{ij}, $i=1,2,\cdots, m$; $j=1,2,\cdots,n$，每个投入指标的权重记为 v_i, $i=1,2,\cdots,m$，s 个产出记为 y_{rj}, $r=1,2,\cdots, s$; $j=1,2,\cdots,n$，每个产出指标的权重记 μ_r, $r=1,2,\cdots,s$。当前待评价的 DMU 记为 DMU_k，则投入导向的 CCR 模型如下：

---

① Abraham Charnes, William W. Cooper, Edwardo Rhodes, "Measuring the Efficiency of Decision Making Units", *European Journal of Operational Research*, No.6, 1978.

$$\max \frac{\sum\limits_{r=1}^{s} \mu_r y_{rk}}{\sum\limits_{i=1}^{m} v_i x_{ik}}$$

$$\text{s.t.} \frac{\sum\limits_{r=1}^{s} \mu_r y_{rj}}{\sum\limits_{i=1}^{m} v_i x_{ij}} \leqslant 1 \tag{3.23}$$

$$v_i \geqslant 0; \ \mu_r \geqslant 0$$

$$i = 1, 2, \cdots, m; \ r = 1, 2, \cdots, s; \ j = 1, 2, \cdots, n$$

式（3.23）为 CCR 模型的分式模型，也被称为乘子模型。这一模型的含义在于，在所有 DMU 效率都不高于 1 的前提下，找出一组权重，使其能确保正在被评价的 DMU_k 的效率值最大化，由此确定的一组指标权重便是对 DMU_k 最有利的权重。

不足的是，由于以上的分式模型属于非线性规划，会造成无穷多组最优解的情况，不能保证唯一解。因此，库伯等人提出了一种线性转换形式，这种形式也被现有研究称为 CC 变换，即令 $t = \dfrac{1}{\sum\limits_{i=1}^{m} v_i x_{ik}}$，$\upsilon_i = t v_i$，$\pi_r = t \mu_r$，则非线性模型（3.23）变换为如下等价的线性规划模型（3.24）。

$$\max \sum_{r=1}^{s} \pi_r y_{rk}$$

$$\text{s.t.} \sum_{r=1}^{s} \pi_r y_{rj} - \sum_{i=1}^{m} \upsilon_i x_{ij} \leqslant 0$$

$$\sum_{i=1}^{m} \upsilon_i x_{ik} = 1 \tag{3.24}$$

$$\upsilon_i \geqslant 0; \ \pi_r \geqslant 0$$

$$i = 1, 2, \cdots, m; \ r = 1, 2, \cdots, s; \ j = 1, 2, \cdots, n$$

以上模型为经过转换后的线性规划模型，通过求解该模型便可确保唯一解的情况。DEA 的求解过程中，需要对每个 DMU 都建立一个规划式，即同组的每个决策单元都要轮流成为正在被评价的单元。

根据以上的线性规划模型，可以得到如下的对偶模型（3.25），该模型也被称为数据包络模型。

$$\min \theta$$

$$\text{s.t.} \sum_{j=1}^{n} \lambda_j x_{ij} \leq \theta x_{ik}$$

$$\sum_{j=1}^{n} \lambda_j y_{rj} \geq y_{rk} \qquad (3.25)$$

$$\lambda_j \geq 0$$

$$i=1,2,\cdots,m;\ r=1,2,\cdots,s;\ j=1,2,\cdots,n$$

模型（3.25）中，λ_j 表示 DMU 的线性组合系数，与 λ_j 组合的 $\sum_{j=1}^{n}\lambda_j x_{ij}$ 和 $\sum_{j=1}^{n}\lambda_j y_{rj}$ 可以被当作一个虚拟 DMU 的投入和产出指标，这个虚拟 DMU 的投入 $x=\sum_{j=1}^{n}\lambda_j x_{ij}$ 不会高于 DMU_k 的投入，产出 $y=\sum_{j=1}^{n}\lambda_j y_{rj}$ 不会低于 DMU_k 的产出。如果 DMU_k 没有达到有效的状态，则 $\sum_{j=1}^{n}\lambda_j^* x_{ij}$ 和 $\sum_{j=1}^{n}\lambda_j^* x_{ij}$ 是 DMU_k 分别在投入和产出指标方面的目标最优值。

模型的最优解 θ^* 表示效率值，其范围是（0,1]。θ^*=1 时，则说明被评价单元 DMU_k 达到有效状态，位于前沿面上。这也意味着，在产出不变的条件下，DMU_k 的各项投入没有下降的空间，已经达到最优值。而当 $\theta^* < 1$ 时，则说明被评价单元 DMU_k 没有达到有效状态，仍有进步的空间。此时，$1-\theta^*$ 则表示在产出水平不变的情况下 DMU_k 的投入能够减少的最大限度。并且，θ^* 越小则表示 DMU_k 的效率越低，其投入指标的进步空间越大。

2. 产出导向的 CCR 模型

产出导向的 DEA 模型是指在投入水平确定不变的情况下进行的产出最大化分析，旨在寻找产出提升的最大范围。假设有 n 个决策单元（DMU）待评价，记为 DMU_j, $j=1,2,\cdots,n$，每个 DMU 有 m 个投入，记为 x_{ij}, $i=1,2,\cdots,m;\ j=1,2,\cdots,n$，每个投入指标的权重记为 v_i, $i=1,2,\cdots,$

m，s 个产出记为 x_{ij}，$i = 1, 2, \cdots, m; j = 1, 2, \cdots, n$，每个产出指标的权重记为 μ_r，$r = 1, 2, \cdots, s$。当前待评价的 DMU 记为 DMU_k，则产出导向的 CCR 模型如下：

$$
\begin{aligned}
\min \quad & \frac{\displaystyle\sum_{i=1}^{m} v_i x_{ik}}{\displaystyle\sum_{r=1}^{s} \mu_r y_{rk}} \\
\text{s.t.} \quad & \frac{\displaystyle\sum_{i=1}^{m} v_i x_{ij}}{\displaystyle\sum_{r=1}^{s} \mu_r y_{rj}} \geq 1 \\
& v_i \geq 0; \ \mu_r \geq 0 \\
& i = 1, 2, \cdots, m; \ r = 1, 2, \cdots, s; \ j = 1, 2, \cdots, n
\end{aligned}
\tag{3.26}
$$

模型（3.26）为产出导向的 CCR 模型，与投入导向模型相反的是，该模型的目标函数体现了寻找最大产出的思想。

同模型（3.23）一样，以上模型为非线性规划模型。为了确保解的唯一性，同样引入 CC 变换：令 $t = \dfrac{1}{\displaystyle\sum_{r=1}^{s} \mu_r y_{rk}}$，$v_i = t v_i$，$\pi_r = t \mu_r$，从而可得线性规划模型（3.27）和数据包络模型（3.28）。

$$
\begin{aligned}
\min \quad & \sum_{i=1}^{m} v_i x_{ik} \\
\text{s.t.} \quad & \sum_{r=1}^{s} \pi_r y_{rj} - \sum_{i=1}^{m} v_i x_{ij} \leq 0 \\
& \sum_{r=1}^{s} \pi_r y_{rk} = 1 \\
& v_i \geq 0; \ \pi_r \geq 0 \\
& i = 1, 2, \cdots, m; \ r = 1, 2, \cdots, s; \ j = 1, 2, \cdots, n
\end{aligned}
\tag{3.27}
$$

$$
\begin{aligned}
\max \quad & \varphi \\
\text{s.t.} \quad & \sum_{j=1}^{n} \lambda_j x_{ij} \leq x_{ik} \\
& \sum_{j=1}^{n} \lambda_j y_{rj} \geq \varphi y_{rk} \\
& \lambda_j \geq 0 \\
& i = 1, 2, \cdots, m; \ r = 1, 2, \cdots, s; \ j = 1, 2, \cdots, n
\end{aligned}
\tag{3.28}
$$

模型（3.28）中，最优解为 φ^*，且 $\varphi^* \geq 1$，因此，在产出导向的情况下，$\frac{1}{\varphi^*}$ 表示效率值。当 φ^*=1 时，则说明被评价单元 DMU_k 达到有效状态、位于前沿面上。这也意味着，在投入水平不变的情况下，产出水平也已经达到了最优化。而当 $\varphi^* > 1$ 时，则说明被评价单元 DMU_k 没有达到有效状态，其产出水平仍有进步的空间。此时，φ^*-1 则表示在投入水平不变的情况下 DMU_k 的产出能够提升的最大限度。并且，φ^* 越大表示 DMU_k 的效率 $\frac{1}{\varphi^*}$ 越低，其产出指标的提升空间越大。

（二）BCC 模型

以上部分介绍的 CCR 模型假设生产技术的规模收益不变、所有被评价的 DMU 均处于最优生产规模阶段。然而，实际生产中，最优规模的生产状态是众多生产单位难以实现的。因此，由 CCR 模型得出的效率不止是纯技术效率，还包含了生产规模的影响。为了进一步将这两部分效率水平分别细化测量，1984 年，班克（Rajiv D. Banker）、查尔斯和库伯三人提出了以他们三人姓氏的首字母命名的 BCC 模型。BCC 模型是在假设规模收益可变的情况下进行效率评价，因此，BCC 模型也被称为规模收益可变模型（Variable Returns to Scale, VRS）。[1]

由于通过 BCC 模型测量出的效率排除了生产规模的影响，是纯技术效率，BCC 模型与 CCR 模型之间便存在一定的关系。假设采用 CCR 模型得出的效率为技术效率（Technical Efficiency, TE），则其包含了规模效率（Scale Efficiency, SE）和纯技术效率（Pure Technical Efficiency, PTE）两部分，且后者正是采用 BCC 模型可得出的效率，三者之间的关系如式（3.29）所示。换句话说，当一个 DMU 为 CCR 有效时，它一

---

[1] Rajiv D. Banker, Abraham Charnes, William W. Cooper, "Some Models for Estimating Technical and Scale Inefficiencies in Data Envelopment Analysis", *Management Science*, No.9, 1984.

定也是 BCC 有效；当一个 DMU 为 BCC 有效时，它不一定是 CCR 有效。

$$TE = SE \times PTE \tag{3.29}$$

1. 投入导向的 BCC 模型

投入导向的 BCC 模型也是在假设产出水平保持不变的情况下对投入水平的最小化分析，不同的是 BCC 模型需要添加一个额外的变量，模型（3.30）是分式模型即乘子模型，相比于 CCR 模型添加了变量 μ。

$$\max \frac{\sum_{r=1}^{s} \mu_r y_{rk} - \mu_0}{\sum_{i=1}^{m} v_i x_{ik}}$$

$$\text{s.t. } \frac{\sum_{r=1}^{s} \mu_r y_{rj} - \mu_0}{\sum_{i=1}^{m} v_i x_{ij}} \leq 1 \tag{3.30}$$

$$v_i \geq 0; \ \mu_r \geq 0; \ \mu_0 \text{ 无约束}$$

$$i = 1, 2, \cdots, m; \ r = 1, 2, \cdots, s; \ j = 1, 2, \cdots, n$$

引入 CC 变换对模型（3.30）进行线性转换：令 $t = \dfrac{1}{\sum_{i=1}^{m} v_i x_{ik}}$，$\upsilon_i = t v_i$，$\pi_r = t \mu_r$，得到的线性规划模型（3.31）如下：

$$\max \sum_{r=1}^{s} \pi_r y_{rk} - \mu_0$$

$$\text{s.t. } \sum_{r=1}^{s} \pi_r y_{rj} - \sum_{i=1}^{m} \upsilon_i x_{ij} - \mu_0 \leq 0$$

$$\sum_{i=1}^{m} \upsilon_i x_{ik} = 1 \tag{3.31}$$

$$\upsilon_i \geq 0; \ \pi_r \geq 0; \ \mu_0 \text{ 无约束}$$

$$i = 1, 2, \cdots, m; \ r = 1, 2, \cdots, s; \ j = 1, 2, \cdots, n$$

BCC 的线性规划对偶模型和 CCR 模型的不同之处在于增加了约束条件 $\sum_{j=1}^{n} \lambda_j = 1,\ (\lambda_j \geq 0)$，这个约束的作用是确保投影点和被评价 DMU 的生产规模处于同一水平。因此，BCC 模型的数据包络模型如下：

$$\min \theta$$

$$\text{s.t.} \sum_{j=1}^{n} \lambda_j x_{ij} \leqslant \theta x_{ik}$$

$$\sum_{j=1}^{n} \lambda_j y_{rj} \geqslant y_{rk}$$

$$\sum_{j=1}^{n} \lambda_j = 1 \qquad\qquad (3.32)$$

$$\lambda_j \geqslant 0$$

$$i = 1, 2, \cdots, m;\ r = 1, 2, \cdots, s;\ j = 1, 2, \cdots, n$$

模型（3.32）中，最优解 θ^* 表示效率值，其范围是（0,1]。当 $\theta^*=1$ 时，则说明被评价单元 DMU_k 达到有效状态，位于前沿面上。这也意味着，在产出不变的条件下，DMU_k 的各项投入没有下降的空间，已经达到最优值。而当 $\theta^* < 1$ 时，则说明被评价单元 DMU_k 没有达到有效状态、仍有进步的空间。此时，$1-\theta^*$ 则表示在产出水平不变的情况下 DMU_k 的投入能够减少的最大程度。并且，θ^* 越小则表示 DMU_k 的效率越低，其投入指标的进步空间越大。

2. 产出导向的 BCC 模型

同投入导向的 BCC 模型一样，产出导向的 BCC 模型也需要在相应的 CCR 模型的基础上添加新的变量和约束条件。模型（3.33）为产出导向的 BCC 乘子模型。

$$\min \frac{\sum_{i=1}^{m} v_i x_{ik} + v_0}{\sum_{r=1}^{s} \mu_r y_{rk}}$$

$$\text{s.t.} \frac{\sum_{i=1}^{m} v_i x_{ij} + v_0}{\sum_{r=1}^{s} \mu_r y_{rj}} \geqslant 1 \qquad (3.33)$$

$$v_i \geqslant 0;\ \mu_r \geqslant 0;\ v_0 \ \text{无约束}$$

$$i = 1, 2, \cdots, m;\ r = 1, 2, \cdots, s;\ j = 1, 2, \cdots, n$$

引入 CC 变换对模型（3.33）进行线性转换：$t = \dfrac{1}{\displaystyle\sum_{r=1}^{s} \mu_r y_{rk}}$，$\upsilon_i = t v_i$，
$\pi_r = t \mu_r$，得到线性规划模型（3.34）如下：

$$\min \sum_{i=1}^{m} \upsilon_i x_{ik} + \upsilon_0$$

$$\text{s.t.} \quad \sum_{r=1}^{s} \pi_r y_{rj} - \sum_{i=1}^{m} \upsilon_i x_{ij} - \upsilon_0 \le 0$$

$$\sum_{r=1}^{s} \pi_r y_{rk} = 1 \tag{3.34}$$

$$\upsilon_i \ge 0; \ \pi_r \ge 0; \ \upsilon_0 \ \text{无约束}$$

$$i = 1, 2, \cdots, m; \ r = 1, 2, \cdots, s; \ j = 1, 2, \cdots, n$$

$$\max \varphi$$

$$\text{s.t.} \quad \sum_{j=1}^{n} \lambda_j x_{ij} \le x_{ik}$$

$$\sum_{j=1}^{n} \lambda_j y_{rj} \ge \varphi y_{rk}$$

$$\sum_{j=1}^{n} \lambda_j = 1 \tag{3.35}$$

$$\lambda_j \ge 0$$

$$i = 1, 2, \cdots, m; \ r = 1, 2, \cdots, s; \ j = 1, 2, \cdots, n$$

模型（3.35）为产出导向的 BCC 数据包络模型，最优解为 φ^*，且 $\varphi^* \ge 1$，因此，在产出导向的情况下，$\dfrac{1}{\varphi^*}$ 表示效率值。当 $\varphi^* = 1$ 时，则说明被评价单元 DMU_k 达到有效状态、位于前沿面上。这也意味着，在投入水平不变的情况下，产出水平已经达到了最优化。而当 $\varphi^* > 1$ 时，则说明被评价单元 DMU_k 没有达到有效状态、其产出水平仍有进步的空间。此时，$\varphi^* - 1$ 则表示在投入水平不变的情况下 DMU_k 的产出能够提升的最大程度。并且，φ^* 越大表示 DMU_k 的效率 $\dfrac{1}{\varphi^*}$ 越低，其产出指标的提升空间越大。

四、网络 DEA 模型介绍

传统的 CCR 和 BCC 模型都是把决策单元看作一个"黑箱"结构，这意味着只考虑生产系统的投入和产出，而不对其内部结构做深入研究。但实际生活中许多生产系统具有丰富的内部结构，这些内部结构或许会对 DEA 效率的评价起到重要的作用。由此，决策单元的网络结构及相应的网络 DEA 模型被逐渐引入。

网络结构首次打开了传统"黑箱"结构，它是指某些生产系统是由多个相连的生产过程组成的。图 3.1 呈现的是典型的网络结构图，即两阶段网络结构。这是指将决策单元的生产过程分为两个子阶段，假设共有 n 个决策单元（DMU），记为 $DMU_j, j=1,2,\cdots,n$，$x_{ij}, i=1,2,\cdots,m$ 为每个 DMU 的初始投入，也就是第一个生产子阶段的投入；$z_{dj}, d=1,2,\cdots, D$ 为第一个子阶段的产出，同时也是第二个子阶段的投入，因此也被称为中间变量；$y_{rj}, r=1,2,\cdots,s$ 是第二个子阶段的产出，即整个生产系统的最终产出，且初始投入、中间变量和产出的指标权重分别为 $v_i, i=1,2,\cdots, m; d=1,2,\cdots, D; r=1,2,\cdots, s$。针对这样一个结构，相应的网络 DEA 评价模型纷纷被提出。

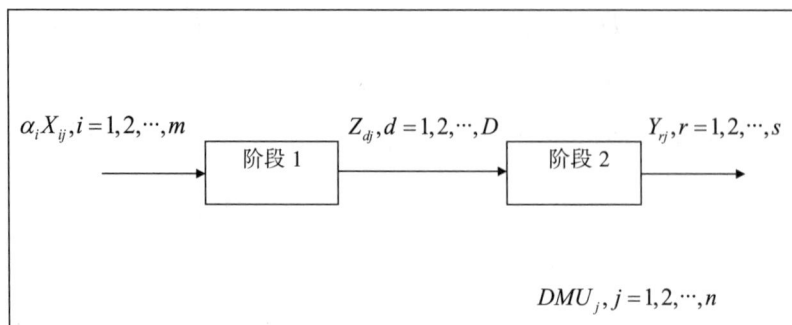

图 3.1　两阶段网络结构

（一）乘性网络 DEA 模型

1. 规模收益不变

乘性网络 DEA 模型是由高强（Chiang Kao）、黄旭男（Shiuh NanHwang）以及梁樑（Liang Liang 教授）等人提出的。"乘性"是指通过乘积的形式呈现两个子阶段的效率和总效率的关系。[①]

以投入导向为例，针对如图 3.1 所示的两阶段网络结构，若是分别求解总效率和各阶段效率，则有以下三个分式模型：

$$E_k = \max \frac{\sum_{r=1}^{s} \mu_r y_{rk}}{\sum_{i=1}^{m} v_i x_{ik}}$$

$$\text{s.t.} \quad \frac{\sum_{r=1}^{s} \mu_r y_{rj}}{\sum_{i=1}^{m} v_i x_{ij}} \leq 1 \qquad (3.36)$$

$$v_i \geq 0; \ \mu_r \geq 0$$
$$i = 1, 2, \cdots, m; \ r = 1, 2, \cdots, s; \ j = 1, 2, \cdots, n$$

$$E_k^1 = \max \frac{\sum_{d=1}^{D} \eta_d z_{dk}}{\sum_{i=1}^{m} v_i x_{ik}}$$

$$\text{s.t.} \quad \frac{\sum_{d=1}^{D} \eta_d z_{dj}}{\sum_{i=1}^{m} v_i x_{ij}} \leq 1 \qquad (3.37)$$

$$v_i \geq 0; \ \eta_d \geq 0$$
$$i = 1, 2, \cdots, m; \ d = 1, 2, \cdots, D; \ j = 1, 2, \cdots, n$$

---

① Liang Liang, Wade D. Cook, Joe Zhu, "DEA Models for Two-Stage Processes: Game Approach and Efficiency Decomposition", *Naval Research Logistics*, No.7, 2008.

$$E_k^2 = \max \frac{\sum_{r=1}^{s} \mu_r y_{rk}}{\sum_{d=1}^{D} \eta_d z_{dk}}$$

$$\text{s.t.} \quad \frac{\sum_{r=1}^{s} \mu_r y_{rj}}{\sum_{d=1}^{D} \eta_d z_{dj}} \leqslant 1 \quad\quad (3.38)$$

$$\eta_d \geqslant 0; \ \mu_r \geqslant 0$$

$$d = 1, 2, \cdots, D; \ r = 1, 2, \cdots, s; \ j = 1, 2, \cdots, n$$

由于乘性网络 DEA 模型的提出就是为了通过 $E_k = E_k^1 \times E_k^2$ 在一个模型中体现总效率与阶段效率的关系，因此，子阶段效率评价模型中相应的约束应加入到总效率的评价模型中，如模型（3.39）所示。

$$E_k = \max \frac{\sum_{r=1}^{s} \mu_r y_{rk}}{\sum_{i=1}^{m} v_i x_{ik}}$$

$$\text{s.t.} \quad \frac{\sum_{r=1}^{s} \mu_r y_{rj}}{\sum_{i=1}^{m} v_i x_{ij}} \leqslant 1$$

$$\frac{\sum_{d=1}^{D} \eta_d z_{dj}}{\sum_{i=1}^{m} v_i x_{ij}} \leqslant 1 \quad\quad (3.39)$$

$$\frac{\sum_{r=1}^{s} \mu_r y_{rj}}{\sum_{d=1}^{D} \eta_d z_{dj}} \leqslant 1$$

$$v_i \geqslant 0; \ \eta_d \geqslant 0; \ \mu_r \geqslant 0$$

$$i = 1, 2, \cdots, m; \ d = 1, 2, \cdots, D; \ r = 1, 2, \cdots, s$$

$$j = 1, 2, \cdots, n$$

为了使从子阶段效率推导总效率的过程保持一致性，高强和黄旭男提出一个假设：无论中间变量指标 z_{dj} 是充当前一阶段的产出指标或是后一阶段的投入指标，关于指标 z_{dj} 的综合加权值 $\sum_{d=1}^{D} \eta_d z_{dj}$ 在前后阶段都保持相同，也就是假设 $\eta_d{}^1 = \eta_d{}^2 = \eta_d$。因此，模型（3.39）中直接体现为统一的 η_d。[①]

令 $t = \dfrac{1}{\sum_{i=1}^{m} v_i x_{ik}}$，$\upsilon_i = t v_i$，$\pi_r = t \mu_r$，$\psi_d = t \eta_d$，将模型（3.39）转换为线性规划模型（3.40）。

$$E_k = \max \sum_{r=1}^{s} \pi_r y_{rk}$$

$$\text{s.t.} \sum_{r=1}^{s} \pi_r y_{rj} - \sum_{i=1}^{m} \upsilon_i x_{ij} \leqslant 0$$

$$\sum_{d=1}^{D} \psi_d z_{dj} - \sum_{i=1}^{m} \upsilon_i x_{ij} \leqslant 0$$

$$\sum_{r=1}^{s} \pi_r y_{rj} - \sum_{d=1}^{D} \psi_d z_{dj} \leqslant 0 \qquad (3.40)$$

$$\sum_{i=1}^{m} \upsilon_i x_{ik} = 1$$

$$\upsilon_i \geqslant 0;\ \psi_d \geqslant 0;\ \pi_r \geqslant 0$$

$$i = 1, 2, \cdots, m;\ d = 1, 2, \cdots, D;\ r = 1, 2, \cdots, s$$

$$j = 1, 2, \cdots, n$$

模型（3.41）是经过转换的线性规划模型，通过求出的最优权重 $\upsilon_i, \psi_d, \pi_r$ 可代入求解各个阶段效率，但这个模型会存在不唯一解的情况。为了弥补这个不足，高强等人提出以总体效率为前提先后求解各阶段效率。[①]假设通过模型（3.41）得出被评价单元的最优总体效率为 E_k，如果先求第一阶段效率，则以 E_k 作为约束条件之一，有：

---

① Chiang Kao, Shiuh Nan Hwang, "Efficiency Decomposition in Two-Stage Data Envelopment Analysis: An Application to Non-Life Insurance Companies in Taiwan", *European Journal of Operational Research*, No.1, 2008.

$$E_k^{1*} = \max \sum_{d=1}^{D} \psi_d z_{dk}$$

$$\text{s.t.} \sum_{r=1}^{s} \pi_r y_{rj} - E_k \times \sum_{i=1}^{m} \upsilon_i x_{ij} = 0$$

$$\sum_{r=1}^{s} \pi_r y_{rj} - \sum_{i=1}^{m} \upsilon_i x_{ij} \leqslant 0$$

$$\sum_{d=1}^{D} \psi_d z_{dj} - \sum_{i=1}^{m} \upsilon_i x_{ij} \leqslant 0$$

$$\sum_{r=1}^{s} \pi_r y_{rj} - \sum_{d=1}^{D} \psi_d z_{dj} \leqslant 0 \qquad (3.41)$$

$$\sum_{i=1}^{m} \upsilon_i x_{ik} = 1$$

$$\upsilon_i \geqslant 0; \ \psi_d \geqslant 0; \ \pi_r \geqslant 0$$

$$i = 1, 2, \cdots, m; \ d = 1, 2, \cdots, D; \ r = 1, 2, \cdots, s$$

$$j = 1, 2, \cdots, n$$

通过模型（3.41），可以求出以总效率作为约束的情况下的第一阶段最优效率，进一步地，根据乘性的原理便可得第二阶段子效率 $E_k^2 = \dfrac{E_k}{E_k^{1}}$。若是先考虑第二阶段的效率，则相应的可以得到 E_k^{2*} 和 $E_k^{1} = \dfrac{E_k}{E_k^{2*}}$。

2. 规模收益可变

在规模收益可变的情况下，以投入导向为例，做以上同样的假设，则可得到模型（3.42）：

$$E_k = \max \frac{\sum_{r=1}^{s} \mu_r y_{rk} + \mu_A}{\sum_{i=1}^{m} v_i x_{ik}}$$

$$\text{s.t.} \frac{\sum_{r=1}^{s} \mu_r y_{rj} + \mu_A}{\sum_{i=1}^{m} v_i x_{ij}} \leqslant 1$$

$$\frac{\sum_{d=1}^{D} \eta_d z_{dj} + \mu_B}{\sum_{i=1}^{m} v_i x_{ij}} \leqslant 1 \qquad (3.42)$$

$$\frac{\sum_{r=1}^{s} \mu_r y_{rj} + \mu_A}{\sum_{d=1}^{D} \eta_d z_{dj}} \leqslant 1$$

$$v_i \geqslant 0; \ \eta_d \geqslant 0; \ \mu_r \geqslant 0$$

$$\mu_A, \mu_B \ \text{无约束}$$

$$i = 1, 2, \cdots, m; \ d = 1, 2, \cdots, D; \ r = 1, 2, \cdots, s$$

$$j = 1, 2, \cdots, n$$

模型（3.42）是 可 进 行 线 性 变 换 的 非 线 性 规 划 模 型，令

$t = \dfrac{1}{\sum\limits_{i=1}^{m} v_i x_{ik}}$，$v_i = tv_i$，$\pi_r = t\mu_r$，$\psi_d = t\eta_d$，转换为线性规划模型（3.43）。

$$E_k = \max \sum_{r=1}^{s} \pi_r y_{rk} + u_1$$

$$\text{s.t.} \sum_{r=1}^{s} \pi_r y_{rj} + u_1 - \sum_{i=1}^{m} v_i x_{ij} \leqslant 0$$

$$\sum_{d=1}^{D} \psi_d z_{dj} + u_2 - \sum_{i=1}^{m} v_i x_{ij} \leqslant 0$$

$$\sum_{r=1}^{s} \pi_r y_{rj} + u_1 - \sum_{d=1}^{D} \psi_d z_{dj} \leqslant 0 \qquad (3.43)$$

$$\sum_{i=1}^{m} v_i x_{ik} = 1$$

$$v_i \geqslant 0; \ \psi_d \geqslant 0; \ \pi_r \geqslant 0$$

u_1, u_2 无约束

$i = 1, 2, \cdots, m; \ d = 1, 2, \cdots, D; \ r = 1, 2, \cdots, s$

$j = 1, 2, \cdots, n$

为了保证解的唯一性，与规模收益不变的情况一样，假设通过模型（3.43）求出被评价单元的最优总体效率为 E_k，如果先求第一阶段效率，则以 E_k 作为约束条件之一，有：

$$E_k^{1*} = \max \sum_{d=1}^{D} \psi_d z_{dk} + u_2$$

$$\text{s.t.} \sum_{r=1}^{s} \pi_r y_{rj} + u_1 - E_k \times \sum_{i=1}^{m} v_i x_{ij} = 0$$

$$\sum_{r=1}^{s} \pi_r y_{rj} + u_1 - \sum_{i=1}^{m} v_i x_{ij} \leqslant 0$$

$$\sum_{d=1}^{D} \psi_d z_{dj} + u_2 - \sum_{i=1}^{m} v_i x_{ij} \leqslant 0 \qquad (3.44)$$

$$\sum_{r=1}^{s} \pi_r y_{rj} + u_1 - \sum_{d=1}^{D} \psi_d z_{dj} \leqslant 0$$

$$\sum_{i=1}^{m} v_i x_{ik} = 1$$

$$v_i \geqslant 0; \ \psi_d \geqslant 0; \ \pi_r \geqslant 0$$

u_1, u_2 无约束

$i = 1, 2, \cdots, m; \ d = 1, 2, \cdots, D; \ r = 1, 2, \cdots, s$

$j = 1, 2, \cdots, n$

则第二阶段的效率为：$E_k^2 = \dfrac{E_k}{E_k^1}$。若是先考虑第二阶段的效率，则相应的可以得到$E_k^{2*}$和$E_k^1 = \dfrac{E_k}{E_k^{2*}}$。

（二）加性网络 DEA 模型

1. 规模收益不变

加性网络 DEA 是由陈遥（Yao Chen）等和库克（Wade D. Cook）等提出的。"加性"主要是指通过加权算数平均的方式将两个子阶段的效率连接起来表示总体效率。[①]针对如图 3.1 所示的两阶段网络结构，加性网络 DEA 模型如下：

$$\max \left[\omega_1 \times \frac{\displaystyle\sum_{d=1}^{D} \eta_d z_{dk}}{\displaystyle\sum_{i=1}^{m} v_i x_{ik}} + \omega_2 \times \frac{\displaystyle\sum_{r=1}^{s} \mu_r y_{rk}}{\displaystyle\sum_{d=1}^{D} \eta_d z_{dk}} \right]$$

$$\text{s.t.} \quad \frac{\displaystyle\sum_{d=1}^{D} \eta_d z_{dj}}{\displaystyle\sum_{i=1}^{m} v_i x_{ij}} \leqslant 1 \qquad (3.45)$$

$$\frac{\displaystyle\sum_{r=1}^{s} \mu_r y_{rj}}{\displaystyle\sum_{d=1}^{D} \eta_d z_{dj}} \leqslant 1$$

$$v_i \geqslant 0; \ \eta_d \geqslant 0; \ \mu_r \geqslant 0$$

$$i = 1, 2, \cdots, m; \ d = 1, 2, \cdots, D; \ r = 1, 2, \cdots, s; \ j = 1, 2, \cdots, n$$

模型（3.45）为基于规模收益不变情况下投入导向的加性网络 DEA 模型，其中，目标函数是最大化被评价 DMU 的总体效率，也

---

① Wade D. Cook, Joe Zhu, Gongbing Bi, Feng Yang, "Network DEA: Additive Efficiency Decomposition", *European Journal of Operational Research*, No.2, 2010.

是两个子阶段效率的加权算数平均和，约束条件中包含了对两个子阶段效率的约束。并且，模型中陈遥等遵循了高强等人提出的假设：$\eta_d^{\ 1} = \eta_d^{\ 2} = \eta_d$。[1] 将中间变量在两个阶段的综合权重值设定为同一个值，这样做能够体现两个阶段的统一性。[2]

另外，模型（3.45）是非线性规划模型，却不适用于通过 CC 变换转化成线性规划模型。因此，陈遥等提出了另一种转换方式：通过对子阶段效率的权重进行设定，将模型（3.45）转换为线性规划式。ω_1 和 ω_2 分别表示两个子阶段效率的相对重要性，通过不同子阶段享有的总资源的比例来衡量两个子阶段的权重。也就是说，$\sum\limits_{i=1}^{m} v_i x_{ik} + \sum\limits_{d=1}^{D} \eta_d z_{dk}$

为两个阶段的总投入，则 $\omega_1 = \dfrac{\sum\limits_{i=1}^{m} v_i x_{ik}}{\sum\limits_{i=1}^{m} v_i x_{ik} + \sum\limits_{d=1}^{D} \eta_d z_{dk}}$，$\omega_2 = \dfrac{\sum\limits_{d=1}^{D} \eta_d z_{dk}}{\sum\limits_{i=1}^{m} v_i x_{ik} + \sum\limits_{d=1}^{D} \eta_d z_{dk}}$；

若是产出导向的情况，则总产出为 $\sum\limits_{d=1}^{D} \eta_d z_{dk} + \sum\limits_{r=1}^{s} \mu_r y_{rk}$，$\omega_1 = \dfrac{\sum\limits_{d=1}^{D} \eta_d z_{dk}}{\sum\limits_{d=1}^{D} \eta_d z_{dk} + \sum\limits_{r=1}^{s} \mu_r y_{rk}}$，

$\omega_2 = \dfrac{\sum\limits_{r=1}^{s} \mu_r y_{rk}}{\sum\limits_{d=1}^{D} \eta_d z_{dk} + \sum\limits_{r=1}^{s} \mu_r y_{rk}}$。[3] 这样一来，模型（3.45）便可转换成模型（3.46）。

[1] Chiang Kao, Shiuh Nan Hwang, "Efficiency Decomposition in Two-Stage Data Envelopment Analysis: An Application to Non-Life Insurance Companies in Taiwan", *European Journal of Operational Research*, No.1, 2008.

[2] Yao Chen, Wade D. Cook, Ning Li, Joe Zhu, "Additive Efficiency Decomposition in Two-Stage DEA", *European Journal of Operational Research*, No.3, 2009.

[3] Yao Chen, Wade D. Cook, Ning Li, Joe Zhu, "Additive Efficiency Decomposition in Two-Stage DEA", *European Journal of Operational Research*, No.3, 2009.

$$\max \left[\frac{\sum\limits_{d=1}^{D} \eta_d z_{dk} + \sum\limits_{r=1}^{s} \mu_r y_{rk}}{\sum\limits_{i=1}^{m} v_i x_{ik} + \sum\limits_{d=1}^{D} \eta_d z_{dk}} \right]$$

$$\text{s.t.} \quad \frac{\sum\limits_{d=1}^{D} \eta_d z_{dj}}{\sum\limits_{i=1}^{m} v_i x_{ij}} \leqslant 1$$

$$\frac{\sum\limits_{r=1}^{s} \mu_r y_{rj}}{\sum\limits_{d=1}^{D} \eta_d z_{dj}} \leqslant 1 \tag{3.46}$$

$$v_i \geqslant 0; \ \eta_d \geqslant 0; \ \mu_r \geqslant 0$$

$$i = 1, 2, \cdots, m; \ d = 1, 2, \cdots, D; \ r = 1, 2, \cdots, s; \ j = 1, 2, \cdots, n$$

对 模 型（3.46），便 可 通 过 CC 变 换，令 $t = \dfrac{1}{\sum\limits_{i=1}^{m} v_i x_{ik} + \sum\limits_{d=1}^{D} \eta_d z_{dk}}$，

$\upsilon_i = t v_i$，$\pi_r = t \mu_r$，$\psi_d = t \eta_d$，转换为线性规划模型（3.47）。

$$\max \sum_{d=1}^{D} \psi_d z_{dk} + \sum_{r=1}^{s} \pi_r y_{rk}$$

$$\text{s.t.} \sum_{d=1}^{D} \psi_d z_{dj} - \sum_{i=1}^{m} \upsilon_i x_{ij} \leqslant 0$$

$$\sum_{r=1}^{s} \pi_r y_{rj} - \sum_{d=1}^{D} \psi_d z_{dj} \leqslant 0 \tag{3.47}$$

$$\sum_{i=1}^{m} \upsilon_i x_{ik} + \sum_{d=1}^{D} \psi_d z_{dk} = 1$$

$$\upsilon_i \geqslant 0; \ \psi_d \geqslant 0; \ \pi_r \geqslant 0$$

$$i = 1, 2, \cdots, m; \ d = 1, 2, \cdots, D; \ r = 1, 2, \cdots, s; \ j = 1, 2, \cdots, n$$

模型（3.47）是经过转换的线性规划模型，通过求出的最优权重 $\upsilon_i, \psi_d, \pi_r$ 可代入求解各个阶段效率。然而，在这种情况下同样也会出现不唯一解的情况，也可以通过高强等人提出的方法来解决。[①]

---

　　① Chiang Kao, Shiuh Nan Hwang, "Efficiency Decomposition in Two-Stage Data Envelopment Analysis: An Application to Non-Life Insurance Companies in Taiwan", *European Journal of Operational Research*, No.1, 2008.

假设通过模型（3.47）求出被评价单元的最优总体效率为 θ_k，如果先求第一阶段效率，则以 θ_k 作为约束条件之一，有：

$$\theta_k^{1^*} = \max \sum_{d=1}^{D} \psi_d z_{dk}$$

$$\text{s.t.} \sum_{d=1}^{D} \psi_d z_{dj} - \sum_{i=1}^{m} \upsilon_i x_{ij} \leq 0$$

$$\sum_{r=1}^{s} \pi_r y_{rj} - \sum_{d=1}^{D} \psi_d z_{dj} \leq 0$$

$$\sum_{i=1}^{m} \upsilon_i x_{ik} = 1 \qquad\qquad (3.48)$$

$$(1-\theta) \sum_{d=1}^{D} \psi_d z_{dk} + \sum_{r=1}^{s} \pi_r y_{rk} = \theta_k$$

$$\upsilon_i \geq 0; \ \psi_d \geq 0; \ \pi_r \geq 0$$

$$i = 1,2,\cdots,m; \ d = 1,2,\cdots,D; \ r = 1,2,\cdots,s$$

$$j = 1,2,\cdots,n$$

则第二阶段的效率为：

$$\theta_k^2 = \frac{\theta_k - \omega_1^* \times \theta_k^{1^*}}{\omega_2^*}$$

反之，若先考虑第二阶段的效率，则会得到 $\theta_k^{2^*}$ 和 $\theta_k^1 = \dfrac{\theta_k - \omega_2^* \times \theta_k^{2^*}}{\omega_1^*}$。若 $\theta_k^{1^*} = \theta_k^1$ 或 $\theta_k^{2^*} = \theta_k^2$，则能够验证解的唯一性。

2. 规模收益可变

在规模收益可变的情况下，以投入导向为例，做以上同样的假设，则可得到模型（3.49）。

$$\max\left[\frac{\sum\limits_{d=1}^{D}\eta_d z_{dk}+\mu_A+\sum\limits_{r=1}^{s}\mu_r y_{rk}+\mu_B}{\sum\limits_{i=1}^{m}v_i x_{ik}+\sum\limits_{d=1}^{D}\eta_d z_{dk}}\right]$$

$$\text{s.t.}\ \frac{\sum\limits_{d=1}^{D}\eta_d z_{dj}+\mu_A}{\sum\limits_{i=1}^{m}v_i x_{ij}}\leqslant 1$$

$$\frac{\sum\limits_{r=1}^{s}\mu_r y_{rj}+\mu_B}{\sum\limits_{d=1}^{D}\eta_d z_{dj}}\leqslant 1 \tag{3.49}$$

$$v_i\geqslant 0;\ \eta_d\geqslant 0;\ \mu_r\geqslant 0$$

$$\mu_A,\mu_B\ \text{无约束}$$

$$i=1,2,\cdots,m;\ d=1,2,\cdots,D;\ r=1,2,\cdots,s$$

$$j=1,2,\cdots,n$$

模型（3.49）是可进行线性变换的非线性规划模型，令 $t=\dfrac{1}{\sum\limits_{i=1}^{m}v_i x_{ik}+\sum\limits_{d=1}^{D}\eta_d z_{dk}}$，$\upsilon_i=tv_i$，$\pi_r=t\mu_r$，$\psi_d=t\eta_d$，转换为线性规划模型（3.50）。

$$\max \sum_{d=1}^{D}\psi_d z_{dk}+u_1+\sum_{r=1}^{s}\pi_r y_{rk}+u_2$$

$$\text{s.t.}\ \sum_{d=1}^{D}\psi_d z_{dj}-\sum_{i=1}^{m}\upsilon_i x_{ij}+u_1\leqslant 0$$

$$\sum_{r=1}^{s}\pi_r y_{rj}-\sum_{d=1}^{D}\psi_d z_{dj}+u_2\leqslant 0 \tag{3.50}$$

$$\sum_{i=1}^{m}\upsilon_i x_{ik}+\sum_{d=1}^{D}\psi_d z_{dk}=1$$

$$\upsilon_i\geqslant 0;\ \psi_d\geqslant 0;\ \pi_r\geqslant 0$$

$$u_1,u_2\ \text{无约束}$$

$$i=1,2,\cdots,m;\ d=1,2,\cdots,D;\ r=1,2,\cdots,s$$

$$j=1,2,\cdots,n$$

为了保证解的唯一性，与规模收益不变的情况一样，假设通过模型（3.50）求出被评价单元的最优总体效率为 E_k，如果先求第一阶段效率，则以 E_k 作为约束条件之一，有：

$$E_k^{1*} = \max \sum_{d=1}^{D} \psi_d z_{dk} + u_1$$

$$\text{s.t.} \sum_{d=1}^{D} \psi_d z_{dj} + u_1 - \sum_{i=1}^{m} \upsilon_i x_{ij} \leqslant 0$$

$$\sum_{r=1}^{s} \pi_r y_{rj} + u_2 - \sum_{d=1}^{D} \psi_d z_{dj} \leqslant 0$$

$$\sum_{i=1}^{m} \upsilon_i x_{ik} = 1 \qquad (3.51)$$

$$(1 - E_k) \sum_{d=1}^{D} \psi_d z_{dk} + \sum_{r=1}^{s} \pi_r y_{rk} + u_1 + u_2 = E_k$$

$$\upsilon_i \geqslant 0; \ \psi_d \geqslant 0; \ \pi_r \geqslant 0$$

$$u_1, u_2 \text{ 无约束}$$

$$i = 1, 2, \cdots, m; \ d = 1, 2, \cdots, D; \ r = 1, 2, \cdots, s$$

$$j = 1, 2, \cdots, n$$

则第二阶段的效率为：

$$E_k^{\ 2} = \frac{E_k - \omega_1^* \times E_k^{1*}}{\omega_2^*}$$

反之，若先考虑第二阶段的效率，则会得到 E_k^{2*} 和 $E_k^{\ 1} = \dfrac{E_k - \omega_2^* \times E_k^{\ 2*}}{\omega_1^*}$。
若 $E_k^{1*} = E_k^{\ 1}$ 或 $E_k^{2*} = E_k^{\ 2}$，则能够验证解的唯一性。

五、Malmquist–DEA 模型介绍

为了准确了解我国不同省域之间高质量发展水平的差异性和各省域高质量发展效率的变化趋势，本节选取 Malmquist—DEA 模型进行高质量发展综合评价的实证分析，通过 Malmquist—DEA 模型得出的评价结果能够为识别各省域高质量发展水平的比较优势提供依据。

（一）传统 Malmquist—DEA 评价方法

1982 年，凯夫斯（Douglas W. Caves）等最先将 Malmquist 生产率指数与 DEA 模型结合，提出 Malmquist—DEA 评价方法，这种方法

旨在弥补以往研究对效率动态评价的缺陷，为处于时间层面的决策单元的效率变化提供有效的衡量方式。由于 Malmquist 指数的计算基于不同时期的技术水平，为了使 Malmquist 指数的表达具有唯一性，凯夫斯还提出将基于 t 期和 $t+1$ 期技术条件下的 Malmquist 指数（M_t 和 M_{t+1}）的几何平均数精确地表示为 Malmquist 指数。[1]

自凯夫斯提出 Malmquist—DEA 之后，费尔（Rolf Färe）等在此研究基础上采用投入导向的 DEA 方法计算 Malmquist 指数，并提出将 Malmquist 指数分解为决策单元在连续两个时期内的技术效率变化和生产技术变化两方面。[2]1994 年，费尔等又进一步研究规模收益可变情况下的 Malmquist 分解，即 BCC 模型与 Malmquist 指数的结合。在这种情况下，Malmquist 指数共分为纯技术效率变化、规模效率变化以及生产技术变化三方面。[3] 此外，还有一些学者致力于对生产技术变化这方面因素的细分研究，例如，杨（Alwyn Young）将生产技术变化归于研发活动引起的技术创新和生产经验的积累带动的劳动生产率变化两部分；[4] 朱卫未（Weiwei Zhu）等进一步提出将生产技术进步归为"自主创新"及"干中学"效应两方面。[5]

---

[1]   Douglas W. Caves, Laurits R. Christensen, W. Erwin Diewert, "The Economic Theory of Index Numbers and the Measurement of Input, Output, and Productivity", *Econometrica: Journal of the Econometric Society*, 1982.

[2]   Rolf Färe, Shawna Grosskopf, Björn Lindgren, Pontus Roos, "Productivity Changes in Swedish Pharamacies 1980 – 1989: A Non-Parametric Malmquist Approach", *Journal of Productivity Analysis*, No.1-2, 1992.

[3]   Rolf Färe, Shawna Grosskopf, Björn Lindgren, Pontus Roos, *Data Envelopment Analysis: Theory, Methodology, and Applications*, 1994, pp.253-272.

[4]   Alwyn Young, "Invention and Bounded Learning by Doing", *Journal of Political Economy*, No.3, 1993.

[5]   Weiwei Zhu, Yaqin Zhu, Huaping Lin, Yu Yu, "Technology Progress Bias, Industrial Structure Adjustment, and Regional Industrial Economic Growth Motivation—Research on Regional Industrial Transformation and Upgrading Based on the Effect of Learning by Doing", *Technological Forecasting and Social Change*, No.170, 2021.

对于 Malmquist 指数的衡量方式，自凯夫斯提出几何平均数的表达形式之后，众多学者纷纷提出了不同角度的见解。例如，以某一固定时期作为所有时期的参考集的固定参比 Malmquist 指数；[1] 将参评时段内的所有时期作为每一个时期的共同参考前沿的全局参比 Malmquist 指数；[2] 在全局 Malmquist 指数中，Biennial（双年度）Malmquist 指数是较为常用且特殊的一种，这类指数只选取参与 MPI 计算的具体两个时期共同作为参考集，以这两个相邻时期的技术水平作为基准来对彼此进行评价。[3] 此外，现有的 Malmquist 指数还包括谢斯塔洛娃（Victoria Shestalova）提出的序列参比 Malmquist 指数[4] 以及孙嘉芝（Chia-Chi Sun）提出的窗口参比 Malmquist 指数[5] 等类型。

假设共有 n 个决策单元（$j=1,2,\cdots,n$），并且这些决策单元都经历了 $t=1,2,\cdots,T$ 个时期，则某一 DMU 在 t 时期的投入产出变量可以表示为 $(x_j^t, y_j^t) \in R_+^m \times R_+^S$，且前沿技术如下：

$$T_c^t = \left\{ (x^t, y^t) \in R_+^{m+s} \left| \sum_{j=1}^n \lambda_j^t x_j^t \le x, \sum_{j=1}^n \lambda_j^t y_j^t \ge y, \lambda_j^t \ge 0, j=1,\cdots,n \right. \right\} \quad (3.52)$$

[1] Sigbjørn Atle Berg, Finn R. Førsund, Eilev S. Jansen, "Malmquist Indices of Productivity Growth During the Deregulation of Norwegian Banking, 1980–89", *The Scandinavian Journal of Economics*, No.94, 1992.

[2] Jesús T. Pastor, C. A. Knox Lovell, "A Global Malmquist Productivity Index", *Economics Letters*, No.2, 2005.

[3] Weiwei Zhu, Yaqin Zhu, "China's Regional Environmental Efficiency Evaluation: A Dynamic Analysis with Biennial Malmquist Productivity Index Based on Common Weights", *Environmental Science and Pollution Research International*, No.32, 2019.

[4] Victoria Shestalova, "Sequential Malmquist Indices of Productivity Growth: An Application to OECD Industrial Activities", *Journal of Productivity Analysis*, No.2–3, 2003.

[5] Chia-Chi Sun, "Assessing Taiwan Financial Holding Companies Performance Using Window Analysis and Malmquist Productivity Index", *African Journal of Business Management*, No.26, 2011.

基于此，参评时段内任意两个前后连续的时期相应的产出导向型 Malmquist 指数都可以表示为：

$$M^t = M_{oc}^t\left(x^t, y^t, x^{t+1}, y^{t+1}\right) = \frac{D_{oc}^t\left(x^{t+1}, y^{t+1}\right)}{D_{oc}^t\left(x^t, y^t\right)}$$

$$M^{t+1} = M_{oc}^{t+1}\left(x^t, y^t, x^{t+1}, y^{t+1}\right) = \frac{D_{oc}^{t+1}\left(x^{t+1}, y^{t+1}\right)}{D_{oc}^{t+1}\left(x^t, y^t\right)} \quad (3.53)$$

根据凯夫斯的思想，Malmquist 指数由前后两时期的 MPI 几何平均数来表示，[1] 如式（3.54）所示。M_{oc} 衡量了决策单元在不同时期内的变化，当 $M_{oc} > 1, =1, < 1$ 时则分别表示生产率的进步、不变和退步。

$$M_{oc} = \left[M_{oc}^t\left(x^t, y^t, x^{t+1}, y^{t+1}\right) \times M_{oc}^{t+1}\left(x^t, y^t, x^{t+1}, y^{t+1}\right) \right]^{1/2}$$

$$= \left[\frac{D_{oc}^t\left(x^{t+1}, y^{t+1}\right)}{D_{oc}^t\left(x^t, y^t\right)} \times \frac{D_{oc}^{t+1}\left(x^{t+1}, y^{t+1}\right)}{D_{oc}^{t+1}\left(x^t, y^t\right)} \right]^{1/2} \quad (3.54)$$

根据费尔等提出的 Malmquist 指数的分解思想，在规模收益不变的条件下，Malmquist 指数可被分解为技术效率变化和生产技术变化两方面；[2] 而规模收益可变的情况下，技术效率变化又可进一步地被细分为纯技术效率的影响和生产规模的影响。[3] 具体如式（3.55）所示。其中，$PTE\Delta\left(x^t, y^t, x^{t+1}, y^{t+1}\right)$ 衡量不同时期内决策单元的纯技术效率变化，$SE\Delta\left(x^t, y^t, x^{t+1}, y^{t+1}\right)$ 衡量规模效率的变化，$SE\Delta\left(x^t, y^t, x^{t+1}, y^{t+1}\right)$ 衡

---

[1] Douglas W. Caves, Laurits R. Christensen, W. Erwin Diewert, "The Economic Theory of Index Numbers and the Measurement of Input, Output, and Productivity", *Econometrica: Journal of the Econometric Society*, 1982.

[2] Rolf Färe, Shawna Grosskopf, Björn Lindgren, Pontus Roos, "Productivity Changes in Swedish Pharamacies 1980 - 1989: A Non-Parametric Malmquist Approach", *Journal of Productivity Analysis*, No.1-2, 1992.

[3] Rolf Färe, Shawna Grosskopf, Björn Lindgren, Pontus Roos, *Data Envelopment Analysis: Theory, Methodology, and Applications*, Springer Dordrecht, 1994, pp.253-272.

量基准技术下的生产技术的变化。

$$M_{oc} = \left[\frac{D_{oc}^{t+1}\left(x^{t+1}, y^{t+1}\right)}{D_{oc}^{t}\left(x^{t}, y^{t}\right)} \right] \times \left[\frac{D_{oc}^{t}\left(x^{t}, y^{t}\right)}{D_{oc}^{t+1}\left(x^{t}, y^{t}\right)} \times \frac{D_{oc}^{t}\left(x^{t+1}, y^{t+1}\right)}{D_{oc}^{t+1}\left(x^{t+1}, y^{t+1}\right)} \right]^{1/2}$$

$$= \left[\frac{D_{o}^{t+1}\left(x^{t+1}, y^{t+1}\right)}{D_{o}^{t}\left(x^{t}, y^{t}\right)} \right] \times \left[\frac{D_{oc}^{t+1}\left(x^{t+1}, y^{t+1}\right) / D_{o}^{t+1}\left(x^{t+1}, y^{t+1}\right)}{D_{oc}^{t}\left(x^{t}, y^{t}\right) / D_{o}^{t}\left(x^{t}, y^{t}\right)} \right] \quad (3.55)$$

$$\times \left[\frac{D_{oc}^{t}\left(x^{t}, y^{t}\right)}{D_{oc}^{t+1}\left(x^{t}, y^{t}\right)} \times \frac{D_{oc}^{t}\left(x^{t+1}, y^{t+1}\right)}{D_{oc}^{t+1}\left(x^{t+1}, y^{t+1}\right)} \right]^{1/2}$$

$$= PTE\Delta\left(x^{t}, y^{t}, x^{t+1}, y^{t+1}\right) \times SE\Delta\left(x^{t}, y^{t}, x^{t+1}, y^{t+1}\right)$$

$$\times T\Delta_{C}\left(x^{t}, y^{t}, x^{t+1}, y^{t+1}\right)$$

（二）全局 Malmquist—DEA 评价方法

为了解决 CCD Malmquist 指数和几何平均 Malmquist 指数存在的两方面问题（一方面是由技术变化造成的不可循环问题，另一方面是线性规划不可行解问题），派斯特（Jesús T. Pastor）和洛弗尔（C. A. Knox Lovell）提出了全局 Malmquist 指数，这类指数将所有时期的决策单元都纳入参考集中，构建了一个公共的前沿面，为决策单元的生产力变化提供了一个相同的比较基础。[①]

假设共有 n 个决策单元（$j=1,2,\cdots,n$），并且这些决策单元都经历了 $t=1,2,\cdots,T$ 个时期，$\left(x_{j}^{t}, y_{j}^{t}\right) \in R_{+}^{m} \times R_{+}^{s}$ 则表示某一 DMU 在 t 时期的投入产出变量，该时期的前沿技术如下：

$$T_{c}^{t} = \left\{ \left(x^{t}, y^{t}\right) \in R_{+}^{m+s} \,\middle|\, \sum_{j=1}^{n} \lambda_{j}^{t} x_{j}^{t} \leqslant x, \sum_{j=1}^{n} \lambda_{j}^{t} y_{j}^{t} \geqslant y, \lambda_{j}^{t} \geqslant 0, j=1,\cdots,n \right\} \quad (3.56)$$

① Jesús T. Pastor, C. A. Knox Lovell, "A Global Malmquist Productivity Index", *Economics Letters*, No.2, 2005.

则相应的全局技术可表示为所有时期生产前沿技术的凸集，即 $T_C^G = conv\{T_C^1, T_C^2, \cdots, T_C^t\}$。基于 T_C^G 的全局 Malmquist 指数如式（3.57）所示。

$$M_c^G\left(x^t, y^t, x^{t+1}, y^{t+1}\right) = \frac{D_c^G\left(x^{t+1}, y^{t+1}\right)}{D_c^G\left(x^t, y^t\right)} \quad (3.57)$$

由于所有决策单元在全局 Malmquist 指数形式的比较下具有相同的技术基础，因此无须再对式（3.57）中的比值做进一步处理，可直接将该比值用来表示生产力指数。

对于全局 Malmquist 指数同样可根据技术效率变化、规模效率变化以及技术变化三方面因素进行分解：

$$
\begin{aligned}
&M_c^G\left(x^t, y^t, x^{t+1}, y^{t+1}\right) \\
&= \frac{D_c^G(x^{t+1}, y^{t+1})}{D_c^G(x^t, y^t)} \\
&= \frac{D_v^{t+1}(x^{t+1}, y^{t+1})}{D_v^t(x^t, y^t)} \times \left[\frac{D_c^{t+1}(x^{t+1}, y^{t+1}) / D_v^{t+1}(x^{t+1}, y^{t+1})}{D_c^t(x^t, y^t) / D_v^t(x^t, y^t)}\right] \\
&\quad \times \left[\frac{D_c^G(x^{t+1}, y^{t+1}) / D_c^{t+1}(x^{t+1}, y^{t+1})}{D_c^G(x^t, y^t) / D_c^t(x^t, y^t)}\right] \\
&= \frac{PTE_v^{t+1}\left(x^{t+1}, y^{t+1}\right)}{PTE_v^t\left(x^t, y^t\right)} \times \frac{SE^{t+1}(x^{t+1}, y^{t+1})}{SE^t(x^t, y^t)} \times \frac{BPG_c^{G,t+1}\left(x^{t+1}, y^{t+1}\right)}{BPG_c^{G,t}\left(x^t, y^t\right)}
\end{aligned} \quad (3.58)
$$

其中，$PTE\Delta\left(x^t, y^t, x^{t+1}, y^{t+1}\right)$ 衡量不同时期内决策单元的纯技术效率变化，$SE\Delta\left(x^t, y^t, x^{t+1}, y^{t+1}\right)$ 衡量规模效率的变化，而 BPG 是一种新的衡量生产技术变化的指数。

根据朱卫未等提出的分解思想，"技术变化"要素 $BPG_v^{G,t+1}\left(x^{t+1}, y^{t+1}\right) / BPG_v^{G,t}\left(x^t, y^t\right)$ 又可进一步拆分为"自主创新 / 绝对技术变化" $II\Delta\left(x^t, y^t, x^{t+1}, y^{t+1}\right)$

和"干中学效应"$LBD\left(x^t,y^t,x^{t+1},y^{t+1}\right)$。 [①]

其中：

$$II\Delta\left(x^t,y^t,x^{t+1},y^{t+1}\right)=\left[\frac{D_v^t\left(x^t,y^t\right)}{D_v^{t+1}\left(x^t,y^t\right)}\times\frac{D_v^t\left(x^{t+1},y^{t+1}\right)}{D_v^{t+1}\left(x^{t+1},y^{t+1}\right)}\right]^{1/2} \quad (3.59)$$

$$\left[LBD\left(x^t,y^t,x^{t+1},y^{t+1}\right)\right]^{-1}=\frac{\left[\dfrac{D_v^G(x^{t+1},y^{t+1})/D_v^{t+1}(x^{t+1},y^{t+1})}{D_v^G(x^t,y^t)/D_v^t(x^t,y^t)}\right]}{\left[\dfrac{D_v^t\left(x^t,y^t\right)}{D_v^{t+1}\left(x^t,y^t\right)}\times\dfrac{D_v^t\left(x^{t+1},y^{t+1}\right)}{D_v^{t+1}\left(x^{t+1},y^{t+1}\right)}\right]^{1/2}}$$

$$=\frac{\left[\dfrac{D_v^G(x^{t+1},y^{t+1})}{D_v^{t+1}(x^{t+1},y^{t+1})}\times\dfrac{D_v^G(x^{t+1},y^{t+1})}{D_v^t\left(x^{t+1},y^{t+1}\right)}\right]^{1/2}}{\dfrac{D_v^G(x^t,y^t)}{D_v^{t+1}\left(x^t,y^t\right)}\times\dfrac{D_v^G(x^t,y^t)}{D_v^t\left(x^t,y^t\right)}} \quad (3.60)$$

$$=\left[\frac{BPG_v^{G,t+1}\left(x^{t+1},y^{t+1}\right)\times BPG_v^{G,t}\left(x^{t+1},y^{t+1}\right)}{BPG_v^{G,t+1}\left(x^t,y^t\right)\times BPG_v^{G,t}\left(x^t,y^t\right)}\right]^{1/2}$$

① Weiwei Zhu, Yaqin Zhu, Huaping Lin, Yu Yu, "Technology Progress Bias, Industrial Structure Adjustment, and Regional Industrial Economic Growth Motivation—Research on Regional Industrial Transformation and Upgrading Based on the Effect of Learning by Doing", *Technological Forecasting and Social Change*, No.170, 2021.

第四章　生态环境约束下的区域高质量发展

第一节　高质量发展的绿色路径

改革开放以来，中国经济经历了几十年的高速发展，在经济建设的道路上取得了巨大的成就，但随之而来的资源约束趋紧、污染严重、生态系统退化等环境问题在发展过程中越来越凸显，且呈现出集中爆发的趋势。自党的十八届五中全会以来，绿色发展被提升为国家战略，面对我国生态环境多样性、复杂性等特点，深入剖析当前绿色发展面临的困境，有助于系统性地理解绿色发展理念，为进一步找寻绿色发展路径奠定基础。

一、高质量发展的绿色困境

（一）历史累积的生态环境损害严重

在我国的工业化进程中，区域发展不平衡、长期发展资源密集型产业和重工业，使得自然资源濒临枯竭、污染排放严重等生态问题频发，造成了生态承载力不断降低、发展和生态的矛盾不断加剧的局面。

生态系统退化、水土流失、濒危物种增加等生态危机经过多年的累积，对生态环境造成了很大的损害，而治理生态环境，实现产业结构绿色化、生产消费绿色化需要投入大量的要素支持，技术、人才、资金缺一不可，因此系统性的投入和治理是解决该类问题的关键。

（二）制度安排滞后、设计不足

人均资源量少是我国的基本国情，绿色发展制度作为调节经济和生态矛盾的约束范式，起到了举足轻重的作用。绿色发展制度可以细分为自然资源使用制度、环境保护制度及绿色激励制度。

目前，我国的自然资源在市场上定价过低，资源开采管理不够严格，其后果为资源的无序开采和资源的不合理利用，此类的资源浪费又造成资源充足的假象，资源进一步被无序开采，资源的二次利用不断弱化，短期内市场价格持续走低，陷入资源开采的恶性循环中，同时我国对资源改造技术、绿色能源的支持力度不足，资源利用率不高，绿色能源研发成本高，难以有效化解资源需求量庞大和绿色能源短缺的矛盾。

虽然我国环境保护制度的制定起步较早，但存在制度目标和制度内容抽象、不健全、不明确等问题，导致在实际的生态管理中一些法律法规难以被有效执行，同时环境保护制度中的监督制度仍旧不够完善，存在监督不及时、监督不透明、监督不具体等问题，导致实践中的环境监督机制效果不够理想。

激励制度的设计会影响绿色发展的速度，而我国绿色激励制度还不够完善。激励制度的两大对象分别是对政府的激励和对公众的激励，目前，政绩考核的绿色激励中对地区长期的绿色发展规划考察不够，对地区的绿色协调发展考察不够，存在地方政府的投资偏向于短期的绿色投资、地区的污染转移等问题，而对于公众而言，物质激励和精神激励的缺失使企业与家庭缺少了参与绿色建设的热情。

（三）社会绿色意识比较薄弱

个人利益和集体利益的矛盾之一在于环境，环境的共用性导致个人利益和集体利益的矛盾表现为环境污染，环境的共用性降低了个人对环境破坏的成本，挫伤了个人对环境保护的积极性，弱化了全社会的绿色意识。

近年来，随着绿色发展理念宣传力度的加大，全社会对保护生态环境实现"美丽中国"的认识不断加深，但依旧存在认知不清、贯彻不实等问题，部分地区依旧是以经济利益为主导，对生态环境的破坏仍呈加剧态势；攀比消费、奢侈消费、铺张浪费的现象依然存在，这种消费异化又导致了生产异化，最终结果就是对资源无限度的开发，打破了生态环境原有的承载力和恢复力，带来了资源浪费和资源短缺的问题。

二、实现高质量发展的绿色路径探析

（一）制度建设层面

1. 从宏观角度而言，选择区域差异化绿色发展道路

根据地理位置、经济发展水平和建设条件可以把我国划分为东部、中部、西部和东北四大区域板块，不同板块间具有明显差异。东部地区城市化水平高，经济、科技实力雄厚，但资源能源紧张，面临着不可持续发展的问题。因此，东部地区应充分利用自身的优势加快产业绿色升级，加大对高新技术产业、战略性新兴产业和服务业的支持力度，严格限制环境污染型企业的发展，优先发展资源节约型和环境友好型企业，构建以低碳经济和循环经济为主的经济发展体系。

中部地区承东启西，区位条件优越，农业发达，拥有丰富的能源、矿产资源，且具备一定的教育基础，但工业化和城镇化水平较

低。一方面，中部地区可以通过利用区位优势积极承接来自东部地区的产业转移，同时大力发展现代物流，以低消耗、低排放、高效率为特征，构建现代化的、绿色的全国物流集散和中转中心；另一方面，中部地区可以利用科技人才优势，与西部地区在资源开发、产业合作、人才交流等方面加强合作，实现跨区域的优势互补，同时升级农业产业，发展新型现代化农业，依托产学研平台进一步巩固农业发展优势。

西部地区以农业发展为主，自然资源丰富，生态环境脆弱，工业化水平低。因此西部地区在发展过程中，应坚持保护生态的原则，探索符合西部地区特征的绿色发展道路，结合主体功能区战略：对于农产品主产区，紧紧围绕生态农业主题，推进品牌农业、特色农业发展；对于生态功能区，提高政策保护力度，完善生态补偿机制，合理开发旅游观光业；对于城市化地区，以已有的城市化地区为依托，不断修复和完善城市化造成的生态破坏，稳中有进的以绿色、循环为目标继续推进城市化建设。

东北地区重工业发达，经济、教育水平较高，但面临着产业结构失调、资源逐渐枯竭和转型困难等问题，因此产业结构调整是东北地区绿色发展道路的重中之重。东北地区在利用高新技术改造传统工业的同时应寻找新的经济增长点，利用自身地理优势，加大旅游观光业的开发力度，促进边境贸易的发展，与此同时，东北地区应加大生态环境保护力度，增加财政支持，积极开展生态修复工作。

2. 从微观角度而言，改革自然资源使用制度、环境保护制度及绿色激励制度

在自然资源使用制度方面，需要扭转资源要素价格扭曲的问

题，改革现有的资源税制度和环保收费制度，适当提高资源税率，形成能反映资源供求关系、资源稀缺性和资源损害环境程度的价格机制。

在环境保护制度方面，首先要完善环境法律法规体系，根据绿色发展的要求，修改不符合现实情况和发展需要的法律条文和生态环境标准，完善法律法规之间的衔接，形成具有互补性、整体性和综合性特征的生态环境法律法规体系；而环境保护制度能否被有效执行取决于执法层面，必须要严格落实新修订的相关法律，严厉打击破坏生态环境和污染环境的犯罪行为，通过对执法人员定期的培训和考核不断加强执法监管水平；同时发改委、环保、国土资源、农业、水利、建设、交通、林业和海洋等国家职能部门应打破职能部门间的壁垒，形成联合执法体系，不断增强对环境污染和生态破坏行为的震慑力。

在绿色激励制度方面，可以分为显性激励机制和隐性激励机制。显性激励机制主要通过货币补偿的方式来对生产和消费行为进行奖惩：一是国家加大对绿色产业的扶持力度，通过增加财政投入，拓宽投融资渠道、增加信贷额度等多种支持形式形成多元化的资金支持体系，同时对高污染高能耗的行业和产品逐渐减低甚至截断资金支持；二是降低对绿色行业和产品的税收，引导企业开展绿色生产，促进个人进行绿色消费，对高污染高能耗的行业和产品增加环境税、资源税和污染税等一系列税种的征收，迫使该类型行业和产品进行绿色化转型。

隐性激励机制以政绩考核评价机制为主，增加环境质量、生态保护等绿色指标在政绩考核中的权重，针对区域绿色发展不平衡的问题，逐步构建既具有原则性要求又具有地区差异性的政绩考核体系。

隐性激励机制在工业较发达的地区着重于降低单位 GDP 能耗和温室气体排放，在人口密度较大的地区着重于降低人均能耗和能耗总量，在生态脆弱地区着重于开展绿色 GDP 核算，在禁止开发地区和重点生态功能区则是取消涉及生产力的考核指标并采用以生态保护指标为核心的考核体系，而在农业较发达的地区，隐性激励机制要求不断提高对耕地保有量、绿色农作物种植面积、单位耕地面积农药使用量等涉农指标的要求。

（二）文化建设层面

制度建设对全社会形成绿色发展方式有重要的推动作用，但推动是一方面，另一方面应使人们认同绿色发展、接受绿色发展，通过形成内在的驱动力让人们自觉的选择绿色发展作为社会发展的主流方式，最后成为一种普遍的价值观融入社会发展的方方面面。当前，我国的生态文化建设已经取得了一定的成果，公民的绿色环保意识不断提高，但仍存在一些不足之处，主要应从绿色文化建设的参与主体、绿色文化建设的形式和绿色文化建设的内容三方面进行完善。

1. 在绿色文化建设的参与主体方面，需要增强参与主体的绿色发展意识

一是鼓励和调动各类企业参与到绿色环保的宣传教育中来，充分发挥各行各业力量，帮助员工及其家属树立绿色环保意识；二是支持和引导民间组织开展绿色环保教育活动，通过进一步发挥民间的自发性力量，带动更多群众了解绿色发展的意义；三是搭建政府、企业、民间组织和群众等多方主体参与的沟通协商平台，充分了解目前绿色文化建设中存在的困难和问题，鼓励各方主体集思广益，共同推进绿色文化建设工作。

2. 在绿色文化建设的形式方面，需要丰富文化建设形式

一方面，针对不同的对象特点采取不同的宣传方法。在农村，可以举办种植养殖培训班，在传授农民们科学的种植养殖经验的同时，穿插绿色环保知识，让农民们逐渐意识到绿色环保的重要性，也可以结合当地的风俗习俗，将绿色环保理念融入一些庆典活动中，带动整体的绿色环保氛围；在城市，可以利用大型展览馆举办改革开放以来的环保成果展示会，也可以以社区为组织单元定期开展环保活动、评估社区环保水平，提升居民在绿色建设中的参与感和对绿色建设的认同感。

另一方面，充分利用多媒体进行绿色文化宣传。微信公众号、知乎、微博、抖音和哔哩哔哩等平台具有用户规模庞大、日活跃量高等特点，各级环保部门应开通此类平台，以群众喜闻乐见的方式积极探寻绿色话题，科普环保知识，不断加强与群众的沟通交流，及时回应公众疑问，形成文化建设和舆论监督的双赢局面。

与此同时，利用好在地铁、公交等交通工具里为乘客提供各类资讯的服务系统，比如 LED 数字媒体、车载电视、站台宣传栏等。由于其服务的人流量巨大，适量的投放绿色环保宣传电影、纪录片和海报等绿色文化作品，将极大地促进绿色环保理念的传播，促进公众对理念的认同和践行。

3. 在绿色文化建设的内容方面，需要内容上增强针对性

对于不同年龄段的人群应有所差异化的进行宣传：对于老年人来讲，应使用较为传统的语言进行宣传，要在时代发展的变化中找寻绿色环保话题进行宣传，宣传用语要突出亲切、温暖及关怀等特点；对于年轻人来讲，使用新潮点的语言进行宣传，将时下热门的网络用

语，合理地运用到绿色环保宣传内容中来，加强年轻人对绿色理念的关注和理解；对于学生来讲，绿色环保理念应着重强调系统化和全面化，构建由浅入深的绿色教育内容体系。同时我国具有区域发展不平衡的特点，不同地区受教育水平也有所差异，在经济及科教相对落后的地区，宣传内容应有所调整，尽量修改成通俗易懂的内容进行宣传。

（三）科技建设层面

高质量发展的绿色制度建设和绿色文化建设有助于促进绿色科技建设；反过来，绿色科技建设又可以为绿色制度建设和绿色文化建设不断拓宽发展空间。通常，绿色科技建设离不开创新型人才的培养、绿色技术的研发和绿色技术的转化三方面。

1. 在创新型人才的培养方面

习近平总书记强调，创新驱动实质上是人才驱动，要把人才资源开发放在科技创新最优先的位置。目前我国正在由以资源密集型和劳动密集型产业为主的发展方式向以资本密集型和知识密集型产业为主的发展方式转型，对创新型人才的需求不断加大，必须加大对创新型人才的培养力度，加快对创新型人才培养的速度，以发展需求为导向，制定培养人才的知识、能力和素质目标及要求，通过在已有的创新型人才培养体系中加入高质量绿色发展这一需求，稳定培养一批具有绿色创新意识的、高素质的科技人才与管理人才。

2. 在绿色技术的研发方面

首先，政府应该增强对企业进行绿色技术创新工作的支持力度，不断提高对节能环保技术、清洁生产技术、高效节能技术、循环再利用技术等绿色核心技术的激励程度，通过提供融资、政府采购等手段从外部对企业进行鼓励创新，同时整合资源，为企业提供人才中介、技术支持、项目融资等服务，进一步优化企业绿色创新环境。

其次，企业必须意识到绿色技术是未来绿色发展下赢得市场竞争的关键，也是企业未来长期利润的增长点，一方面，企业应在符合自身能力的情况下，逐渐引入绿色创新人才，充分调动起该类人才的积极性，由人才带动技术，完成对企业的绿色化改造；另一方面，增加对绿色技术研发的投入，形成一定的技术积累，针对企业急需的绿色技术开展专项行动，通过自研与引入两者的结合，加快企业研发进度，为企业的绿色化转型提供强力支撑。

3. 在绿色技术的转化方面

积极完善官产学研平台的建设，通过政府牵头，充分整合高校、企业和资本市场等多方力量，将官—产—学—研的链接环节彻底打通，消除关键节点的阻力，努力将科研成果转化为能落地的实际生产力，通过形成切切实实的产出收益促进研发的动力，形成投入产出的良性循环。

第二节　省域高质量发展的生态环境现状

一、自然资源现状

我国地域辽阔，是一个资源总量丰富的国家，能源储量和可开发利用的水资源均居于世界前列，但我国人口众多，大部分资源的人均占有量水平低于世界人均资源占有量水平。在多年的快速发展过程中，资源浪费和资源利用率低下的现象长期存在，资源约束的不断趋紧已经成为制约发展的重要因素。近年来，随着绿色发展理念的提出，这种现象有所改善，但我国的资源现状依旧不容乐观。

（一）土地资源情况

土地资源是一种稀缺的、非可再生的资源，人类的生存和发展都离不开土地，土地对整个人类社会来讲，有着至关重要的作用。尽管我国陆地面积广大，但人均土地占有量较少，部分土地存在不可利用性，进一步压缩了我国的人均土地实际占有量。目前，土地资源存在利用不充分、利用不高效等问题。在高质量发展进程中，实现土地的"物尽其用"、提升土地的利用效率、促进土地的可持续发展是未来土地资源规划的重要方向。从表 4.1 和图 4.1 中可以直观地了解到 2009—2018 年我国土地资源的大致利用情况。

城市建设用地面积受 2008 年金融危机的影响，在 2009 年有所下降，增长率为 -1.06%，而之后受加强基建、扩大内需等应对金融危机措施的影响，城市建设用地面积开始逐年增长，到了 2018 年全国城市建设用地面积达到 560.759 万公顷，相比于 2009 年的 387.269 万公顷城市建设用地面积，扩大到 1.45 倍，增长率为 44.8%，年均增长速度为 4.5%。

农作物播种面积呈现先增长后减少的趋势，2009 年农作物播种面积为 15609.5 万公顷，在 2016 年达到最大值 16693.9 万公顷，2018 年农作物播种面积为 16590.2 万公顷，与 2009 年相比，扩大到 1.06 倍，增长率为 6.3%，年均增长速度为 0.6%。

通过城市建设用地面积与农作物播种面积的对比可以发现，农作物播种面积较为稳定，十年来变化不大，但 2016—2018 年呈现下降趋势，值得相关部门警惕，而城市建设用地面积增长较多，尤其是 2011 年、2012 年、2014 年，近几年有降速趋势。

表 4.1　2009—2018 年土地资源利用情况及其变化率

年份	城市建设用地面积（万公顷）	变化率（%）	农作物播种面积（万公顷）	变化率（%）
2009	387.269	−1.06	15609.5	1.20
2010	397.584	2.66	15735.0	0.80
2011	418.616	5.29	16036.0	1.91
2012	457.517	9.29	16207.1	1.07
2013	471.095	2.97	16370.2	1.01
2014	499.837	6.10	16518.3	0.90
2015	515.841	3.20	16682.9	1.00
2016	527.613	2.28	16693.9	0.07
2017	551.565	4.54	16633.2	−0.36
2018	560.769	1.67	16590.2	−0.26

资料来源：《中国统计年鉴（2010—2019）》。

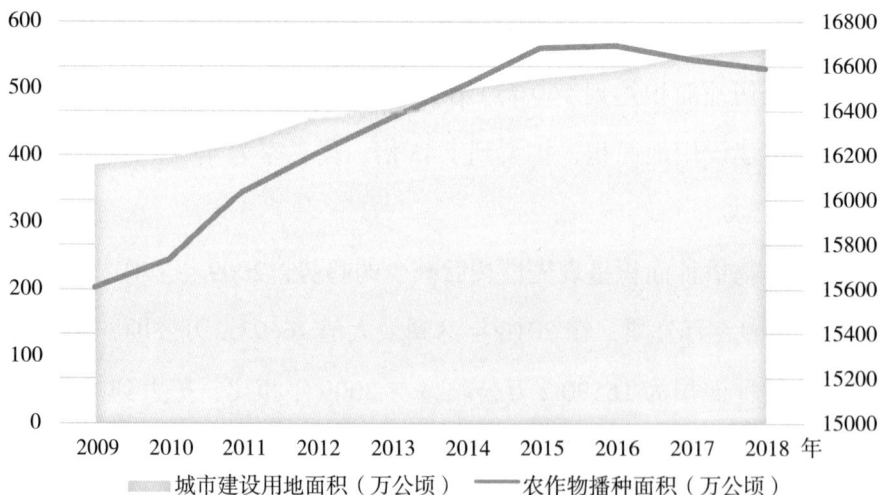

图 4.1　2009—2018 年土地资源利用情况

具体到 2018 年除港澳台地区外的各地土地资源利用情况，从图 4.2 中可以看出，广东的城市建设地面积最多，为 52.10 万公顷，占全国城市建设用地面积的 9.29%，其次为山东和江苏，分别以 48.85

万公顷和 44.17 万公顷占全国城市建设用地面积的 8.71% 和 7.88%，居第二、第三位。在农作物播种面积方面，河南的农作物播种面积为全国各地农作物播种面积之最，为 1478.34 万公顷，占全国农作物播种面积的 8.91%，其次为黑龙江，农作物播种面积为 1467.33 万公顷，占全国农作物播种面积的 8.84%。整体的土地资源利用情况表现为城市建设用地面积较为分散，农作物播种面积较为集中。结合地区生产总值来看，广东、江苏和山东的生产总值居于全国前三位，而这三省的城市建设用地面积也居于前列。总体而言，地区生产总值与城市建设用地面积大致呈现出正比关系。

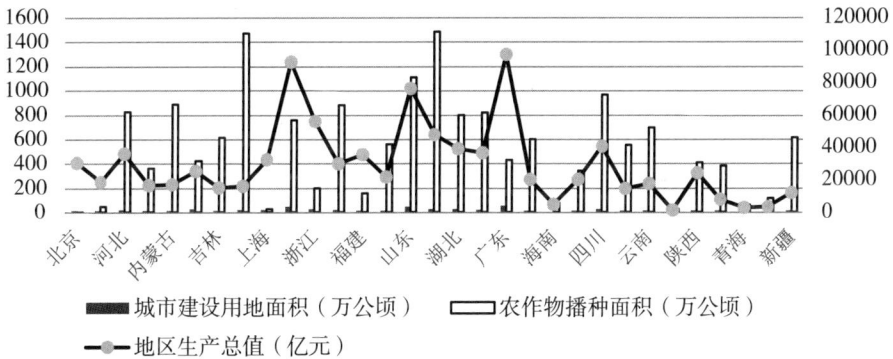

图 4.2　2018 年除港澳台地区外各省、自治区、直辖市土地资源利用与生产总值情况

（二）水资源情况

我国水资源总量丰富，但人均水资源量极少，属于最缺水的国家之一。作为人类生活、工业发展重要的原料，水资源在我国时空分布极不平衡，总体呈现南多北少、年际变化大等特点。尽管我国开展了一系列水利工程，加强了对水资源的利用程度，但水资源浪费、水资源污染等问题进一步减少了我国实际可利用的水资源量。根据表 4.2

和图 4.3 可以直观地了解到 2009—2018 年我国水资源变化情况。

我国水资源总量从 2009 年的 24180.2 亿立方米增长到 2018 年的 27462.5 亿立方米，期间围绕 2.5 万亿立方米上下波动。2011 年的水资源总量最少，为 23256.7 亿立方米。根据《2011 年中国水资源公报》，2011 年的降水总量比常年值少 9.4%，为 1956 年以来降水量最少的一年，受其影响，全国地表水资源量也为 1956 年以来最少的一年。全国水资源总量于 2016 年达到顶峰 32466.4 亿立方米，而后开始逐年下降。

地下水资源量多年来一直较为稳定，2011 年地下水资源量较少主要是因为当年降水量较少从而导致地下水的补给量下降。人均水资源量从 2009 年的 1816.2 立方米 / 人增长到了 1971.8 立方米 / 人。

从表 4.2 和图 4.3 中可以看到，水资源总量的变化大致上与地表水资源总量的走势相似。整体而言，近几年水资源总量、地表水资源量、地下水资源量都有所下降，因此必须要加强节约用水宣传，提高全社会的资源危机意识。

表 4.2　2009—2018 年水资源情况

年份	水资源总量（亿立方米）	地表水资源量（亿立方米）	地下水资源量（亿立方米）	人均水资源量（立方米 / 人）
2009	24180.2	23125.2	7267.0	1816.2
2010	30906.4	29797.6	8417.0	2310.4
2011	23256.7	22213.6	7214.5	1730.2
2012	29528.8	28373.3	8296.4	2186.2
2013	27957.9	26839.5	8081.1	2059.7
2014	27266.9	26263.9	7745.0	1998.6
2015	27962.6	26900.8	7797.0	2039.2

年份	水资源总量 （亿立方米）	地表水资源量 （亿立方米）	地下水资源量 （亿立方米）	人均水资源量 （立方米／人）
2016	32466.4	31273.9	8854.8	2354.9
2017	28761.2	27746.3	8309.6	2074.5
2018	27462.5	26323.2	8246.5	1971.8

资料来源：《中国统计年鉴 2019》。

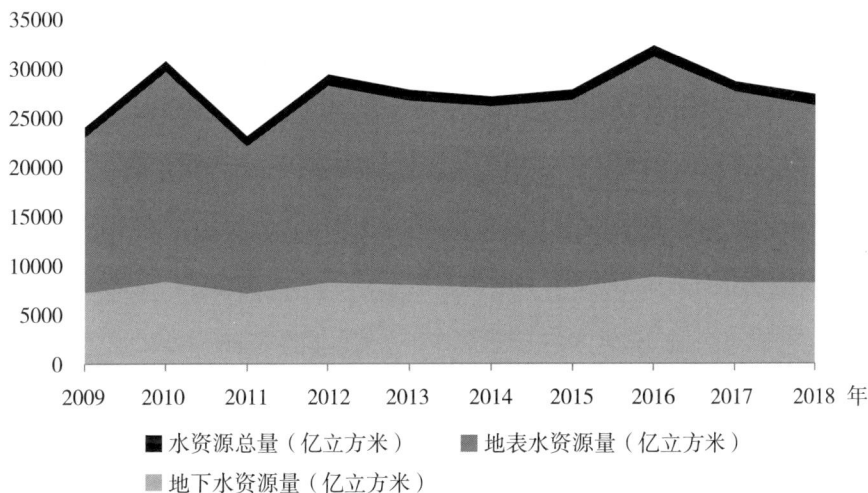

图 4.3　2009—2018 年水资源量变化趋势

从图 4.4 中可以看到，2018 年水资源量最多的地区为西藏，为4658.2 亿立方米，占当年全国水资源量的 16.96%，其次为四川，为2952.6 亿立方米，占当年全国水资源量的 10.75%。

按区域来看，东部地区（北京、天津、河北、上海、江苏、浙江、福建、山东、广东、海南）水资源量为 4935.5 亿立方米，占全国水资源量的 17.97%，西部地区（内蒙古、广西、重庆、四川、贵州、云南、陕西、甘肃、青海、宁夏、新疆、西藏）水资源量为 16152.8 亿立方米，占全国水资源量的 58.82%，中部地区（山西、安徽、江西、河南、湖北、湖南）水资源量为 4646.5 亿立方米，占全国水资源量的 16.92%，东北地区（辽宁、吉林、黑龙江）水资源量为 1728 亿立方米，占全国水资源量的 6.29%。

同时，从图 4.4 中还可以发现我国重要的区域经济中心长三角、京津冀等经济带的水资源量都处于较低水平，与目前的发展需求不相匹配，将一定程度上成为区域经济发展的制约因素。

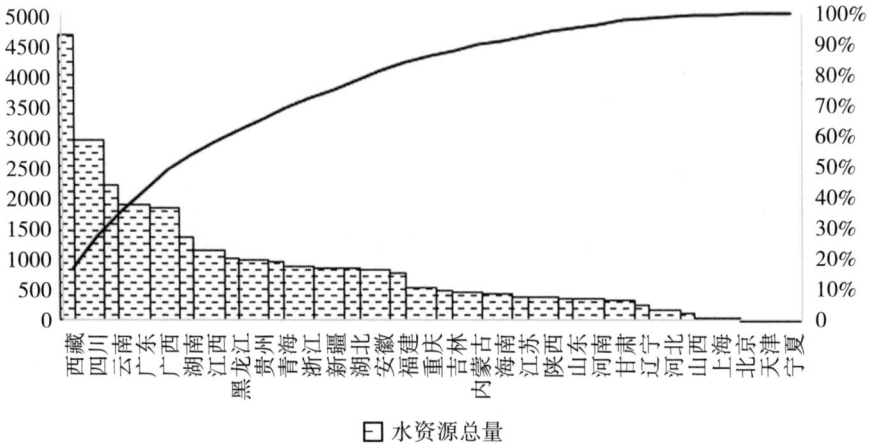

图 4.4 2018 年除港澳台地区外各省、自治区、直辖市的水资源量

（三）矿产资源情况

矿产资源是不可再生的重要物质生产基础，其储量有限，随着开采量和使用量的不断增加，稀缺性也在不断增强，在国计民生、军事、航天等领域有十分重要的作用。我国地处亚洲东部，太平洋西岸，国土面积广阔，地质构造复杂，地质条件优越，孕育了种类繁多、分布广泛的矿产资源，既是矿产资源大国又是矿业大国，《全国矿产资源规划（2016—2020）》提到，我国已发现的矿产有 172 种，已探明储量的有 162 种，主要矿产品的产量和消费量都位居世界前列。

　　由表 4.3 可知，随着勘查工作的不断推进，我国石油储量由 2014 年的 34.3 亿吨增加到 2018 年的 35.73 亿吨，扩大到 1.04 倍，天然气储量由 2014 年的 49451.8 亿立方米增加到 2018 年的 57936.08 亿立方米，扩大到 1.17 倍，页岩气在 2014 年首次探明储量，截至 2018 年年底，已探明页岩气储量 2160.2 亿立方米，扩大到 8.48 倍，煤炭由 2014 年的 15317 亿吨增加到了 2018 年的 17085.73 亿吨，扩大到 1.12 倍，铁矿储量于 2016 年下降较多，锰矿储量于 2017 年大幅增加，铬铁矿储量于 2016 年起开始逐年下降，钒矿、钛矿、铜矿、铅矿、锌矿、铝土矿、钨矿、锑矿、金矿、银矿等矿产资源储量逐年增加，其他矿产资源储量尽管有所波动，但相较于 2014 年的矿产储量来说，始终是有所增加的。

表 4.3　2014—2018 年矿产资源情况

矿产	2014 年	2015 年	2016 年	2017 年	2018 年
石油（亿吨）	34.3	35	35.01	35.42	35.73
天然气（亿立方米）	49451.8	51939.5	54365.46	55220.96	57936.08
页岩气（亿立方米）	254.6	1301.8	1224.13	1982.88	2160.2
煤炭（亿吨）	15317	15663.1	15980.01	16666.73	17085.73
铁矿（矿石亿吨）	843.4	850.8	840.63	848.88	852.19
锰矿（矿石亿吨）	12.2	13.8	15.51	18.46	18.16
铬铁矿（矿石万吨）	1162	1245.8	1233.19	1220.24	1193.27
钒矿（V_2O_5 万吨）	6074.5	6125.7	6401.77	6428.16	6561.3
钛矿（TiO_2 亿吨）	7.62	7.64	7.86	8.19	8.26
铜矿（金属万吨）	9689.6	9910.2	10110.63	10607.75	11443.49
铅矿（金属万吨）	7384.9	7766.9	8546.77	8967	9216.31
锌矿（金属万吨）	14486.1	14985.2	17798.89	18493.85	18755.67
铝土矿（矿石亿吨）	41.5	47.1	48.52	50.89	51.7

续表

矿产	2014 年	2015 年	2016 年	2017 年	2018 年
镍矿（金属万吨）	1016.9	1116.6	1118.37	1118.07	1187.88
钴矿（金属万吨）	67	68	67.25	68.78	69.65
钨矿（WO_3 万吨）	720.5	958.8	1015.95	1030.42	1071.57
锡矿（金属万吨）	418.9	418	445.32	450.04	453.06
钼矿（金属万吨）	2826	2917.6	2882.41	3006.78	3028.61
锑矿（金属万吨）	284	292.6	307.24	319.76	327.68
金矿（金属吨）	9816	11563.5	12166.98	13195.56	13638.4
银矿（金属万吨）	23.7	25.4	27.5	31.6	32.91

资料来源：《中国矿产资源报告（2015—2019）》。

（四）森林资源情况

森林资源在陆地生态系统中处于主体地位，是生物发展多样性的基础，为人类社会的发展源源不断地提供木材和原材料，在人类社会发展进程中起着至关重要的作用，同时森林具有巩固水土、调节气候、防洪减沙等功能，其可再生性的特征，保障了森林资源能够被不断地循环利用，具备的经济效益、生态效益和社会效益对人类的生存和可持续发展都有着重要的影响。

从表 4.4 中可以看到我国的森林面积是间歇性增长的，2009—2012 年的森林面积都为 19545.22 万公顷，2013—2017 年的森林面积都为 20768.73 万公顷，2018 年的森林面积增长为 22044.62 万公顷，与 2009 年的森林面积相比增长了 2499.4 万公顷，森林覆盖率从 2009 年的 20.36% 增长到了 2018 年的 22.96%，而森林蓄积量是森林面积中的生长着的林木材积总量，可以看到 2009—2012 年的森林蓄积量为 1372080.36 万立方米，2013—2017 年的森林蓄积量为 1513729.72

万立方米，2018 年增长至 1756022.99 万立方米，总体而言，生态文明建设稳步推进。

表 4.4　2009—2018 年森林资源情况

年份	森林面积（万公顷）	森林覆盖率（%）	森林蓄积量（万立方米）
2009	19545.22	20.36	1372080.36
2010	19545.22	20.36	1372080.36
2011	19545.22	20.36	1372080.36
2012	19545.22	20.36	1372080.36
2013	20768.73	21.63	1513729.72
2014	20768.73	21.63	1513729.72
2015	20768.73	21.63	1513729.72
2016	20768.73	21.63	1513729.72
2017	20768.73	21.63	1513729.72
2018	22044.62	22.96	1756022.99

资料来源：《中国统计年鉴（2010—2019）》。

从图 4.5 和表 4.5 中可知，2009—2018 年东北、东、中、西部地区的森林面积及其增速情况：四个区域的森林面积都较平稳，变化不大，且都呈增加趋势。2018 年底，东北、东、中、西部地区森林面积分别为 3347.16 万公顷、3576.59 万公顷、3929.99 万公顷、13291.57 万公顷，增长至 2009 年的 1.10 倍、1.14 倍、1.15 倍、1.05 倍，四大区域的森林面积占比分别为东北地区 13.86%、东部地区 14.81%、中部地区 16.28%、西部地区 55.05%，占比最大的为西部地区，其次为中部地区、东部地区、东北地区。

从这十年间来看，森林面积共有三次扩大。第一次为 2009 年，森林面积增速最快的是西部地区，其次为中部地区、东部地区、东北地区；第二次为 2013 年，森林面积增速最快的是中部地区，其次为西部地区、东部地区、东北地区；第三次为 2018 年，森林面积增速最快的是西部地区，其次为中部地区、东部地区、东北地区，森林面积的增长主要在中西部的原因是受到国家林业重点工程的支持，通过大力投资林业不断加大防沙治沙的力度。

在十年间，东部地区的森林面积占比在不断下降，从 2009 年的 15.09% 降到 2018 年的 14.81%，西部地区的森林面积占比在不断上升，从 2009 年的 54.27% 上升到 2018 年的 55.05%，中部地区的森林面积占比呈现先上升后下降的趋势，从 2009 年的 15.88% 上升到 2013 年的 16.39%，又从 2013 年的 16.39% 下降到 2018 年的 16.28%，东北地区的森林面积占比也在不断下降，从 2009 年的 14.75% 下降到 2018 年的 13.86%。

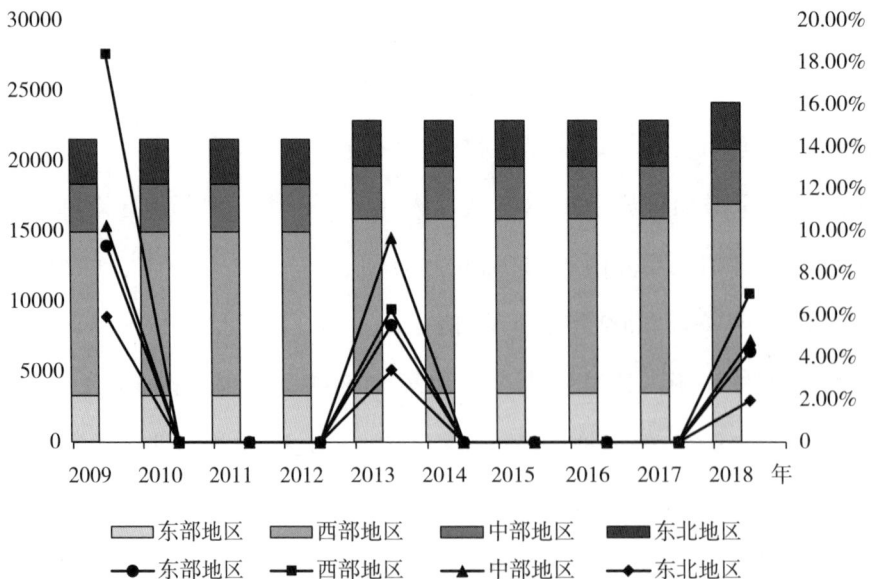

图 4.5　2009—2018 年区域森林资源面积及增速

表 4.5　2009—2018 年区域森林面积占比

	2009 年	2010 年	2011 年	2012 年	2013 年	2014 年	2015 年	2016 年	2017 年	2018 年
东部地区	15.09%	15.09%	15.09%	15.09%	14.99%	14.99%	14.99%	14.99%	14.99%	14.81%
西部地区	54.27%	54.27%	54.27%	54.27%	54.27%	54.27%	54.27%	54.27%	54.27%	55.05%
中部地区	15.88%	15.88%	15.88%	15.88%	16.39%	16.39%	16.39%	16.39%	16.39%	16.28%
东北地区	14.75%	14.75%	14.75%	14.75%	14.35%	14.35%	14.35%	14.35%	14.35%	13.86%

资料来源：《中国统计年鉴（2010—2019）》。

二、生态保护现状

（一）废水排放情况

废水主要由工业废水和生活废水两大部分组成，其对生态环境的破坏性巨大，尤其是工业废水，如果不经过处理就直接排放，其中的有毒物质将渗入土壤和地下水，被动植物吸收最后流入人体，从而造成难以挽回的生态危机。

考虑到数据的可获得性，选取了 2013—2017 年的废水排放量及废水中主要污染物的排放量（见表 4.6）作为研究对象，可以看到废水排放量呈现先上升后下降的趋势，从 2013 年的 6954432.70 万吨达到 2015 年的顶峰 7353226.83 万吨，然后开始逐年下降，到 2017 年废水排放量为 6996609.97 万吨，与 2013 年相比，增加了 42177.27 万吨。化学需氧量指水中有机污染物被化学氧化剂氧化时所需要的氧量，化学需氧量越高，表明水中的有机污染物越多，水质污染越严重，从表 4.6 中可以看到，化学需氧量在 2013—2017 年期间逐年下降，从 2013 年的 2352.70 万吨下降到 2017 年的 1021.97 万吨，减少了 1330.73 万吨，表明水质污染有所减轻，改革取得了一定成果。

表 4.6　2013—2017 年废水及废水中主要污染物排放情况

	2017 年	2016 年	2015 年	2014 年	2013 年
废水排放总量（万吨）	6996609.97	7110953.88	7353226.83	7161750.53	6954432.70
化学需氧量排放量（万吨）	1021.97	1046.53	2223.50	2294.60	2352.70

资料来源：《中国统计年鉴（2014—2018）》。

　　图 4.6 描绘了 2017 年除港澳台地区外的各省、自治区、直辖市废水排放量情况，可以看到广东废水排放量最高，为 882020 万吨，其次为江苏，575196 万吨，两者差距 306824 万吨，西藏废水排放量最少，为 7176 万吨，2017 年全国平均废水排放量为 225697.13 万吨，广东、江苏、山东、浙江、河南、四川、湖南、湖北、河北、福建、

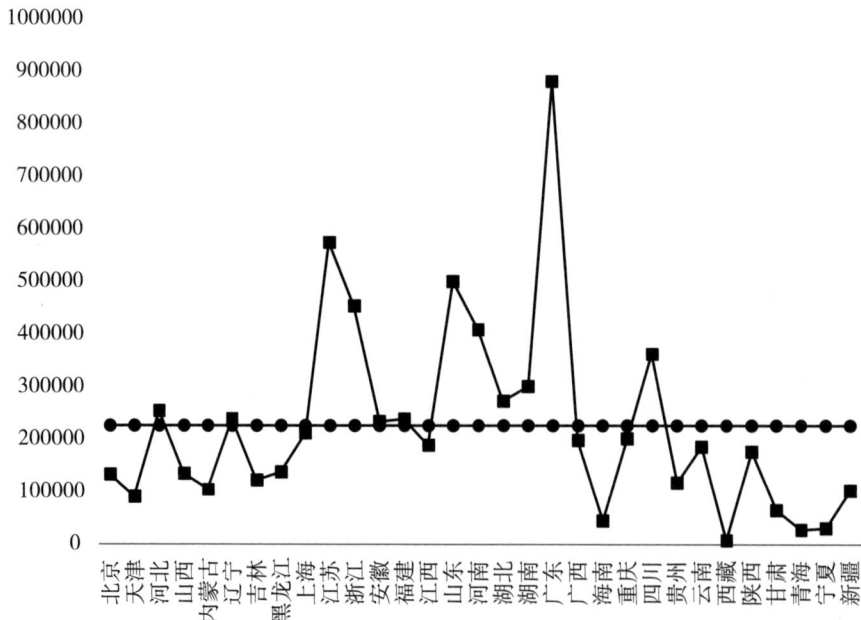

图 4.6　2017 年除港澳台地区外各省、自治区、直辖市废水排放情况

辽宁、安徽高于全国平均废水排放量，上海、重庆、广西、江西、云南、陕西、黑龙江、山西、北京、吉林、贵州、内蒙古、新疆、天津、甘肃、海南、宁夏、青海、西藏低于全国平均废水排放量。

从区域角度来看，东部地区共排放废水 3383009 万吨，占全国废水排放量的 48.35%，西部地区排放废水 1575425 万吨，占全国废水排放量的 22.52%，中部地区排放废水 1540621 万吨，占全国废水排放量的 22.025，东北地区排放废水 497556 万吨，占全国废水排放量的 7.11%。

（二）废气排放情况

废气为人类生产生活过程中产生的有毒有害气体，含有多种污染物，具备复杂的物理和化学性质，若未处理达标就排入大气，将对生态环境和人体健康造成严重危害。《中国统计年鉴》主要收录了二氧化硫、氮氧化物、烟（粉）尘三种废气排放情况，如表 4.7 所示。

在 2013—2017 年这五年期间，二氧化硫、氮氧化物、烟（粉）尘排放量均有所下降，二氧化硫排放量从 2013 年的 2043.90 万吨下降到 2017 年的 875.40 万吨，下降了 1168.50 万吨，氮氧化物排放量由 2013 年的 2227.36 万吨下降到 2017 年的 1258.83 万吨，下降了 968.53 万吨，烟（粉）尘排放量由 2013 年的 1278.14 万吨下降到 2017 年的 796.26 万吨，下降了 481.88 万吨，可以看出废气排放量均显著下降，表明了生态环境建设的有效性和持续性。

图 4.7 表明了 2017 年除港澳台地区外各省、自治区、直辖市三类废气的比例情况，大部分地区的废气排放中氮氧化物占了极大比例，成为该地区的主要废气排放种类，山西、内蒙古、重庆、贵州、云南、甘肃、宁夏的废气排放以二氧化硫为主，青海和新疆的废气排放

以烟（粉）尘为主。

表 4.7　2013—2017 年废气排放情况

指标	2017 年	2016 年	2015 年	2014 年	2013 年
二氧化硫排放量（万吨）	875.40	1102.86	1859.10	1974.40	2043.90
氮氧化物排放量（万吨）	1258.83	1394.31	1851.02	2078.00	2227.36
烟（粉）尘排放量（万吨）	796.26	1010.66	1538.01	1740.75	1278.14

资料来源：《中国统计年鉴（2014—2018）》。

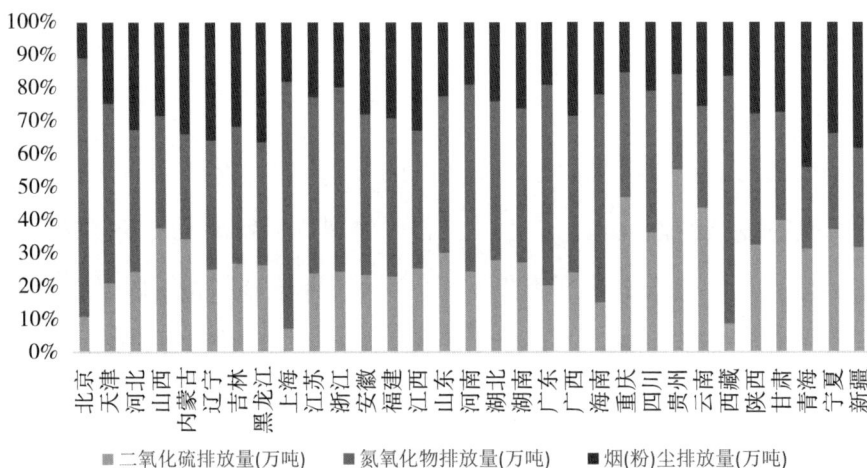

图 4.7　2017 年除港澳台地区外各省、自治区、直辖市废气种类排放比例

（三）一般工业固体废物产生情况

工业固体废物治理在生态保护内容中具有重要的作用，原因在于工业固体废物种类繁多，处理方式较为常见的为堆存、填埋、焚烧、化学转化和微生物处理，一旦有害的工业固体废物未得到有效的处理，其对生态的破坏具有全方位性。

从表 4.8 可以看出，一般工业固体废物的产生量由 2013 年的 327701.94 万吨增加到了 2017 年的 331592.00 万吨，尽管一般工业固体废物的产生量在 2016 年大幅下降了，但是在 2017 年产生了更大程

度的反弹，从而导致了 2017 年的一般工业固体废物产生量和 2013 年
相比反而扩大到 1.01 倍。从图 4.8 中可以看到，2016 年一般工业固体
废物产生量的下降主要来源于辽宁，辽宁的一般工业固体废物产生量
与 2015 年相比，减少了 9612 万吨，而当年山东的一般工业固体废物
产生量增加的最多，为 2712 万吨。从图 4.9 中可以看到，2017 年一
般工业固体废物产生量的增加主要来源于山西，山西的一般工业固体
废物产生量与 2016 年相比，增加了 5317 万吨，而当年青海的一般工
业固体废物产生量减少的最多，为 1673 万吨。

表 4.8　2013—2017 年一般工业固体废物产生情况

	一般工业固体废物产生量（万吨）	增长率（%）
2013 年	327701.94	−0.41
2014 年	325620.02	−0.64
2015 年	327079.00	0.45
2016 年	309210.00	−5.46
2017 年	331592.00	7.24

资料来源：《中国统计年鉴（2014—2018）》。

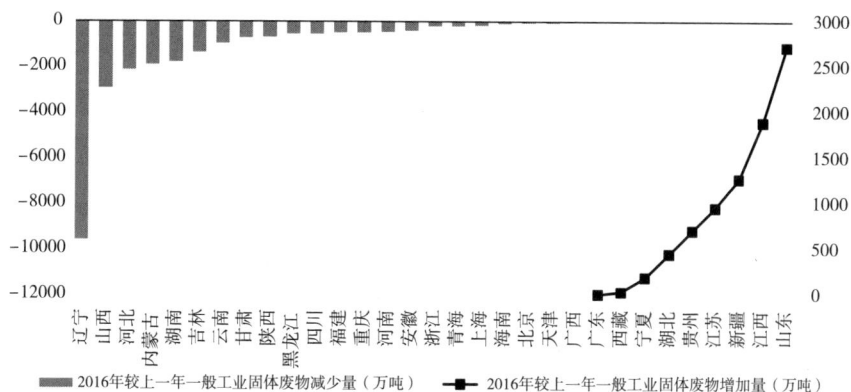

图 4.8　2016 年除港澳台地区外各省、自治区、
直辖市较上一年一般工业固体废物产生量变化情况

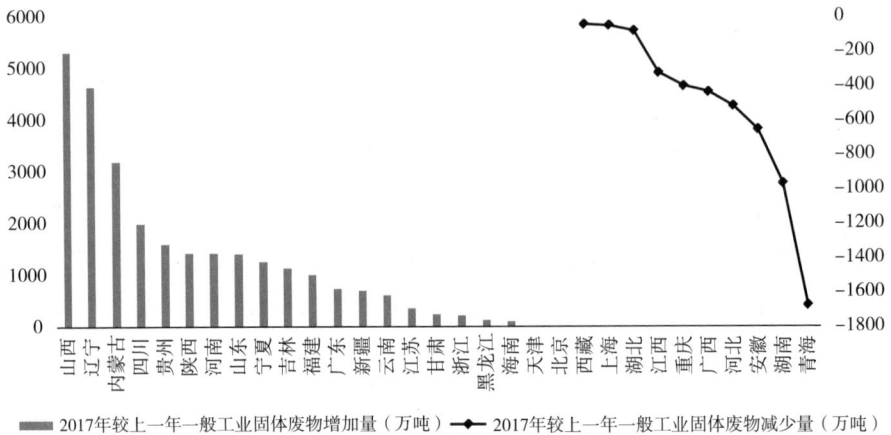

图例：■ 2017年较上一年一般工业固体废物增加量（万吨）　◆ 2017年较上一年一般工业固体废物减少量（万吨）

图 4.9　2017 年除港澳台地区外各省、自治区、
直辖市较上一年一般工业固体废物产生量变化情况

第三节　循环经济导入的区域高质量发展综合评价

一、循环经济的相关理论

（一）循环经济的内涵

循环经济理论的起源可追溯到 20 世纪 60 年代美国经济学家博尔丁（Boulding）所提出的"宇宙飞船理论"，即将地球看作一个宇宙飞船，在船内资源有限的情况下，无止尽的生产和消费所产生的废料污染最终将毒害船内的乘客并造成飞船坠落，即社会崩溃。[1]

1990 年英国学者皮尔斯（Pearce）和特纳（Turner）在博尔丁理论的基础上首次提出了循环经济概念，认为传统的开放式经济发展仅仅将生态环境系统作为废弃物和剩余资源的排放库而忽略了资源的回

---

[1]　Boulding K. E., "The Economics of the Coming Spaceship Earth", *Environmental Quatity in a Grouting*, No.4, 1966.

收利用，一旦将人类社会系统考虑进生态环境系统中，完全有可能建立一套基于物质循环的经济生产系统。①

在 20 世纪末，循环经济的相关概念和理论被引入中国，大量学者结合中国国情对循环经济进行了一系列研究。诸大建首先在国内提出了 3R 原则（减量化、再使用、再循环），认为 3R 原则是实施循环经济的关键步骤，其中"减量化"代表输入端方法，旨在降低投入生产和消费的物质消耗，"再使用"代表过程性方法，旨在延长产品的使用寿命，"再循环"代表输出端方法，旨在通过资源化减少废弃物处理量。②伍国勇等在 3R 原则的基础上提出了超循环经济 4R 原则，将"再创新"加入 3R 原则中，旨在通过额外的技术、制度、体制和组织创新实现 3R 原则的要求。③张智光提出了基于产业与生态互利共生的超循环经济 5R 原则，在 3R 原则上增加了"再分配"和"再培育"原则，即通过合理的利益分配等措施为生态化资源培育注入活力，从而促进 3R 系统的健康发展，形成整体的良性循环。④

目前，学界对循环经济理论的概述尚未形成一致的说法，并且不断有新的思想和理念被提出。相对比较被认可的是发改委给出的循环经济定义：循环经济是一种以资源的高效利用和循环利用为核心，以"减量化、再利用、资源化"为原则，以低消耗、低排放、高效率为基本特征，符合可持续发展理念的经济增长模式，是对"大量生产、

---

① Pearce D. W., R. K. Turner, *Economics of Natural Resources and the Environment*, JHU Press, 1990.

② 诸大建：《从可持续发展到循环型经济》，《世界环境》2000 年第 3 期。

③ 伍国勇、段豫川：《论超循环经济——兼论生态经济、循环经济、低碳经济、绿色经济的异同》，《农业现代化研究》2014 年第 1 期。

④ 张智光：《面向生态文明的超循环经济理论、模型与实例》，《生态学报》2017 年第 13 期。

大量消费、大量废弃"的传统增长模式的根本变革。[①] 该定义确定了循环经济的三个基本原则和三个基本特征，强调了循环经济发展理念的整体框架，为循环经济发展的评价指标体系构建指明了方向。

（二）循环经济评估的研究现状

目前，循环经济评估的研究主要集中在两方面：一方面，研究构建循环经济评估的指标体系；另一方面，研究循环经济发展情况的测算分析，其中：

1. 在研究构建循环经济评估的指标体系方面

钱海婷将循环经济指标体系分为综合类指标和部门类指标，其中综合类指标主要分为资源输入类、利用率类、消费率类指标和环境排放物类指标等宏观层面的指标，部门类指标主要分为能源类、水资源利用类和矿产品开采类等微观层面的指标。[②] 王茂祯等将循环经济评价指标体系分为循环经济创新情况和循环经济创新效果两部分指标，循环经济创新情况指标细分为绿色发展理念、科技支撑和制度及组织保障，循环经济创新效果指标细分为资源产出、资源消耗、资源综合利用、废物排放、生态环境和经济社会发展。[③] 朱春燕从资源投入产出效率、资源情况、资源利用情况和废物排放与处置四个方面构建了基于物质流分析框架下的循环经济评价指标体系。[④]

2. 在研究循环经济发展情况的测算分析方面

王伟龙等通过建立基于 AHP 法的循环经济评价模型评价了北京

---

① 马凯：《贯彻和落实科学发展观大力推进循环经济发展》，《宏观经济管理》2004 年第10 期。

② 钱海婷：《循环经济统计指标体系的构建》，《西安财经学院学报》2011 年第 1 期。

③ 王茂祯、冯之浚：《循环经济创新评价指标体系研究》，《中国人口·资源与环境》2012年第 4 期。

④ 朱春燕：《循环经济评价指标体系研究》，《中国统计》2013 年第 10 期。

市 2008—2012 年的循环经济发展情况，结果表明北京市的循环经济发展较为成熟稳定，生态环境问题是制约北京市循环经济发展的主要因素。[①] 陈安全以交叉效率 DEA 模型对我国 30 个省、自治区、直辖市的循环经济效率进行了评价，并以 ESDA 探索技术研究了区域循环经济效率的差异性，结果显示效率较高的地区集中于东部地区，同时东、中、西部间的循环经济效率和空间相关性都存在显著差异。[②] 吴力波等对循环经济的效率评价从排放效率和再利用效率两个角度出发，采用 CRS-DEA 模型和 Malmquist 指数对各省份的循环经济效率进行了静态分析和动态分析，并指出东南沿海的省份再利用效率较高，西南、西北地区的省份排放效率较低，技术效率的提高和技术水平的提高对再利用效率提高的贡献各占一半。[③]

二、高质量发展评价的研究现状

目前，高质量发展的研究现状以实证分析为主，实证分析又通常分为两部分，一部分是高质量发展评价指标体系的构建，另一部分是选取合适的方法在构建的指标体系的基础上进行评价分析。

马茹等从高质量发展的内涵出发，以高质量供给、高质量需求、发展效率、经济运行和对外开放五大维度构建了高质量发展评价体系，通过线性加权得到各个省份各维度指数及总指数，根据高质量发

---

① 王伟龙、徐梦莹、高艳梅、李媛、王晓慧、海热提：《2008—2012 年北京市区域循环经济评价研究》，《环境科学与技术》2015 年第 11 期。
② 陈安全：《中国循环经济运行效率的评估与空间差异性研究 —— 基于 DEA—ESDA 的探索性分析》，《生态经济》2015 年第 12 期。
③ 吴力波、周浈：《中国各省循环经济发展效率 —— 基于动态 DEA 方法的研究》，《武汉大学学报》(哲学社会科学版) 2015 年第 1 期。

展测度结果将 30 个省、自治区、直辖市划分成了四个梯队。[①] 苗峻玮等认为高质量发展应更加注重效率和创新，从宏观、中观、微观三个视角出发构建了基于经济学视角的高质量发展评价指标体系，并以熵值法为基础测算了 31 个省、自治区、直辖市的高质量发展水平，根据研究结果将其划分成了四类地区。[②]

郭芸等从发展动力、发展结构、发展方式、发展成果四个维度共计 28 项指标出发构建了区域高质量发展指标体系，运用泰尔指数法和探索性空间数据分析方法分析了我国区域高质量发展的时序演化特征和空间分布特征，指出我国区域间高质量发展差距的显著导致区域总体差异的显著，区域高质量发展存在集聚特征。[③] 聂长飞等则以"四高一好"的高质量衡量标准构建了高质量发展评价体系，运用纵横向拉开档次法、定基功效系数法、线性加权法测算了省域高质量发展指数，并在此基础上对高质量发展指数进行了多角度分析，结果显示省际高质量发展指数差异有所减小，2012 年为中国经济转向"质量型"发展的节点。[④]

简新华等运用熵权 TOPSIS 法从产业和服务质量、经济效益、社会效益、生态效益、经济运行状态五个维度测算了中国 1978—2018 年的高质量发展状况，结果显示高质量发展速度落后于经济增长的速度。[⑤] 师博等采用均等权重赋值法测算了基于经济增长基

① 马茹、罗晖、王宏伟、王铁成：《中国区域经济高质量发展评价指标体系及测度研究》，《中国软科学》2019 年第 7 期。

② 苗峻玮、冯华：《区域高质量发展评价体系的构建与测度》，《经济问题》2020 年第 11 期。

③ 郭芸、范柏乃、龙剑：《我国区域高质量发展的实际测度与时空演变特征研究》，《数量经济技术经济研究》2020 年第 10 期。

④ 聂长飞、简新华：《中国高质量发展的测度及省际现状的分析比较》，《数量经济技术经济研究》2020 年第 2 期。

⑤ 简新华、聂长飞：《中国高质量发展的测度：1978—2018》，《经济学家》2020 年第 6 期。

本面和社会成果的省域高质量发展水平，结果表明近年来高质量发展的波动周期跨度拉长，2020—2022 年的平均高质量发展指数将增至 0.55。[①]

　　总体而言，现有的研究大多数通过对各项指标的主观赋权来实现对高质量发展的测度，指标体系的构建或基于五大发展理念或基于各自对高质量发展内涵的理解（部分具有代表性的指标体系汇总见表4.9），不同研究的指标体系往往差异性较大且忽略了投入指标的影响。

表 4.9　部分代表性文献的高质量发展评价指标体系

文献	评价指标体系
李梦欣等	（1）创新发展：科技成果、人力资本、创新能力；（2）协调发展：城乡协调、产业结构协调、供需结构协调、区域协调；（3）绿色发展：资源消耗、环境治理能力、绿化建设；（4）开放发展：开放水平、开放效果；（5）共享发展：脱贫攻坚、收入分配、福利水平
黄敏等	（1）收入：人均国民收入指数；（2）健康：平均预期寿命指数；（3）教育：平均教育指数、预期教育指数；（4）科技创新：人均研发指数；（5）绿色发展：碳排放指数；（6）民生：社会保障指数、恩格尔系数
马茹等	（1）高质量供给：创新能力、人才供给、动能转换；（2）高质量需求：消费水平、消费升级、城镇化进程；（3）发展效率：资本产出效率、人力资本贡献率、生态能源效率；（4）经济运行：增长质量、安全稳定、产业升级、风险防范；（5）对外开放：对外贸易、利用外资
郭芸等	（1）发展动力：技术进步、人力资本；（2）发展结构：产业结构、城乡结构、贸易结构；（3）发展方式：资源节约、环境保护；（4）发展成果：经济发展、公共服务、社会保障
苗峻玮等	（1）要素层面：要素质量、要素转化、要素产出；（2）产业层面：结构优化、产业创新、产业环境；（3）社会层面：环境友好、对外开放、服务保障、设施普及

　　① 师博、任保平：《中国省际经济高质量发展的测度与分析》，《经济问题》2018 年第 4 期。

续表

文献	评价指标体系
聂长飞等	（1）产品和服务质量：产品质量、服务质量；（2）经济效益：劳动效率、资本效率、土地效率、全要素生产率、工业企业经济效益；（3）社会效益：人民生活、社会保障、基础设施、城乡关系、地区关系、社会治安；（4）生态效率：绿色消费与生产；生态环境治理、生态环境禀赋；（5）经济运行状态：经济增长和就业、产业机构和城乡结构、消费投资结构、财政金融状况、技术水平、国际经济关系
师博等	（1）增长基本面：地区实际人均 GDP、增长率变异系数、基于产业结构的泰尔指数差值、净出口占 GDP 比重；（2）社会成果：人均受教育年限、单位碳排放产出

资料来源：李梦欣、任保平：《新时代中国高质量发展的综合评价及其路径选择》，《财经科学》2019 年第 5 期。黄敏、任栋：《以人民为中心的高质量发展指标体系构建与测算》，《统计与信息论坛》2019 年第 10 期。马茹、罗晖、王宏伟、王铁成：《中国区域经济高质量发展评价指标体系及测度研究》，《中国软科学》2019 年第 7 期。郭芸、范柏乃、龙剑：《我国区域高质量发展的实际测度与时空演变特征研究》，《数量经济技术经济研究》2020 年第 10 期。苗峻玮、冯华：《区域高质量发展评价体系的构建与测度》，《经济问题》2020 年第 11 期。聂长飞、简新华：《中国高质量发展的测度及省际现状的分析比较》，《数量经济技术经济研究》2020 年第 2 期。师博、任保平：《中国省际经济高质量发展的测度与分析》，《经济问题》2018 年第 4 期。

三、循环经济导入的区域高质量发展综合评价实证分析

（一）研究方法

托恩（Tone）于 2001 年提出了基于松弛变量的 DEA 模型（Slacks-based Data Envelopment Analysis, SBM-DEA），与传统的 DEA 模型相比，考虑到了在技术进步过程中存在产出不完全取决于投入的情况，即可能存在非纯效率，SBM 模型可以有效降低非纯效率的影响，这一结论被洪宇等证实。[①] 由于 SBM 模型对 SBM 有效的决策单元难以有

---

① 洪宇、马成文：《我国经济高质量发展指数构建与测度》，《统计与决策》2020 年第 13 期。

效区分，托恩提出了超效率 SBM 模型，在 SBM 模型评价的基础上对 SBM 有效决策单元进行了进一步区分。[①] 假设有 n 个决策单元（Decision Making Units，DMU），每个 DMU 存在投入、期望产出、非期望产出，对于非期望产出将其作为投入处理，具体的 SBM 模型和超效率 SBM 模型如下：

$$\min\rho = \frac{1 - \frac{1}{m}\sum_{i=1}^{m}\frac{s_{io}^{-}}{x_{io}}}{1 + \frac{1}{s}\sum_{r=1}^{s}\frac{s_{ro}^{+}}{y_{ro}}}$$

$$\text{s.t.} \sum_{j=1}^{n}\lambda_{jo}x_{ij} + s_{io}^{-} = x_{io}, i=1,\cdots,m$$

$$\sum_{j=1}^{n}\lambda_{jo}y_{rj} - s_{ro}^{+} = y_{ro}, r=1,\cdots,s \qquad (4.1)$$

$$\lambda_{jo} \geq 0, j=1,\cdots,n$$

$$s_{io}^{-} \geq 0, i=1,\cdots,m$$

$$s_{ro}^{+} \geq 0, r=1,\cdots,s$$

式中：ρ 表示 SBM 效率；m 表示投入指标数量；s_{io}^{-} 表示被评价决策单元 DMU_O 第 i 项投入的松弛变量；x_{io} 表示被评价决策单元 DMU_O 的第 i 项投入；S 表示产出指标数量；s_{ro}^{+} 被评价决策单元 DMU_O 第 r 项产出的松弛变量；y_{ro} 表示被评价决策单元 DMU_O 的第 r 项产出；λ_{jo} 表示被评价决策单元为 DMU_O 时第 j 个 DMU 的权重。

① Tone, Kaoru, "A Slacks-Based Measure of Super-Efficiency in Data Envelopment Analysis", *European Journal of Operational Research*, No.1, 2002.

$$\min\delta = \frac{\dfrac{1}{m}\sum\limits_{i=1}^{m}\dfrac{\overline{x_{io}}}{x_{io}}}{\dfrac{1}{s}\sum\limits_{r=1}^{s}\dfrac{\overline{y_{ro}}}{y_{ro}}}$$

$$\text{s.t.} \sum_{j=1,j\neq o}^{n}\lambda_{jo}x_{ij} \leqslant \overline{x_{io}}, i=1,\cdots,m$$

$$\sum_{j=1,j\neq o}^{n}\lambda_{j0}y_{rj} \geqslant \overline{y_{ro}}, r=1,\cdots,s \qquad (4.2)$$

$$\overline{x_{io}} \geqslant x_{io}$$

$$\overline{y_{ro}} \leqslant y_{ro}$$

$$\lambda_{j0} \geqslant 0, j=1,\cdots,n$$

$$\overline{x_{io}} \geqslant 0, i=1,\cdots,m$$

$$\overline{y_{ro}} \geqslant 0, r=1,\cdots,s$$

式中：δ 表示超效率 SBM 效率；m 表示投入指标数量；$\overline{x_{io}}$ 表示被评价决策单元 DMU_0 的第 i 项虚拟投入；x_{io} 表示被评价决策单元 DMU_0 的第 i 项投入；S 表示产出指标数量；$\overline{y_{ro}}$ 表示被评价决策单元 DMU_0 的第 r 项虚拟产出；y_{ro} 表示被评价决策单元 DMU_0 的第 r 项产出；λ_{jo} 表示 DMU_0 的第 j 个 DMU 的权重。

鉴于非期望产出作为投入处理，掩盖了非期望产出对 DMU 效率呈负向影响的这一特征，并且可能会导致 DMU 效率分数的增加，朱卫未（Weiwei Zhu）等提出改进的比率模型。通过采用通用权重的方法对非期望产出进行加权处理，该方法可以使得非期望产出负向影响 DMU 的效率得分，同时不同的非期望产出在通用权重的假设下能够获得为所有决策者认可的权重。[1] 经过实证证实，考虑非期望输出后，

① Weiwei Zhu, Mei Xu, Cheng-Ping Cheng, "Dealing with Undesirable Outputs in DEA: An Aggregation Method for a Common Set of Weights", *Journal of the Operational Research Society*, No.4, 2020.

该方法相较于其他方法更能显著降低 DMU 效率得分。

（二）指标体系及数据汇总

1. 指标体系构建

史丹等从宏观层面对高质量发展的内涵进行了解读，将高质量发展理解为经济增长的稳定性、发展的均衡性、环境的可持续性、社会的公平性四个方面，本书以此为基础构建循环经济导入的高质量发展综合评价指标体系。[①]

在经济增长的稳定性方面，参考李娟伟等、史丹等、魏敏等，选取经济波动率、CPI 波动率、PPI 波动率作为衡量经济增长稳定性的指标；在发展的均衡性方面，参考吴志军等、刘瑞等、董小君等，选取城乡居民可支配收入比、产业泰尔指数作为衡量发展均衡性的指标；在环境的可持续方面，引入循环经济理念，参考张震等、段相辉等、李斌等、黄明凤等，选取建成区绿化覆盖率、固体废物利用率、生活垃圾无害化处理率作为衡量环境可持续性的指标；在社会的公平性方面，参考李金昌等、陈长江，选取人均可支配收入与人均 GDP 之比、基本医疗保险人数参与率作为衡量社会公平性的指标。

考虑到研究方法对于投入产出数据的要求，参考张江洋等、袁晓玲等、王竹君等、唐娟等，选取资本、劳动、土地、能源四项指标作为投入，构建基于投入产出的、导入循环经济的高质量发展综合评价指标体系（见表4.10）。

[①]　史丹、赵剑波、邓洲：《从三个层面理解高质量发展的内涵》，《经济日报》2019年9月9日。

表 4.10 循环经济导入的高质量发展综合评价指标体系

指标类型	一级指标	二级指标	指标内容	指标单位	指标属性
投入指标		资本	资本形成总额	亿元	
		劳动	就业人员数	万人	
		土地	建成区面积	平方千米	
		能源	能源消费量	万吨标准煤	
产出指标	稳定性	经济波动率	经济变动幅度	%	逆
		CPI 波动率	居民消费价格指数变动幅度	%	逆
		PPI 波动率	工业生产者出厂价格指数变动幅度	%	逆
	均衡性	城乡居民可支配收入比	城镇居民人均可支配收入 / 农村居民人均可支配收入	—	逆
		产业泰尔指数		—	逆
	可持续性	建成区绿化覆盖率		%	正
		固体废物利用率	工业固体废物利用量 / 工业固体废物产生量	%	正
		生活垃圾无害化处理率	生活垃圾无害化处理量 / 生活垃圾清运量	%	正
	公平性	人均可支配收入与人均 GDP 之比	人均可支配收入 / 人均 GDP	—	正
		基本医疗保险人数参与率	参保人数 / 人口数	%	正

2．数据来源、说明及处理

本书采用 2018 年 31 个省、自治区、直辖市的面板数据作为研究对象（由于部分数据缺失，本书暂不考虑中国台湾、中国香港和中国澳门），各项指标数据都来自《中国统计年鉴》。其中：

资本形成总额：根据当年各地区生产总值占全国生产总值的比例乘以年度全国资本形成总额估算出各地区的资本形成总额；就业人员数：根据当年各地区年末人口数占全国人口数的比例乘以年度全国就业人数估算出各地区的就业人员数；建成区面积：可直接获取；能源消费量：根据当年各地区电力消费量占全国电力消费量的比例乘以年度全国能源消费总量估算出各地区的能源消费总量；经济波动率为当年生产总值与上一年生产总值的差额比上上一年的生产总值取绝对值；CPI 波动率为当年居民消费价格指数与上一年居民消费价格指数的差额比上上一年居民消费价格指数取绝对值；PPI 波动率为当年工业生产者出厂价格指数与上一年工业生产者出厂价格指数的差额比上上一年工业生产者出厂价格指数取绝对值；城乡居民可支配收入比：各地区城镇居民人均可支配收入和农村居民可支配收入相除即可获得；产业泰尔指数的计算方式如下：

$$TL = \sum_{i=1}^{3} \left(\frac{Y_i}{Y} \right) \ln \left(\frac{\frac{Y_i}{Y}}{\frac{L_i}{L}} \right) \tag{4.3}$$

式中：Y_i 表示地区第 i 产业的增加值，可直接获取，Y 表示地区总的生产总值，可对地区的 Y_i 直接求和取得，L_i 表示地区第 i 产业的就业人数，从《中国统计年鉴》中可以获取第一、第二、第三产业的全国就业人数，根据当年各地区年末人口数占全国人口数的比例乘以第一、第二、第三产业的全国就业人数可估算出各地区在第一、第二、第三产业的就业人数；L 表示地区总的就业人数，可对地区的 L_i 直接求和取得；建成区绿化覆盖率，可直接获取。

固体废物利用率：《中国统计年鉴》中缺失 2018 年的一般工业固体废物产生量和一般工业固体废物综合利用量，通过计算 2016 年和 2017 年该项指标的结果发现该项指标在各年份间的差距较小，因此用 2017 年的固体废物利用率替代；生活垃圾无害化处理率：当年的生活垃圾无害化处理量和生活垃圾清运量相除即可获得；人均可支配收入与人均 GDP 之比：各地区居民人均可支配收入和人均 GDP 相除即可获得；基本医疗保险人数参与率：各地区年末参加基本医疗保险人数，除以各地区年末人口数即可获得，由于统计误差的存在，可能存在基本医疗保险人数参与率超过 1 的情况，将其替换为 1 进行处理。经过数据的处理、汇总，各地区各指标数据见表 4.11。

3. 结果分析

本书采用托恩的 SBM 模型和超效率 SBM 模型进行计算。运用公式（4.1）和公式（4.2）对表 4.11 数据进行相关的运算，得到除港澳台地区外的各地区的高质量发展效率，将高质量发展效率划分为四个层次，1.5 以上为Ⅰ类地区领先地区，1.0—1.5 为Ⅱ类地区优势地区，0.5—1 为Ⅲ类地区中等地区，0—0.5 为Ⅳ类地区追赶地区（见表 4.12 和表 4.13）。

表 4.11　除港澳台地区外各地区各项指标数据

地区	投入				非期望产出			期望产出						
	资本（亿元）	劳动（万人）	土地（平方千米）	能源（万吨标准煤）	经济波动率（%）	CPI波动率（%）	PPI波动率（%）	城乡居民可支配收入比	产业泰尔指数	建成区绿化覆盖率（%）	固体废物利用率（%）	生活垃圾无害化处理率（%）	人均可支配收入与人均GDP之比	基本医疗保险参与人数率（%）
北京	13345	1197	1469	7741	8.23	0.59	0.70	2.567	0.363	48.4	74.13	100.00	0.44	93.69
天津	8279	867	1078	5837	1.40	0.10	2.77	1.863	0.262	38	98.93	94.47	0.33	71.58
河北	15849	4198	2163	24851	5.86	0.69	7.65	2.350	0.116	41.6	57.28	99.80	0.49	91.51
山西	7402	2066	1180	14649	8.31	0.69	10.64	2.641	0.177	41.3	35.68	99.83	0.49	87.87
内蒙古	7609	1408	1270	22730	7.41	0.10	6.69	2.775	0.088	40.6	37.28	99.80	0.42	85.41
辽宁	11142	2422	2670	15605	8.14	1.08	3.05	2.548	0.113	39.9	41.31	99.56	0.51	91.05
吉林	6635	1502	1539	5091	0.87	0.49	0.29	2.195	0.126	37.6	44.72	87.23	0.41	96.42
黑龙江	7201	2096	1825	6603	2.89	0.69	0.27	2.115	0.026	36.0	44.68	86.95	0.53	77.09
上海	14383	1347	1238	10622	6.68	0.10	1.74	2.240	0.297	36.2	94.05	100.00	0.48	76.98
江苏	40753	4473	4559	41541	7.83	0.59	1.91	2.264	0.184	43.1	94.13	100.00	0.33	95.91
浙江	24734	3187	2919	30729	8.56	0.20	1.34	2.036	0.195	41.2	94.23	100.00	0.46	93.58
安徽	13207	3513	2110	14473	11.06	0.79	4.63	2.457	0.129	42.5	92.96	100.00	0.50	96.54
福建	15758	2189	1588	15686	11.25	0.30	1.25	2.364	0.166	44.3	62.32	99.89	0.36	96.54
江西	9676	2582	1546	9687	9.89	0.10	3.43	2.339	0.135	45.9	37.23	100.00	0.51	100.00
山东	33656	5582	5164	40111	5.28	0.99	1.71	2.427	0.148	41.8	79.52	100.00	0.38	93.93

续表

地区	投入				非期望产出					期望产出				
	资本（亿元）	劳动（万人）	土地（平方千米）	能源（万吨标准煤）	经济波动率（%）	CPI波动率（%）	PPI波动率（%）	城乡居民可支配收入比	产业泰尔指数	建成区绿化覆盖率（%）	固体废物利用率（%）	生活垃圾无害化处理率（%）	人均可支配收入与人均GDP之比	基本医疗保险参与人数率（%）
河南	21151	5336	2797	23170	7.86	0.89	3.00	2.305	0.127	40.0	73.55	99.71	0.44	100.00
湖北	17326	3287	2510	14039	10.96	0.39	1.33	2.300	0.114	38.4	59.32	99.98	0.39	94.41
湖南	16032	3833	1837	11829	7.44	0.59	2.46	2.604	0.108	41.2	82.61	99.95	0.48	99.12
广东	42814	6303	6036	42863	8.44	0.69	1.45	2.583	0.185	44.0	83.77	99.87	0.41	93.56
广西	8958	2737	1476	11544	9.88	0.69	4.09	2.608	0.052	39.9	56.79	100.00	0.52	100.00
海南	2127	519	380	2217	8.28	0.29	0.55	2.384	0.021	40.6	42.56	100.00	0.47	98.01
重庆	8962	1723	1497	7552	4.83	0.99	1.92	2.532	0.134	40.4	70.61	99.98	0.40	100.00
四川	17903	4634	2982	16669	10.00	0.30	2.72	2.492	0.076	40.5	39.74	99.30	0.46	100.00
贵州	6517	2000	1053	10046	9.35	0.89	5.04	3.252	0.051	38.6	55.61	96.10	0.45	100.00
云南	7870	2683	1164	11382	9.19	0.69	2.66	3.110	0.055	39.8	39.08	98.16	0.54	93.60
西藏	650	191	164	468	12.72	0.10	9.00	2.952	0.112	37.3	1.83	96.10	0.40	99.62
陕西	10756	2147	1356	10806	11.60	0.49	4.87	2.972	0.166	38.8	35.57	99.06	0.35	100.00
甘肃	3629	1465	891	8745	10.54	0.59	4.37	3.403	0.069	33.5	45.99	99.75	0.56	96.58
青海	1261	335	202	5003	9.16	0.99	10.20	3.032	0.110	33.9	55.03	96.04	0.44	92.09
宁夏	1631	382	482	7219	7.60	0.69	4.28	2.724	0.137	40.5	39.06	99.32	0.41	91.02
新疆	5369	1382	1312	14493	12.10	0.20	2.20	2.736	0.061	39.6	45.61	91.43	0.43	90.51

表 4.12　循环经济导入的高质量发展效率

地区	SBM	SUPER-SBM	最终效率	类别
北京	1.000	1.053	1.053	II
天津	1.000	1.614	1.614	I
河北	0.509	1.000	0.509	III
山西	0.381	1.000	0.381	IV
内蒙古	1.000	1.104	1.104	II
辽宁	0.383	1.000	0.383	IV
吉林	1.000	1.471	1.471	II
黑龙江	1.000	1.334	1.334	II
上海	1.000	1.136	1.136	II
江苏	0.663	1.000	0.663	III
浙江	1.000	1.061	1.061	II
安徽	1.000	1.026	1.026	II
福建	1.000	1.000	1.000	II
江西	1.000	1.142	1.142	II
山东	0.520	1.000	0.520	III
河南	0.669	1.000	0.669	III
湖北	0.541	1.000	0.541	III
湖南	1.000	1.012	1.012	II
广东	0.518	1.000	0.518	III
广西	0.573	1.000	0.573	III
海南	1.000	2.568	2.568	I
重庆	0.702	1.000	0.702	III
四川	0.407	1.000	0.407	IV
贵州	0.460	1.000	0.460	IV
云南	0.418	1.000	0.418	IV
西藏	1.000	2.099	2.099	I
陕西	0.326	1.000	0.326	IV
甘肃	0.448	1.000	0.448	IV
青海	1.000	1.213	1.213	II

地区	SBM	SUPER-SBM	最终效率	类别
宁夏	1.000	1.050	1.050	Ⅱ
新疆	1.000	1.010	1.010	Ⅱ

表 4.13　高质量发展水平分类

类型	得分	省份
领先地区	[1.5—+∞）	海南、西藏、天津
优势地区	[1.0—1.5）	吉林、黑龙江、青海、江西、上海、内蒙古、浙江、北京、宁夏、安徽、湖南、新疆、福建
中等地区	[0.5—1.0）	重庆、河南、江苏、广西、湖北、山东、广东、河北
追赶地区	[0.0—0.5）	贵州、甘肃、云南、四川、辽宁、山西、陕西

从表 4.12 和表 4.13 中可以发现，海南的高质量发展效率最高，为 2.568，其次为西藏 2.099，再次为天津 1.614。从数据中可以发现，海南经济稳定性较高，经济波动率、CPI 波动率、PPI 波动率都较低，同时海南的产业泰尔指数为全国最低，表明海南的产业结构布局与其他省份相比更为合理，生活垃圾清理率 100%，进一步拉高了海南的高质量发展水平。西藏以较低的投入获得较高的经济稳定性，同时在可持续性指标和公平性指标方面的表现较为出色，因此取得了较高的高质量发展效率。天津较为均衡，经济稳定性方面波动较少，发展均衡性及公平性处于中上水平，可持续发展方面表现较好，各方面都较为靠前且无明显的缺陷，因此产生了较高的高质量发展效率。

从区域来看，东部地区的平均效率为 1.064，中部地区的平均效率为 0.795，西部地区的平均效率为 0.817，东北地区的平均效率为 1.063，总体来看，依旧是东部地区的高质量发展水平层次较高，东北地区在循环经济导入下的高质量发展效率处于较高水平，表明近年来的经济结构转型已有所成效，中部地区与西部地区的高质量发展水平较低，仍需围绕高质量发展进一步促进自身体系建设。

表 4.14　区域高质量发展水平比较

区域	省、自治区、直辖市	平均效率
东部地区	北京、天津、河北、上海、江苏、浙江、福建、山东、广东、海南	1.064
中部地区	山西、安徽、江西、河南、湖北、湖南	0.795
西部地区	内蒙古、广西、重庆、四川、贵州、云南、陕西、甘肃、青海、宁夏、新疆、西藏	0.817
东北地区	辽宁、吉林、黑龙江	1.063

第四节　高质量推进生态文明建设

一、相关政策分析

2012 年 11 月，党的十八大将生态文明建设作为统筹推进"五位一体"总体布局的重要内容，明确了生态文明建设的战略地位，促进生态文明建设融入经济建设、政治建设、文化建设、社会建设各方面和全过程。2013 年 2 月，联合国环境规划署第二十七次理事会通过了推广中国生态文明理念的决定草案，该草案的通过一方面表明了作为负责任的大国，中国承担起了对世界生态环境的责任和义务，另一方面表明了国际社会对中国生态文明理念和政策体系的高度认同。

2013年11月，党的十八届三中全会提出，要紧紧围绕美丽中国深化生态文明体制改革，加快建立生态文明制度，该决定表明生态文明的建设将从全局角度对顶层设计和整体部署进行深入考虑，在制度上将进行一系列的优化。2014年10月，党的十八届四中全会提出"用严格的法律制度保护生态环境"，阐明了法律制度是作为建设生态文明的根本。2015年10月，党的十八届五中全会通过了《中共中央关于制定国民经济和社会发展第十三个五年规划的建议》，提出要实现"十三五"时期发展目标，必须要牢固树立和切实贯彻五大发展理念，绿色发展成为生态文明建设的基础理念。

生态文明建设的内涵在党的十九大召开后，被赋予了更加丰富的内涵。随着中国特色社会主义进入新的时代，不仅我国社会的主要矛盾发生了转化，中国的经济也由高速增长阶段转向高质量发展阶段，人民对美好生活的需要及高质量发展的宏观需求共同促进了生态文明建设适应发展新常态，即在健康推进生态文明建设的同时应有所担当地采取高质量推进生态文明建设。

作为实现中华民族永续发展的千年大计，高质量推进生态文明建设不仅遵循发展规律的必然要求，更是全面建成小康社会、全面建设社会主义现代化国家的必然要求。2018年3月，十三届全国人大一次会议审议通过《中华人民共和国宪法修正案》，生态文明建设被上升至宪法层面，作为国家的根本大法，在宪法中被明确强调"生态文明"，体现了党和国家对生态环境问题的高度重视，为生态文明建设的法治保障提供了新的动力。2019年10月，党的十九届四中全会对坚持和完善生态文明制度体系作出了系统性的安排，为生态文明制度体系的发展提供了方向指引和基本遵循。

发展结果表明，生态文明建设关系人民对美好生活的需要和国家对转变发展方式的要求。生态文明建设作为高质量发展中的重要内容，是推动高质量发展的重要手段。在高质量发展的整体框架下，生态文明建设与高质量发展是良性互动的辩证关系，增强生态文明建设能够助推高质量发展，相应地，深入的高质量发展要求更高层次的生态文明建设。

二、生态环境约束

生态环境约束主要有以下两层含义：一是环境自身具有的承载力对人类社会造成的限制和制约，表现为当人类行为使得环境发生的变化程度难以依靠环境自身的调节得到恢复和控制，将会导致环境污染及承载力降低。[1] 二是非环境主体通过约束和调节经济行为人的生产、消费决策从而对自然环境产生的作用力，现实中该类非环境主体通常为政府部门，常见的约束行为包括行政指令类和经济激励类。[2]

2016 年 12 月 5 日，国务院发布《"十三五"生态环境保护规划》，规划中对生态环境明确提出 8 项约束性具体指标、7 项预期性具体指标，涉及空气质量、水环境质量、土壤环境质量和生态状况四大项，表 4.15 为《"十三五"生态环境保护规划》中对生态环境保护的具体指标体系。

---

[1]　王英利、方淑荣：《环境科学概论》，清华大学出版社 2011 年版。
[2]　张红凤、张细松等：《环境规制理论研究》，北京大学出版社 2012 年版。

表 4.15　生态环境保护指标体系

指标		2015 年	2020 年	属性
（1）空气质量	地级及以上城市空气质量优良天数比率（%）	76.7	>80	约束性
	细颗粒物未达标地级及以上城市浓度下降（%）	—	—	约束性
	地级及以上城市重度及以上污染天数比例下降（%）	—	—	预期性
（2）水环境质量	地表水质量达到或好于Ⅲ类水体比例（%）	66	>70	约束性
	地表水质量劣Ⅴ类水体比例（%）	9.7	<5	约束性
	重要江河湖泊水功能区水质达标率（%）	70.8	>80	预期性
	地下水质量极差比例（%）	15.74	15 左右	预期性
	近岸海域水质优良（一、二类）比例（%）	70.5	70 左右	预期性
（3）土壤环境质量	受污染耕地安全利用率（%）	70.6	90 左右	约束性
	污染地块安全利用率（%）	—	90 以上	约束性
（4）生态状况	森林覆盖率（%）	21.66	23.04	约束性
	森林蓄积量（亿立方米）	151	165	约束性
	湿地保有量（亿亩）	—	≥ 8	预期性
	草原综合植被盖度（%）	54	56	预期性
	重点生态功能区所属县域生态环境状况指数	60.4	>60.4	预期性

资料来源：《"十三五"生态环境保护规划》报告。

　　生态环境约束是高质量发展过程中必然存在的限制，是作为内生性的约束与高质量发展共生的必然产物。自党的十八大以来，生态文明建设已经上升为国家战略，党中央、国务院将生态文明建设纳入"五位一体"总体布局，摆在十分重要的战略位置，生态文明建设成为今后发展建设的一部分，其高度、深度、力度前所未有。针对一系列生态环境约束，我国出台了多项政策，生态环境明显改善，公众的生态环境法治观念和生态环境保护意识也不断加强，但随着经济下行压力的不断加大，发展与保护这一长久存在的矛盾越发突出，生态环境成为全面建成小康社会的突出短板。

目前，我国依旧存在污染物排放量大面广、山水林田的生态破坏严重、产业结构和布局不合理造成的生态风险高等问题，离美丽中国建设目标还存在一定的距离。从地区来看，区域与区域之间的生态环境分化逐渐显现，部分地区存在生态系统稳定性下降、环保投入减弱等情况，污染范围由点到面逐渐扩张；从国家整体来看，随着我国不断融入全球化的进程，国际社会要求我国承担更多应对全球气候变化的责任，在全球环境治理体系下所面临的挑战巨大。

因此，绿色发展已经成为我国突破资源环境约束瓶颈、实现高质量发展的关键，需要以生态文明建设推进供给侧结构性改革，以绿色、协调发展理念引领区域生态环境治理，促进产业结构调整和改善生产生活方式，从源头保发展、促发展。据此，完成生态环境约束、实现高质量推进生态文明建设的思路的重中之重应是坚持效率优先，一是提高要素配置效率，在市场配置要素的基础上，优化要素配置结构，使要素流入绿色、低碳、循环的现代生态产业体系。二是提高投入产出效率，通过科技创新降低产业结构调整成本，提高生产体系的期望产出率。通过以效率为导向的供给侧结构改革为高质量推进生态文明建设打下坚实的基础。

三、重要作用

高质量推进生态文明建设是高质量发展的前提。高质量发展是党的十九大提出的新表述，其内涵从宏观层面理解可以分为增长的稳定性、发展的均衡性、环境的可持续性和社会的公平性，这与以习近平同志为核心的党中央提出的新发展理念是一以贯之的，无论从何种角度剖析高质量发展的内涵，生态环境始终是高质量发展中不可分割的重要内容，可以说缺少了生态环境的高质量发展是不完整的高质量发展，甚至算不上高质量发展。生态文明建设作为关乎民族未来的长久大计，高质量发展的提出赋予了生态文明建设新的内涵，指明了生态文明的建设方向，高质量的生态文明建设是适应高质量发展的必然要求，同时作为高质量发展的重要内容又是高质量发展的前提。

高质量推进生态文明建设是高质量发展的动力。高质量推进生态文明建设将倒逼企业进行技术升级，研发核心技术，传统的高排放高污染生产方式在高质量推进生态文明建设的过程中将会难以为继，以低污染低能耗为主要发展方式的企业将会以更强的市场竞争力取得优势地位，从个体的企业到整体的产业都将在高质量推进生态文明建设的过程中绿色化，从而优化了生态环境，提高了经济发展质量。同时高质量推进生态文明建设将促进新兴产业的萌发，智能化和清洁化将会成为新兴产业的主流特征，以生态促发展，切切实实地推动高质量发展。

高质量推进生态文明建设是高质量发展的路径。党的十九大报告中明确指出必须树立和践行绿水青山就是金山银山的理念，高质量推进生态文明建设必然会促使环境治理力度不断加大，生态绿化建设不断加快，企业的生产方式和群众的生活方式将会绿色化，随之而来的将会是生态环境的不断改善和优化，给高质量发展提供了更加宽广的发展空间。高质量推进生态文明建设尽管从短期来看，或许会带给地方经济发展的压力，但从长期来看，产业结构的调整，生产方式的升级所带来的发展效益是巨大的，而牺牲环境所换取来的经济增长往往难以为继。正确地处理环境与发展的关系，促进环境和发展的有机融合、良性互动，构建符合高质量生态文明建设标准的现代化经济体系将从根本上解决环境与发展的矛盾，实现高质量发展。

　　总体而言，我国的生态文明建设制度从无到有，从有到优，已经取得了巨大的成就，但高质量推进生态文明建设离不开合理完善有效的生态文明建设制度。不断发现生态文明建设制度中的问题，不断改善生态文明建设制度中的问题，既是高质量推进生态文明建设的保障，也是实现人民群众对美丽中国迫切需要的途径。在高质量发展的新时代下，高质量推进生态文明建设关系人民福祉、民族未来，随着制度建设的不断加强，将高质量推进生态文明建设纳入制度化、法治化轨道中去，将彻底扭转发展与环境的矛盾，实现高质量推进生态文明建设与高质量发展的良性互动与和谐共赢。

第五章　国有企业引领我国经济的高质量发展

在党的十九大上，习近平总书记指出中国经济已由高速增长阶段转向高质量发展阶段。作为国有经济的有力支撑、中国特色社会主义经济的"顶梁柱"，国有企业的高质量发展一直受到党中央的高度重视。在 2018 年政府报告中，李克强总理就明确指出"国有企业要通过改革创新，走在高质量发展前列"。

国家对于国有企业发展的思想观念从以往追求企业发展速度向追求企业做强做优转变。推动国有企业高质量发展不仅是遵循经济发展规律的必然要求，也是影响国家经济发展和深化改革成败的重要因素。因此，国有企业高质量发展的重要性不言而喻。如何让国有企业继续引领我国经济高质量发展就成为了关键问题。本章将从创新驱动发展战略入手，探究国有企业高质量发展路径，并为国有企业高质量发展提供参考建议。

第一节　创新驱动国有企业高质量发展

中国作为一个发展中国家，发展起步相比其他国家较晚。在改革开放 40 年的时间里，中国从一个不富裕的社会主义国家发展到今天世界第二大经济体，可以说创造了一个又一个发展奇迹。虽然经济得到高速发展，但随之而来的是各种突出的发展问题。以往经济的高速增长很大程度上依赖于外源主导的技术，主要表现为技术引进、招商引资、吸收模仿等经济行为，这使得中国制造的产品位于价值链的低端，经过长期发展，整体经济的体量虽不断增长，但国家没有真正富起来。没有核心科技，主动权就不在中国手里，就会出现如今高产值低收益的问题，就会被扼住发展的咽喉。要改变这种情况，中国必须掌握核心技术，而创新正是获取核心技术的必经之路。

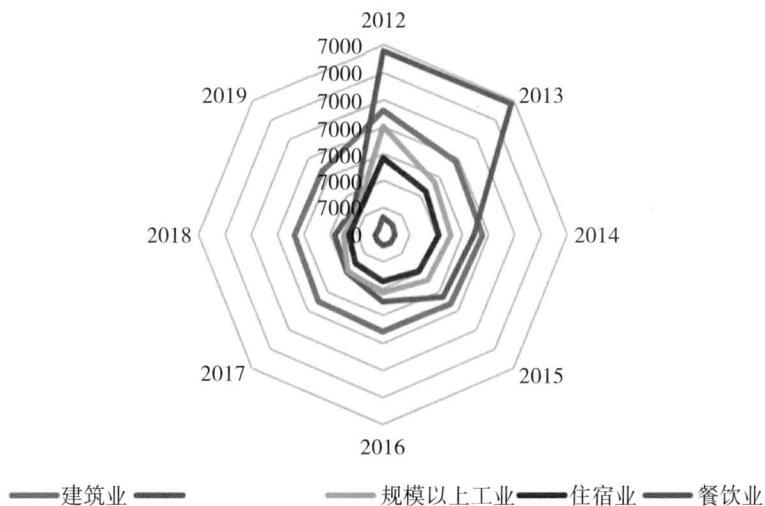

图 5.1　2012—2019 年国有企业部分行业企业数

资料来源：《中国统计年鉴 2020》。

早在 20 世纪初期，约瑟夫·熊彼特（Joseph Schumpeter）就在《经济发展理论》提到，创新就是改变现有的经济循环轨道，打破原有生产体系，让新的生产方式适应已有生产环境的过程。建设创新体系的基本方向是要实现创新要素整合，这也是技术财产化、产业化、价值化的根本途径。[①]这个过程明确了创新是一项对于已有资源进行二次整合的活动。将众多的影响因素、变量牵涉以及指标之间的相互影响进行权衡，整合各个企业的优势资源，来突破经济发展中由要素或资源的短缺所造成的瓶颈。通过创新来驱动发展需要在已有创新的基础上突破藩篱，进行产品、技术等革新由外向内实现再创新，从而掌握核心技术，这也是一个动态转化过程。[②]

2012年，党的十八大报告中首次提出创新驱动发展战略，指出"科技创新是提高社会生产力和综合国力的战略支撑，必须摆在国家发展全局的核心位置"。国家发展战略的调整说明中国经济已经进入重大转型期，继续单纯依靠要素驱动的经济发展方式已经变得不可持续。为了经济增长的可持续，在中国经济发展的新阶段，需要从以往要素驱动转向创新驱动。[③]

从2012年开始，规模以上工业、建筑业、批发和零售业三大传统行业国有企业数量均呈下降趋势。其中规模以上工业以及批发和零售业的营业收入下降幅度较大，并且批发和零售业的利润总额逐年递减。建筑业营业收入和利润总额虽然增加，但涨幅较小。传统行业虽仍呈现正向发展，但国家的发展重心已经从传统行业转移到了高技术产业，高技术产业所将带来的预期利润已经超过了传统行业利润损失的部分。创新所带来的巨大优势正在凸显，通过创新驱动经济发展是国家的必然选择。

① 王玉民、刘海波、靳宗振、梁立赫：《创新驱动发展战略的实施策略研究》，《中国软科学》2016年第4期。
② 洪银兴：《论创新驱动经济发展战略》，《经济学家》2013年第1期。
③ 任保平、郭晗：《经济发展方式转变的创新驱动机制》，《学术研究》2013年第2期。

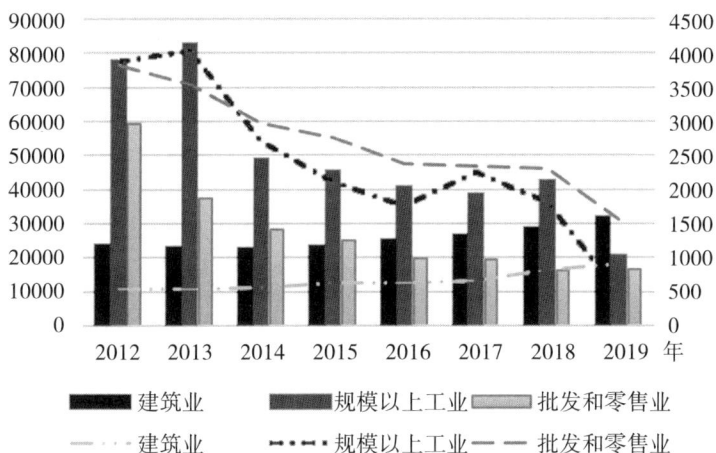

图 5.2 2012—2019 年国有企业三大行业营业收入及利润总额
资料来源:《中国统计年鉴 2020》。

2016 年,中共中央、国务院印发了《国家创新驱动发展战略纲要》,指出当前世界经济环境复杂,我国发展形势不容乐观,创新已经成为大势所趋。为了进一步提升我国创新质量,我国将创新发展分为"三步走",采用技术创新和体制机制创新相结合的创新模式,预期推动 10 大产业技术体系创新,实现经济高质量发展。而企业的高质量发展对于经济的高质量发展尤为重要,由于国有企业的特殊性质和功能,其深化改革和高质量发展直接影响和促进经济的高质量发展。[①]

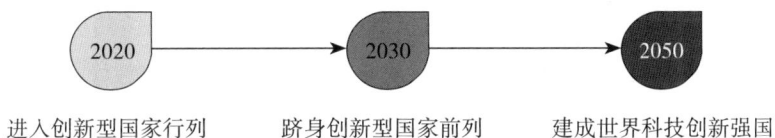

进入创新型国家行列　　　跻身创新型国家前列　　　建成世界科技创新强国

图 5.3 创新发展"三步走"

---

① 黄速建、肖红军、王欣:《论国有企业高质量发展》,《中国工业经济》2018 年第 10 期。

　　党的十八大以来，国有企业数目呈现"V"字形变化，其中转折点也是在 2016 年。从国家开始提倡国有企业高质量发展后，国有企业的发展理念发生了改变，不再一味追求国有企业发展速度，不再一味通过减少低收益国有企业数量来实现经济正向增长。2016 年开始，国有企业数量逐年增长，国有企业就业人数也在逐年下降，整体平均工资实现连续增长。高质量发展推动了国有企业的内部改革，在保证发展势头的情况下，对现有人员进行精简改编，提升工作效率，实现企业与员工共同发展。

　　也正是从 2016 年开始，国有企业对全社会固定资产投资结构进行调整，剔除会产生泡沫经济的固定资产投资，使投资质量变得更高，从而保障国有企业高质量发展。创新驱动经济发展已被大众所认可，为了实现经济发展可持续，国家对于企业创新有了新的要求，就是要通过科技创新实现国有企业的高质量发展，国家对于国有企业的重视程度不言而喻。

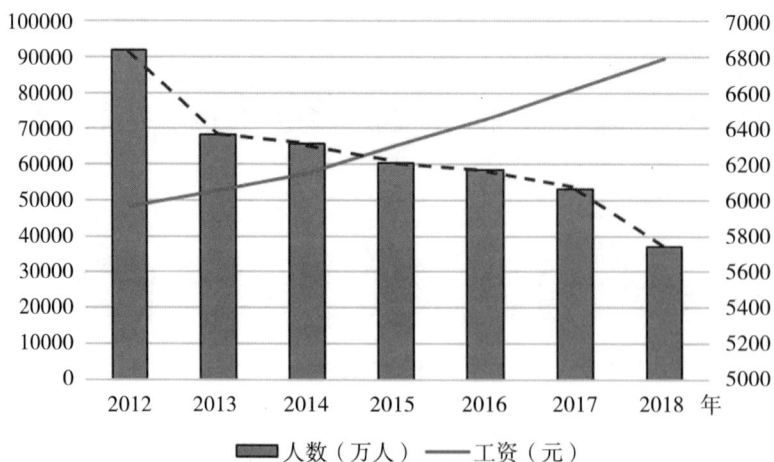

图 5.4　2012—2018 年国有企业就业人员数及平均工资
资料来源：《中国统计年鉴 2020》。

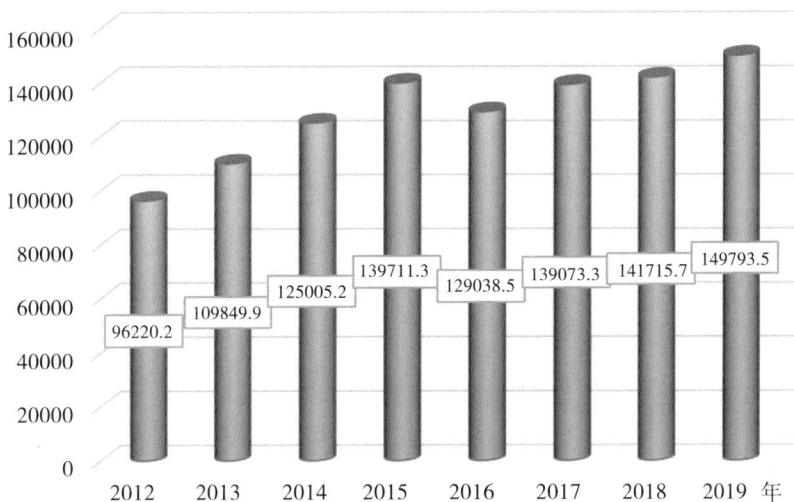

图 5.5　2012—2019 年国有企业全社会固定资产投资（亿元）
资料来源：《中国统计年鉴 2020》。

　　党的十九大报告也指出，国有企业在实现我国经济高质量发展中承担着重要任务，要通过改革创新，走在高质量发展前列。走创新驱动发展之路是我国全面建成小康社会的必然选择。[①]2019 年，我国的 GDP 已经位于世界第二，成为第二大经济体。这种发展为我国全面建成小康社会以及建成社会主义现代化强国提供了必要的物质基础，也为解决国计民生等一系列重大问题奠定了坚实的基础。但我国也必须从近些年的发展中总结经验，及时发现问题，避开发展瓶颈期。

　　我国之前的发展成本过高，是一种中低水平的发展，即以往个体的发展是依靠资源和资金的大规模投入来实现的，这样做的成本和代价都比较大，虽然有时收益利润较高，但都是在前期大量投资

---

① 金碚：《关于"高质量发展"的经济学研究》，《中国工业经济》2018 年第 4 期。

保证之下的结果，效益转化较低，甚至有时还会牺牲自然环境、造成资源过度消耗，这与习近平总书记所倡导的绿色发展理念相违背。同时，我国是一个人均资源占有率十分低的国家，若继续以中低水平发展下去，这种粗犷的发展模式将不利于我国实现"十四五"规划以及 2035 年远景目标。

刘思明等人研究发现：一个国家的经济发展水平与创新能力紧密相关，发达国家的科技创新指数、制度创新指数有着更明显的优势。[1] 因此，创新的引入就是要解决国有企业发展中存在的这些问题，保障国有企业高质量发展，进一步提升经济发展水平。创新驱动的增长方式可以在一定程度上解决国有企业的生产效率问题。同时，依靠知识资本、人力资本和激励创新制度等无形要素实现要素新组合，能够实现科学技术成果在生产和商业上的应用和扩散。[2] 创新活动能够使多种资源得到相互结合。国有企业不仅要紧扣时代发展需要，深化结构体制改革，还要加大投资发展方式，对外扩大开放，强化创新激励。

在国家创新体系中，国有企业的自主创新居于重要地位，是中国经济高质量发展的主要依靠力量。通过有关机制体制的进一步革新，国企的创新效率将会大幅上升，更好满足经济发展需求。[3] 进入高质量发展阶段，国有企业对科技成果和知识资源的要求越来越强，知识是企业保持竞争优势的必要经济资源，成为组织构建核心竞争力的主

---

① 刘思明、张世瑾、朱惠东：《国家创新驱动力测度及其经济高质量发展效应研究》，《数量经济技术经济研究》2019 年第 4 期。

② 张来武：《论创新驱动发展》，《中国软科学》2013 年第 1 期。

③ 李政、陆寅宏：《国有企业真的缺乏创新能力吗——基于上市公司所有权性质与创新绩效的实证分析与比较》，《经济理论与经济管理》2014 年第 2 期。

要来源。[①] 能够多方面多渠道获得高新技术资源，使之成为企业进行研发创新的活水源头，成为了一个关系重大而影响深远的体制机制问题。[②] 总之，国有企业高质量发展必须解决高新技术获取源头的问题，而创新驱动正是国有企业发展源头所在，也是实现高质量发展的关键性体制机制改革要务。国有企业只有通过自主创新来驱动自身高质量发展。

第二节 国有企业高质量发展评价的指标体系

一、指标设计原则

对国有企业的高质量发展水平进行评价，首先要进行评价指标体系的构建。所构建的指标体系必须科学、合理，具有可操作性。构建评价指标体系时，必须遵循以下原则：

（一）科学性原则

国有企业高质量发展需要秉持科学性和合理性原则，因此评价指标的选取与设计尤为重要，应满足以下两点：一是指标的准确性，要求指标具有代表性和鲜明性，能够综合全面的评估国有企业的历史状态、现存状况和演化趋势，从而反映企业的综合绩效水平。二是指标的完整性，指标之间并非相互独立，而是相互依存相互补充的，要在对各项指标同等重视的基础上进行筛选、择优，从而对企业发展能力进行客观真实而完整的评估。

---

① 朱卫未、王海琴：《基于两阶段 DEA 的知识资本交易价值度量方法研究》，《科学学与科学技术管理》2015 年第 12 期。

② 洪银兴：《论创新驱动经济发展战略》，《经济学家》2013 年第 1 期。

（二）可比性原则

构建评价指标体系的过程中，所涉及的每一项指标必须保持客观、一致，具有可比性。充分考虑所选指标的统计口径、代表含义、时间维度、适用范围等因素，确保最终的评价结果可以进行横向和纵向的比较。

（三）可获取性原则

即要跨越理论与实践之间的鸿沟，结合实际情况考量指标获取的可能性，以及分析该指标的历史数据是否完整，是否对于评价国有企业的发展水平有效，这样后期的数据处理过程才能更加高效快捷。

（四）层次性原则

即基于多维角度多种要素出发对目标对象进行评估，而各个角度下又细分为若干项指标，层层分解、由浅入深，逐步形成所需要的评价指标体系。这样既符合逻辑思维，又能解决实际操作中因角度过于宽泛而难以下手的困难。

（五）简明性原则

对目标对象进行体系评估时，若面面俱到则所设计的评价指标体系将非常复杂，并因此造成大量指标的堆积，最终反而会影响评价结果的可靠性。因此，必须有的放矢选择关键有用的指标，用较少的指标反映核心问题，针对性高、操作性强。

二、国有企业高质量发展意向

对目标对象高质量发展水平进行体系评估时，第一步就是要从企业的生产运营监督进行分析。本书从投入和盈利两个角度对国有企业高质量发展的发展意向进行分析。

（一）投入意向

在经济发展日新月异的今天，各行各业的新产品、新服务、新市场层出不穷。对于企业来说，既要面临同类行业市场的竞争，又要面临替代产品市场的潜在威胁，同时企业内部存在管理机构、运营方式的落后而不能适应快速发展的外部环境，企业时常面临内忧外患的窘迫。因此企业要常怀忧患意识，自主创新显得尤为重要，创新是一个保证企业立于不败之地的必胜法宝。

创新包括产品创新、服务创新、技术创新等，其中技术创新是重中之重。一个企业只有掌握核心技术，提高自身产品的特色和竞争优势，才能吸引消费者、扩大市场，获取更高的利益以满足企业的自身发展需求，由此形成一个良性循环，将更多的资金和人力投入到产品科技创新和高质量发展中。因此一个企业投入中科技投入的含量对于评估企业高质量发展有重要意义，本书选择科技活动的企业数占总企业数的比例这样一个指标来评估企业的竞争能力和发展水平。

（二）盈利意向

企业存在和发展的一个重要意义就是获得利润。通过销售产品和服务以换取利润，从而维持企业的发展、进一步扩张以及满足员工的生存物质需求。根据产品生命周期理论，一款新产品从研发成功到最终被同类型产品替代退出市场，其给企业带来的价值是不断衰减的。因此需要不断对产品引入创新元素，丰富产品性能，在市场上独树一帜，建立品牌知名度，吸引更多的消费和投资。盈利能力正是一个企业发展的驱动力，形成一个投资—收益—扩大投资的良性循环。虽然企业会有一定的比例是通过已有产品的更新换代获得利润，但是在国内大部分的企业以推出新产品的方式获取价值回报。因此，本书选择新产品销售收入占主营业务收入的比重这一指标对目标进行评估。

三、国有企业高质量发展评价指标体系研究综述

党的十八届五中全会提出了"创新、协调、绿色、开放、共享"的新发展理念，新发展理念的提出也为高质量发展确定了方向。目前大部分评价国有企业高质量发展的指标体系都是围绕新发展理念展开的。

李梦欣等将五大发展理念看作五个维度，并将五个维度进行细分，构建了中国高质量发展在经济新时代的评价指标体系。[1] 张旭等从动力（D）、压力（P）、状态（S）、影响（I）以及响应（R）五个角度入手，基于 DPSIR 模型建立高质量绿色发展评价指标体系。[2] 李金昌等从"人民美好生活需要"和"不平衡不充分发展"这个社会主要矛盾的两个方面着手，构建了由 27 项指标构成的高质量发展评价指标体系。[3] 王娜等从经济绩效、环境绩效、社会绩效和管理绩效这四个维度，构建了国有企业经营绩效评价指标体系。[4] 因此，除了考虑高质量发展以外，还应考虑国有企业发展绩效评价指标，表 5.1 总结

---

① 李梦欣、任保平：《新时代中国高质量发展的综合评价及其路径选择》，《财经科学》2019 年第 5 期。

② 张旭、魏福丽、袁旭梅：《中国省域高质量绿色发展水平评价与演化》，《经济地理》2020 年第 2 期。

③ 李金昌、史龙梅、徐蔼婷：《高质量发展评价指标体系探讨》，《统计研究》2019 年第 1 期。

④ 王娜、王星洲：《基于 SPSS 因子分析和熵权分析的国有企业绩效评价指标体系研究：来自湖北省国有企业的实证》，《华北电力大学学报》（社会科学版）2015 年第 6 期。

了目前部分国有企业绩效考核评价指标。

表 5.1 国有企业绩效考核评价指标

作者	指标构成
管斌、李开森	评价指标体系由经营业绩指标体系、社会贡献与管理成果体系、综合考核评价体系三个子体系构成
赵尔军	构建财务类或非财务类指标评价体系,非财务类指标着重强调企业与政府间关系
张国英、杜静然	采用财务指标和非财务指标两类
中国财政科学研究院课题组	从国企改革进展层面和改革对社会经济影响层面建立评价指标体系
刘红玉	指出未来绩效考核模式的改革方向

资料来源:管斌、李开森:《国有企业经营者考核评价指标体系研究》,《江苏商论》2009 年第 4 期。赵尔军:《国企负责人经营业绩考核制度变迁及展望》,《财会通讯》2013 年第 25 期。张国英、杜静然:《基于分类监管视角的内蒙古国有企业绩效评价研究》,《知识经济》2017 年第 7 期。中国财政科学研究院《国有企业改革评价及国企改革指数》课题组、文宗瑜、谭静:《以"国有企业改革评价及国企改革指数"研究支持并推动国企改革持续深入》,《财政研究》2018 年第 2 期。刘红玉:《国企改革视角下绩效考核途径》,《现代经济信息》2019 年第 1 期。

通过阅读以上文献,发现在当前深化改革的大背景之下,国有企业高质量发展评价指标体系相似程度很高,几乎都是从企业效益、创新发展、商业发展、开放发展和可持续发展五个大的方面入手的,具体总结如表 5.2 所示。

表 5.2　国有企业高质量发展评价指标体系

项目	一级指标	二级指标
企业效益	发展能力指标	主营业务收入
		利润总额
		净资产增长率
	偿债能力指标	资产负债率
创新发展	创新投入	R&D 人员全时当量
		开展产学研合作的企业占全部企业的比重
		新产品开发经费与 R&D 经费的比值
	创新产出	专利申请数
		新产品开发项目数
		新产品销售收入
商业发展	产业链转移	产业链转移程度
	高端技术合作	高端技术合作取代低端产业转移
	工业互联网应用性	工业互联网应用程度
	可持续发展能力	单位工业生产值能耗下降量
	转型项目规划和实施	年内项目规划研究及开工建设数量
开放发展	外向国际化	国外销售额占销售总额比重
	内向国际化	国外采购额占采购总额比重
	国际贸易	出口交货值
可持续发展	耗能指标	企业万元产值耗土地、水、能源
	环保指标	废水、二氧化硫等排放强度

　　根据不同类型国有企业，主要从企业效益、创新发展、商业发展、开放发展以及可持续发展五个层面进行深入评价。每个层面的指标又不尽相同，但是创新发展是每个国有企业高质量发展所必须涉及的。因此本书对创新发展体系进行深入研究，并汇总了已有研究中有关创新发展的投入产出指标体系构建，具体指标如表 5.3 所示。

表 5.3　企业创新发展评价指标

学者	投入	产出
陈莹文等	R&D 人员折合全时当量、R&D 经费内部支出、新产品开发经费支出	中间产出：专利申请数、新产品开发项目数；最终产出：新产品销售收入、出口交货值
时鹏将等	R&D 全时人员当量、经费支出	科技论文数量、专利数量、技术市场成交额、高技术产品出口总额
范建平等	R&D 全时人员当量、经费支出	中间产出：发明专利申请授权数、国外收录科技论文数量；最终产出：人均 GDP、新产品销售收入、技术市场成交合同额
杨佳伟等	R&D 全时人员当量、经费内部支出、固定资产投资额	中间产出：专利申请数、发明专利数、新产品开发项目数；最终产出：新产品销售收入、出口交货值

资料来源：陈莹文、王美强、陈银银、耿建国：《基于改进两阶段 DEA 的中国高技术产业研发创新效率研究》，《软科学》2018 年第 9 期。时鹏将、许晓雯、蔡虹：《R&D 投入产出效率的 DEA 分析》，《科学学与科学技术管理》2004 年第 1 期。范建平、卫媛、吴美琴：《考虑中间变量产出时滞性的两阶段评价》，《计算机工程与应用》2018 年第 8 期。杨佳伟、王美强、李丹：《基于共享投入两阶段 DEA 模型的中国省际高技术产业研发创新效率评价》，《科技管理研究》2017 年第 3 期。

　　已有研究中也存在一些缺陷，不同学者对指标体系的构成的观点明显不一致，更多关注绩效考核定量指标，定性研究指标较少，在评价指标体系中，定量指标多以经济指标为主，如杨波将国有企业绩效考核定量指标只是在已有基础上进行局部调整，没有考虑到利用定性指标的实际作用。[1] 王娜等将绩效考核指标简单划分为经济绩效、环境绩效、社会绩效、管理绩效四个方面，存在指标重复使用、过程指

---

①　杨波：《国有企业高质量发展评价指标体系分析》，《会计之友》2019 年第 23 期。

标与结果指标的混淆等问题，会影响评价结果的准确性。[①]另外，个别学者在选取指标时，存在指标数据不统一、数据获取的准确性较低等问题。

基于上述有关国有企业高质量发展的文献研究综述，本书尝试重构国有企业高质量发展的评价指标体系，从投入、产出两个方面出发，拓宽评价数据来源渠道，从而构建出能够体现新时代国有企业差异化评价特色的高质量发展评价指标体系。

四、国有企业高质量发展评价指标体系指标构成

（一）高质量发展投入能力

国有企业高质量发展的投入能力主要体现为企业投入到各类活动中的资源，是企业高质量发展能力的重要组成部分。国有企业的高质量发展投入主要表现在人力投入和资金投入两个方面。

1. 从事 R&D 活动人员全时当量

从事 R&D 活动人员全时当量反映了国有企业开展高质量发展活动的强度，体现了国有企业高质量发展活动过程中的人力投入情况。该指标的大小在很大程度上直接影响到国有企业开展高质量活动的效率和质量。

2. R&D 经费支出

该指标主要反映了国有企业在研发创新方面的资金投入水平以及企业对 R&D 活动的重视程度，在一定程度上体现了企业开展高质量发展活动的能力。

---

① 王娜、王星洲：《基于 SPSS 因子分析和熵权分析的国有企业绩效评价指标体系研究：来自湖北省国有企业的实证》，《华北电力大学学报》（社会科学版）2015 年第 6 期。

3. 新产品开发经费以及技术改造支出

考虑到国有企业内部创新过程复杂，为了达到选取指标简明性原则，设置本指标加以考察，用来反映国有企业在技术改造方面投入的资金水平，用企业技术改造经费支出来加以衡量。

4. 新产品开发经费占主营业务收入比重

新产品的开发代表着企业的未来，新产品开发经费占主营业务收入的比重能够反映新产品开发是否对于国有企业来说是必要的，以及是否要继续对此类产品进行投入。

5. 专项技术改造经费

考虑到国有企业在技术成果市场化过程中存在专项的技术改造经费，因此，在商业转化中，将技术改造经费作为此阶段的专有投入，保证企业高质量发展效率评估投入端的完整性。

（二）高质量发展产出能力

高质量发展产出能力体现了国有企业各生产要素之间是否相互匹配，是对国有企业高质量发展能力最为直观的评价指标，国有企业高质量发展产出能力可以从创新成果带来的经济效益角度分析。

1. 有效发明专利

有效发明专利数能反映国有企业高质量发展产出成果中专利成果的质量。一般情况下，国有企业拥有的有效发明专利越多，在一定程度上标志着企业的高质量发展产出能力越强。

2. 专利申请数

本书用该指标来反映国有企业高质量发展产出成果中专利成果的数量。一般情况下，企业在一定期限内专利申请数量的多少可以反映该企业在该时期内的高质量发展产出能力。

3. 拥有注册商标数

注册商标是国有企业在生产活动过程中的重要产出成果之一，在企业生产活动过程中，其拥有的注册商标数量也能在一定程度上反映企业的高质量发展产出能力。

4. 新产品销售收入

新产品销售收入反映了国有企业中新产品的经济效益。新产品销售收入的多少很大程度上能反映企业的高质量发展活动能够取得怎样的成效，其销售收入与市场表现之间有着密切的联系，较好的新产品市场表现能提高企业所获得的收益，进而刺激企业增加投入。而获得了大量资金支持的高质量发展活动将更容易取得成功，形成良性循环。

5. 新产品开发项目数

企业开发新产品能够获得利润、扩大品牌知名度以及吸引消费和投资，该指标能够反映国有企业开发新产品的能力，在一定程度上反映了企业高质量发展的产出能力。

第三节 国有企业高质量发展的影响因素和评价方法

一、国有企业高质量发展的影响因素

新发展理念为高质量发展确定了方向，通过阅读已有文献，可以将五大发展理念进行细分，具体结果如图5.6所示。

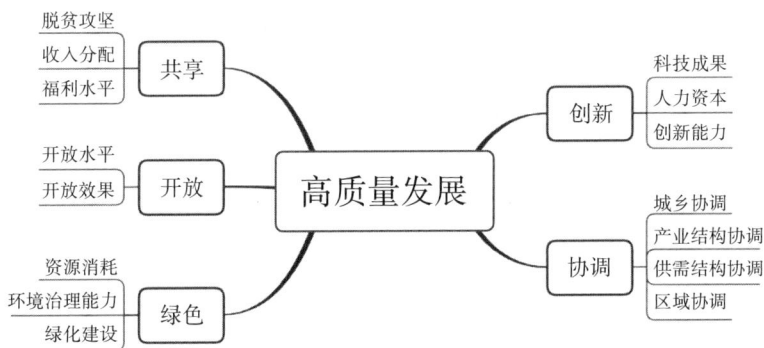

图 5.6　新发展理念的细分

这五大发展理念是影响国有企业高质量发展的主要因素。

（一）创新是推动国有企业高质量发展的关键

习近平总书记指出，创新是引领发展的第一动力，是建设现代化经济体系的战略支撑。对国有企业来说，从多视角分析，创新既可以是技术创新帮助企业获取新的产品，也可以是通过解决供求失衡、结构冗余等问题吸引有效投资，或者是提高商品科技水平实现向中高端转型，建立出口优势。[①] 在高质量发展阶段，生产结构相比于过去有了较大的变化，而原有的规范生产结构的框架没有改变。虽然一开始这种新旧搭配能够产生效益优化，但随着时间的推移，这种不合理的搭配最终会到达瓶颈期，产生的效益最后只能在一段很小的区间内变动，这就是经济发展中的"瓶颈期"。

进入新时代，国家大力倡导国有企业高质量发展，国有企业只有通过高质量发展才能解决经济的发展问题。只有借助强劲的创新动力，

---

① 王海燕、郑秀梅：《创新驱动发展的理论基础、内涵与评价》，《中国软科学》2017 年第 1 期。

才能改变已有框架，使已有框架与新的生产结构相适应，直到出现一个新的搭配。既有创新带来的变革会从国有企业中的某个部分传递至整个企业，通过作用于以物质资本和人力资本的形式载体，冲击激励效应和优势效果的形成和推广，在行为主体的综合判断和系统耦合度的充分匹配下，成为重塑经济发展动能的普化决策。因此，选择适宜的创新机制不仅能让国有企业得到持续性的发展，更能使国有企业发展规范化，避免经济"锁定"以及发展瓶颈，以实现特定经济质量加速演化的路径生成。

（二）协调既是发展手段，又是发展目标

国有企业高质量发展的基础是平衡发展。协调平衡发展的根本目的是化解经济体内部以及各方行为主体之间由于认知、诉求、利益等碰撞产生的冲突和矛盾。这些冲突和矛盾在经济体内部主要表现为城乡发展不均衡、区域之间出现两极化现象，社会中的贫富差距，人与自然未能和谐相处，在对外方面则主要反映于国内发展与国际经济环境之间的关系权衡。国有企业只有保持内外的有效平衡，并在高质量发展理念的基础上推动绿色发展、协调发展以及创新发展等，企业内部的产业结构、产品性能、平台服务要依从国家供给侧改革的趋势，资源配置和利用上要遵守国家生态文明法规。①

（三）开放合作、共享硕果是实现高质量发展的重要保障

习近平总书记强调，各国要顺应时代潮流，坚持开放共赢，勇于变革创新，努力推动经济全球化，对外要采取包容开放的策略，努力承担中国作为一个世界大国的责任与义务。在社会变革行为和理性监

---

① 肖勇：《企业高质量发展的关键是增强内生动力》，《企业文明》2020 年第 1 期。

督下，国际化发展的市场网络和全新的组织形式建立并形成，低质量发展水平的国家在向较高质量的发展水平过渡中难免会出现体制结构不协调的现象，但市场经济、商品经济在新社会的体制下会逐步完成兼容效果。

在新时代高质量发展阶段，中国企业要进一步扩大对外交流，主动迎接经济全球化，共享企业先进的科学技术。在开放合作的过程中可能会遇到新问题，可以借鉴国际上一些成熟的管理模式和经验方法，同时分析周边地区的具体情况并选择适合的发展模式，实现多方利益最大化。[①] 国有企业开放发展成为企业高质量发展中的一个重要环节，对内对外都要加强企业联动性，更要积极参与全球经济治理和高质量公共产品供给，提高制度性话语权。坚持开放、包容、普惠、平衡、共赢的方向发展的新理念。

二、国有企业高质量发展评价方法

目前，已有文献对于企业发展效率的评价主要采用层次分析法（Analytic Hierarchy Process，AHP）、因子分析法以及数据包络分析法（Data Envelopment Analysis，DEA）。

在用数据包络分析法做研究方面，张满银利用 DEA-Malmquist 方法研究了 2010—2015 年京津冀各地级市区企业的创新效率，用生产效率、技术效率变动指数（无论是"纯"技术效率变动指数还是规模效率变动指数）两个指标分析了地区企业的发展情况。[②] 高霞利用

---

① 全毅：《中国对外开放与跨境经济合作区发展策略》，《亚太经济》2013 年第 5 期。
② 张满银、张丹：《京津冀区域规模以上工业企业创新效率研究》，《统计与决策》2019年第 24 期。

DEA-Tobit 模型，将企业分为 37 个行业，分别对每个行业的高质量发展效率进行了分析和评价，并探究了影响行业创新效率的因素。[①] 王义新和孔锐基于价值链视角对我国规模以上工业企业科技创新效率进行评价时，采用了 DEA 方法，结果表明：科技创新过程中，投入并非越多越好，更为重要的是根据行业特点合理配置资源。[②]

陈霞飞（Xiafei Chen）等介绍了一个从创新价值链模型扩展出来的概念模型，以同时估算中国 29 个省级地区的高科技产业的研发和商业化效率。为了适应现实，构建了一个包含共享输入和附加中间输入的网络 DEA，以打开单级 DEA 中使用的决策单元的"黑匣子"。该项研究是将研发与商业化联系起来的首次尝试，实证结果表明，尽管中国高科技产业存在地区差异，但与研发子流程相比，在 29 个地区中大多数商品化子流程的效率较低。[③] 费扎巴迪·雷扎（Feizabadi Reza）等从比较的角度讨论了之前两种模型的优点和缺点，提出了一个等效的系统。[④] 张斌（Bin Zhang）等采用罗素多功能网络 DEA 模型，将整体创新过程分为上游研发（R & D）过程和下游商业化过程，以评估 2009 年至 2013 年中国高科技产业的创新绩效。[⑤]

[①]　高霞：《规模以上工业企业技术创新效率的行业分析》，《软科学》2013 年第 11 期。

[②]　王义新、孔锐：《价值链视角下规模以上工业企业科技创新效率及关键影响因素研究——基于 DEA—Tobit 两阶段模型》，《科技管理研究》2019 年第 3 期。

[③]　Xiafei Chen, Zhiying Liu, Qingyuan Zhu, "Reprint of 'Performance Evaluation of China's High-Tech Innovation Process :Analysis Based on the Innovation Value Chain'", *Technovation*, No.6-7, 2020.

[④]　Reza Feizabadi, Mehri Bagherian, Sedighe Moghadam Shahmoradi, "Issues on DEA Network Models of Färe & Grosskopf and Kao", *Computers & Industrial Engineering*, No.2, 2019.

[⑤]　Bin Zhang, Yuan Luo, Yung-Ho Chiu, "Efficiency Evaluation of China's High-Tech Industry with A Multi-Activity Network Data Envelopment Analysis Approach", *Socio-Economic Planning Sciences*, No.6, 2019.

就已有研究来看，现有的文献虽然大多对于国有企业高质量发展的内容以及逻辑框架进行了较为全面的介绍，但由于国有企业高质量发展牵涉的变量较多，各指标之间可能相互影响，这就使创新能力的评价变成了一个系统性问题。因子分析法虽然对于企业技术效率影响分析和创新效率研究具有明显的优势，但在实际情况中，国有企业高质量发展是一个多投入多产出的问题，而因子分析方法不适用于解决多投入多产出的问题，因此本书使用 DEA 方法来进行接下来的研究。

由于传统 DEA 方法往往是单结构的，忽略了决策单元（Decision Making Units, DMU）内部活动，它将整个创新系统看作一个"黑箱"，没有深入分析 DMU 内部活动，模拟情景往往不符合实际情况。网络结构的引入可以使数据包络分析更深入，研究决策因子的内部过程。因此，使用网络结构数据包络模型更符合实际情况，得到的结果也更准确。

基于此，本章采用网络结构数据包络分析的方法来进行之后的研究，建立国有企业高质量发展评价模型。只有评价结果客观准确，根据评价结果提出的改进建议才会对国有企业高质量发展能力的提高产生积极影响。

三、国有企业高质量发展运作机理

利用 DEA 方法进行效率评价的主要依据是每个决策单元的投入产出数据，因此合理的样本以及投入产出指标的选取对测算结果的好坏有着很大的影响，由此看来，建立科学合理的评价指标体系成为 DEA 效率评价的前提。

　　现有研究中，大多将高质量发展的主体，即决策单元视为一个只有多种投入和多种产出的"黑箱"，通过单阶段模型对高质量发展效率进行测算，但这种假设忽略了经济发展主体的内部运转过程。根据当前国有企业的发展模式，本书构建了合理的经济发展系统网络结构来描述经济发展过程中的内在成分与运作机理，如图5.7所示。

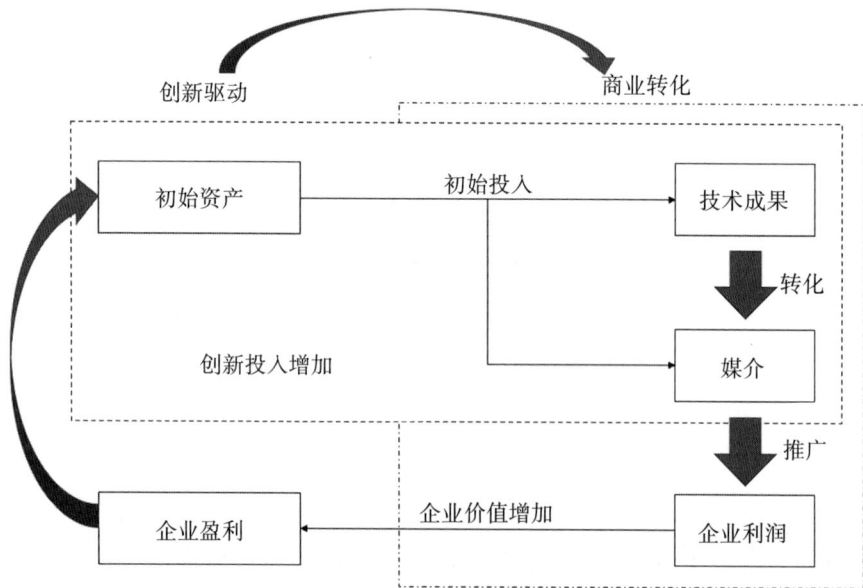

图5.7　国有企业高质量发展机理

　　创新驱动企业经济高质量发展，因此创新活动是以维持或者加速经济发展为目的的有机整体的最基本的社会活动，也是人类社会赖以生存与发展的基础。而商业转换就是基于一定的生产技术通过对各种资源的消耗或转化，生产出企业商业活动所需要的产品。高质量发展不单要求企业以盈利为目标，而且要实现产品经济效益最大化。具体而言，企业能否实现高质量发展在于企业能否通过最少的投入获取最多的产出。这与数据包络分析的思想相吻合，下文将就借助 DEA 方法从国有高技术企业入手进行高质量发展实证分析。

第四节　国有高技术企业高质量发展实证分析

经济高质量发展离不开高技术企业，高技术企业是推动经济高质量发展的重要主体组成部分。由于高技术企业主要负责技术创新，用当代尖端技术生产高技术产品的产业群。因此高技术企业对其他领域的渗透能力极强。

目前国有高技术企业参与创新研发的数量越来越多，从事研发人员数量在 2016 年开始出现下降。这和 2016 年提出的国有企业高质量发展要求相符，通过调整企业内部结构，对企业人员进行精减，保障企业可持续发展。除此之外，国有高技术企业新产品销售收入从 2012

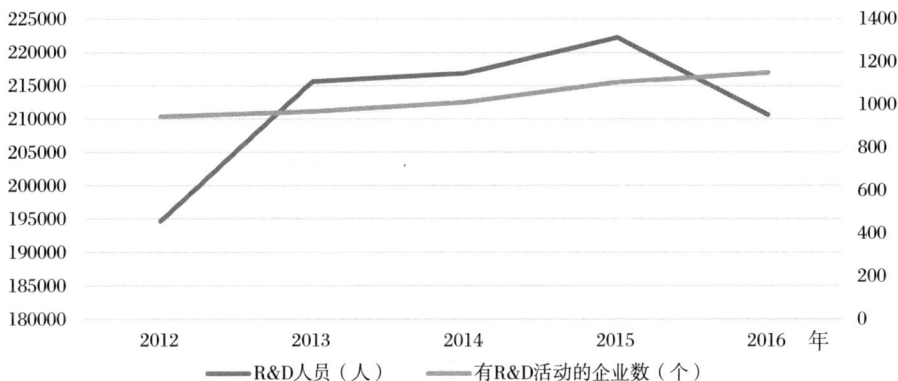

图 5.8　国有高技术企业 R&D 相关指标

资料来源：《中国高技术产业统计年鉴（2013—2017）》。

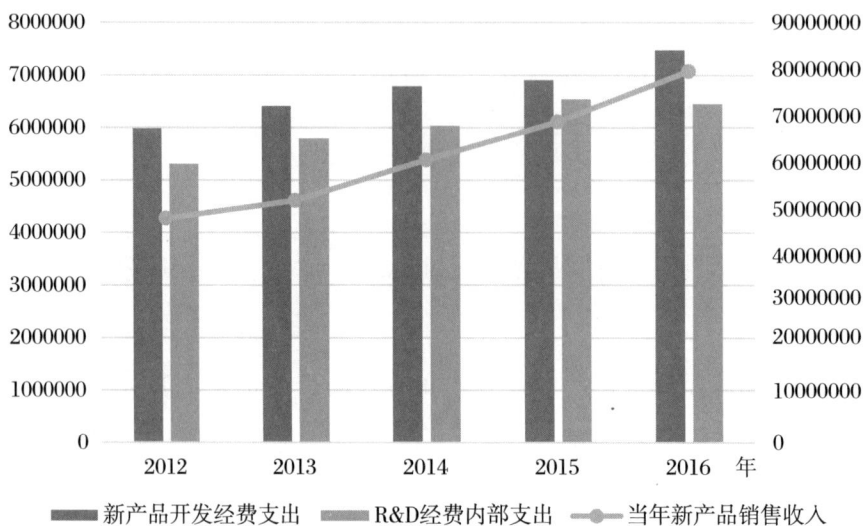

图 5.9　国有高技术企业收入支出相关指标

资料来源：《中国高技术产业统计年鉴（2013—2017）》。

年开始也是在逐年增加，到 2016 年已经接近 8 万亿元，而 R&D 经费以及新产品开发支出仅有销售收入的十分之一。这种高效的经济效益转化正是国有企业高质量发展所追求的。所以说选择高技术企业来做国有企业高质量发展的实证分析是有意义的。

一、国有高技术企业高质量发展模型构建

国有高技术企业高质量发展是一个复杂的系统工程。和其他国有企业相比，国有高技术企业尤其需要创新驱动，创新是当前引领国有高技术企业高质量发展的重要动力。企业通过进行科学研究、试验与开发得到技术以及新产品产出，同时注重商业模式设计，进一步通过商业化让技术成果转化的经济效益最大化，用得到的经济收益再助推企业下一年的发展，实现经济发展的可持续，从而达到高质量循环发

展。因此，各地区国有高技术企业高质量发展水平测度过程可以分为两个阶段，一个是创新过程阶段，一个是商业转化阶段。第一阶段可以看作是创新成果提供者的生产过程，第二阶段可以看作是创新成果产生经济效益的阶段，如图 5.10 所示。

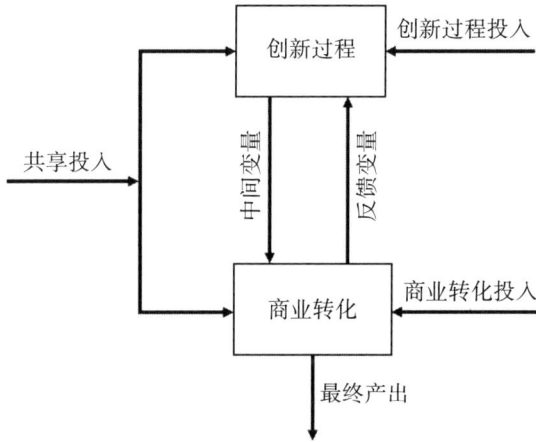

图 5.10　国有高技术企业高质量发展网络结构

根据第二节中的相关研究，考虑到所选指标的可获得性和全面性，选取如下指标用于研究中。

在创新过程的投入指标选取方面，将 R&D 全时人员当量和 R&D 经费内部支出作为初始投入。在企业的发展过程中，会存在部分新产品销售收入用作来年的研发经费，这部分销售收入将会作为反馈结转加入到本年的创新过程中，作为新产品开发经费支出同时补充到初始投入中。

考虑到初始指标应该贯穿整个高质量发展过程，因此将初始投入设置为两个阶段的共享投入。引入 R&D 企业数作为创新过程的独有投入指标。将新产品开发数量、有效专利数量作为创新过程的产出。

商业转化过程中，除了将剩余部分的初始投入作为下一阶段的投入外，考虑到在企业中存在技术成果市场化过程中存在专项的技术改造经费，将技术改造经费作为这一阶段的独有投入。选取新产品销售收入以及出口交货值作为此阶段的产出即整体创新阶段的最终产出，以体现企业创新所带来的经济效益。

在模型的逻辑结构方面，与传统网络结构数据包络模型不同的地方是，除了每个阶段所独有的投入以外，其余初始投入，例如 R&D 人员、R&D 经费以及新产品开发支出都是模型根据约束条件，按照最优比例分配到每个阶段作为子阶段的投入。假设 $x_{i_1 j}$（$i_1 \in U_1$）表示仅供第一阶段使用的资源，共享投入 $x_{i_2 j}$（$i_2 \in U_1$）表示被两个阶段共享的资源，且 $U_1 \cup U_2 = \{1,2,3,\cdots,m\}$。如果令共享投入 $X_{i_2 j}$（$i_2 \in U_2$）分配到第一阶段的投入为 $\alpha_{i_2} x_{i_2 j}$（$0 < \alpha_{i_2} < 1$），则其余分配到第二阶段的投入量为（$1 - \alpha_{i_2}$）$x_{i_2 j}$（$0 < \alpha_{i_2} < 1$）。

假设有 n 个决策单元（Decision Making Units, DMU），每个决策单元 DMU_j（$j=1,2,3,\cdots,n$）拥有 M 项初始投入 x_{ij}（$i=1,2,3,\cdots,M$），其中 $x_{i_1 j}$ 表示仅供第一阶段使用的资源，$x_{i_2 j}$ 与 $x_{i_3 j}$ 分别表示共享投入与反馈变量，$x_{i_4 j}$ 表示仅供第二阶段使用的资源，z_{kj} 表示中间变量，y_{rj} 表示最终产出。将超效率（Super-efficiency）引入数据包络模型之中，系统的整体效率模型如公式（5.1）所示。其中 ε 是阿基米德无穷小量，为了防止权重出现负值或者 0 而影响实验结果。

$$E_O = \max \frac{\sum\limits_{k=1}^{K} \eta_k z_{ko} + \sum\limits_{r=1}^{R} u_r y_{ro}}{\sum\limits_{i=1}^{M} v_i x_{io} + \sum\limits_{k=1}^{K} \eta_k z_{ko} - \sum\limits_{i_3 \in I_3} \beta_{i_3 j} v_{i_3} x_{i_3 j}}$$

$$\text{s.t.} \quad \frac{\sum\limits_{k=1}^{K} \eta_k z_{ko}}{\sum\limits_{i_1 \in I_1} v_{i_1} x_{i_1 j} + \sum\limits_{i_2 \in I_2} \alpha_{i_2 j} v_{i_2} x_{i_2 j} + \sum\limits_{i_3 \in I_3} (1 - \beta_{i_3 j}) v_{i_3} x_{i_3 j}} \leq 1, \quad j = 1, 2, \cdots, n, j \neq o$$

$$\frac{\sum\limits_{r=1}^{R} u_r y_{rj}}{\sum\limits_{i_4 \in I_4} v_{i_4} x_{i_4 j} + \sum\limits_{i_2 \in I_2} (1 - \alpha_{i_2 j}) v_{i_2} x_{i_2 j} + \sum\limits_{k=1}^{K} \eta_k z_{ko}} \leq 1, \quad j = 1, 2, \cdots, n, j \neq o \quad (5.1)$$

$$0 \leq \alpha_{i_2 j} \leq 1, 0 \leq \beta_{i_3 j} \leq 1, \quad j = 1, 2, \cdots, n$$

$$v_i, v_{i_1}, v_{i_2}, \eta_k, \beta_{i_3}, u_r \geq \varepsilon, \ i_1 \in I_1, i_2 \in I_2, i_3 \in I_3, I_1, I_2, I_3 \in I$$

模型（5.1）为非线性形式，需要将其转换为模型（5.2）所示的线性形式。

$$E_o = \max \sum\limits_{k=1}^{K} \eta_k z_{ko} + \sum\limits_{r=1}^{R} u_r y_{ro}$$

$$\text{s.t.} \sum\limits_{i=1}^{M} v_i x_{io} + \sum\limits_{k=1}^{K} \eta_k z_{ko} - \sum\limits_{i_3 \in I_3} W_{i_3} x_{i_3 o} = 1$$

$$\sum\limits_{k=1}^{K} \eta_k z_{ko} \leq \sum\limits_{i_1 \in I_1} v_{i_1} x_{i_1 j} + \sum\limits_{i_2 \in I_2} V_{i_2} x_{i_2 j} + \sum\limits_{i_3 \in I_3} v_{i_3} x_{i_3 j} - \sum\limits_{i_3 \in I_3} W_{i_3} x_{i_3 j}, \quad j = 1, 2, \cdots, n, j \neq o$$

$$\sum\limits_{r=1}^{R} u_r y_{rj} \leq \sum\limits_{i_4 \in I_4} v_{i_4} x_{i_4 j} + \sum\limits_{i_2 \in I_2} v_{i_2} x_{i_2 j} - \sum\limits_{i_2 \in I_2} V_{i_2} x_{i_2 j} + \sum\limits_{k=1}^{K} \eta_k z_{ko}, \quad j = 1, 2, \cdots, n, j \neq o \quad (5.2)$$

$$W_{i_3} \leq v_{i_3}, \quad V_{i_2} \leq v_{i_2}$$

$$v_i, v_{i_1}, v_{i_2}, \eta_k, V_{i_2}, W_{i_3}, u_r \geq \varepsilon, \ i_1 \in I_1, i_2 \in I_2, i_3 \in I_3, I_1, I_2, I_3 \in I$$

为了保证网络结构 DEA 方法的准确性和合理性，一般要求决策单元的数量不少于投入和产出指标数量之和的两倍。本书是对28个省、自治区、直辖市的创新能力的研究，且有 10 个指标变量参与到本书中，因而符合该规则。

此外考虑到数据的可获取性，本书暂不涉及青海、宁夏、西藏、中国台湾、中国香港和中国澳门的国有高技术企业高质量发展效率。为保障结果的合理性，其数据已从数据集中剔除，最终选取我国28个省、自治区、直辖市2013—2017年的数据进行实证分析。本节内容所涉及数据均来自《中国高技术产业统计年鉴》以及《中国科技统计年鉴》。

二、国有高技术企业高质量发展效率评价及分析

根据所提出的国有高技术企业高质量发展模型，将所搜集的相关数据带入公式（5.2）中，运用Lingo11软件进行数据运算，得到28个省、自治区、直辖市2013—2017年的整体效率，得到的具体结果如表5.4所示。

表5.4　2013—2017年28个省、自治区、直辖市国有高技术企业高质量发展整体效率

地区	2013	2014	2015	2016	2017	平均值
北　京	1.734	1.058	0.668	0.625	0.958	1.009
天　津	1.808	0.711	0.459	0.535	0.718	0.846
河　北	0.913	0.692	0.503	0.507	0.381	0.599
山　西	0.986	2.243	2.324	1.101	1.143	1.559
内 蒙 古	1.100	0.607	1.077	1.082	1.012	0.975
辽　宁	0.817	0.730	0.820	0.942	0.539	0.770
吉　林	0.598	2.601	0.681	0.608	0.609	1.019
黑龙江	0.620	0.654	0.655	0.579	0.526	0.607
上　海	0.754	1.330	0.541	0.557	2.133	1.063
江　苏	1.368	1.230	1.000	0.687	0.588	0.975
浙　江	0.834	0.973	1.531	0.812	0.408	0.911
安　徽	1.565	1.154	1.488	1.145	0.453	1.161
福　建	0.550	0.662	0.679	0.582	0.438	0.582

地区	2013	2014	2015	2016	2017	平均值
江　西	0.761	0.764	1.472	2.748	0.477	1.244
山　东	1.282	1.026	0.932	1.150	0.421	0.962
河　南	0.543	0.571	0.470	0.506	1.618	0.741
湖　北	0.698	0.539	0.531	0.584	0.458	0.562
湖　南	0.507	0.592	0.476	0.413	0.415	0.480
广　东	1.135	1.699	1.030	1.148	0.616	1.126
广　西	0.718	0.540	0.945	0.945	1.066	0.843
海　南	0.532	0.506	0.710	2.101	0.652	0.900
重　庆	0.823	0.683	0.865	1.036	1.192	0.920
四　川	0.890	0.970	0.980	0.702	0.564	0.821
贵　州	0.532	0.582	0.535	0.546	0.445	0.528
云　南	0.740	0.747	0.775	0.530	0.595	0.677
陕　西	0.523	0.564	0.411	0.470	0.497	0.493
甘　肃	0.390	0.482	0.455	0.438	1.652	0.683
新　疆	0.679	0.394	0.478	0.501	0.810	0.572
平均值	0.871	0.904	0.839	0.842	0.764	0.844
方差	0.143	0.274	0.187	0.267	0.194	0.066

通过获得的效率结果，本书将从区域和省域两个视角具体分析在评价期间内，我国 28 个省、自治区、直辖市的国有高技术企业高质量发展效率的实证结果。

（一）从区域视角分析数据

从区域视角分析所得数据，首先将 28 个省、自治区、直辖市划分成为八个经济板块，如表 5.5 所示。为了调查这些板块的国有高技术企业高质量发展情况，从八个经济地理区域的国有高技术企业高质量发展的平均效率值入手进行分析。

表 5.5　中国大陆按经济划分的八个区域

北部沿海地区	东部沿海地区	南部沿海地区	东北地区
北京	上海	福建	辽宁
天津	江苏	广东	吉林
河北	浙江	海南	黑龙江
山东			
西南地区	西北地区	中部黄河流域	中部长江流域
广西	新疆	陕西	安徽
重庆	甘肃	内蒙古	湖北
四川		河南	湖南
贵州		山西	江西
云南			

按照表 5.5 对全国 28 个省、自治区、直辖市进行划分整理，得到的相关数据合集如表 5.6 所示。

表 5.6　2013—2017 年国有高技术企业分区域高质量发展效率

区域	2013	2014	2015	2016	2017	平均值
北部沿海地区	1.434	0.872	0.641	0.704	0.620	0.854
东部沿海地区	0.985	1.178	1.024	0.685	1.043	0.983
南部沿海地区	0.739	0.956	0.806	1.277	0.569	0.869
东北地区	0.679	1.328	0.718	0.710	0.558	0.799
西南地区	0.741	0.704	0.820	0.752	0.772	0.758
西北地区	0.534	0.438	0.466	0.469	1.231	0.628
中部黄河流域	0.788	0.996	1.070	0.790	1.067	0.942
中部长江流域	0.883	0.762	0.992	1.222	0.451	0.862
平均值	0.848	0.904	0.817	0.826	0.789	0.837
方差	0.065	0.068	0.038	0.068	0.073	0.011

　　表 5.6 展示了国有高技术企业分区域高质量发展效率值情况。为了方便分析，再将所有数据转换为如图 5.11 所示。根据图 5.11 可以看出，沿海地区以及中部黄河流域和中部长江流域效率值较高。这与这些地区的船舶运输方式有较大的关联，船舶运输是我国目前出口商品的主要方式，因此相对于内陆地区，出口量的增加对于商业化效率有积极影响，从而促进企业发展。相反西北地区的平均总效率最低。

　　综合来看，国有高技术企业高质量发展水平较高的区域都集中在东南一带，而中西部地区发展能力相对薄弱。实际上，通过表 5.4 也能看出，在研究期内，一些省份如陕西、甘肃等效率相对较低，这些地区的国有高技术企业未能充分实现高质量发展，而且大多数发展效率较低的省份所在的经济区域内的其他省份发展效率也较低。因此，可以推断东北地区、西南地区以及西北地区整体效率低是所在区域创新效率较低。

　　从区域发展趋势角度来看，内陆地区和其他地区国有高技术企业高质量发展水平存在差距。从表 5.5 可以看出，最初几年发展效率区域差异较小，但近年来有所增加，发展效率主要呈现出沿海 > 西南 > 东北 > 西北的特征。发展变化最大的两个区域就是东部沿海地区以及南部沿海地区。其中东部发展效率呈"几"字形波动变化，南部发展效率呈倒"W"型波动变化，其他区域效率变化相对平缓。

　　这些结果与政策变化关系较大，往往东部和南部沿海地区是最先实施国家新政策的地方，2012 年提出创新驱动发展战略，2016 年提出国有企业高质量发展，这一系列的政策措施，都使得当年的企业发展受到了影响，并且因为东部和南部沿海是国家改革的试验区，政策变化对于当地企业发展影响较大，因此这两个地区波动相较于其他地区更大。

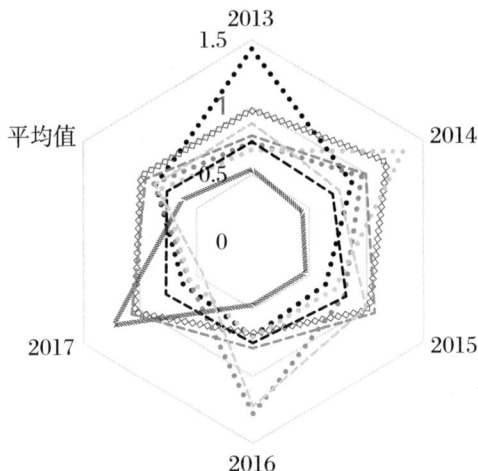

图 5.11　2013—2017 年国有高技术企业分区域高质量发展效率值

（二）从省域视角分析数据

表 5.4 列出了国内 28 个省、自治区、直辖市高技术产业在 2013—2017 年五年的省域高质量发展效率得分情况。从表 5.4 中的数据可以看出，2014 年国有高技术企业省域平均效率得分最高，也是唯一一年达到了 0.9 ；而其他年份平均效率相近，其中 2017 年的平均效率得分最低，为 0.764。

为便于对各省、自治区、直辖市高技术企业五年间的高质量发展效率得分和排名情况进行更直观的比较和分析，本书通过图 5.12 展示了各省、自治区、直辖市高技术产业 2013—2017 年间的高质量发展效率得分情况。

总的来说，省份之间的发展差异依然存在。2013 年的整体发展差异最低，其中北京的效率值最高，达到了 1.7。其次是 2017 年以及 2015 年，这两年重庆以及山西国有高技术企业发展势头较为强劲。五年间，山西每年的发展效率都大于全国平均值。北京与福建 2017 年的投入产出数据相比，二者 2017 年的 R&D 人员经费以及新产品开发支出十分接近，而北京的 R&D 人员全时当量以及 R&D 企业数只占福建的 2/3，但北京有效专利发明数以及新产品销售收入均是福建的 2 倍，这种资源配置差异也时导致省份之间发展差异的原因之一。

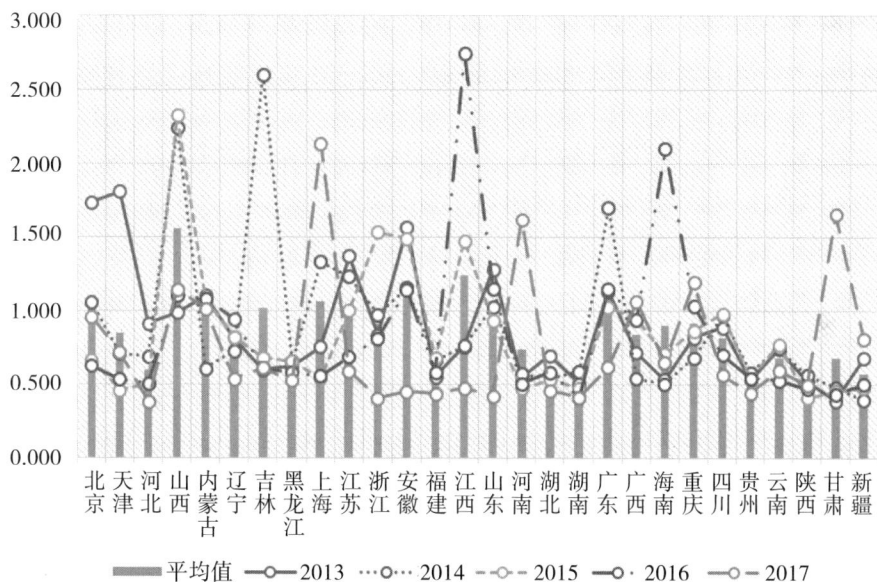

图 5.12　2013—2017 年省域国有高技术企业高质量发展效率值

从图 5.12 中可以看出，广东和山西两个省份五年间高质量发展一直维持一个较高水平。而重庆和上海效率有明显提升，特别是重庆，2014 年的效率为 0.683，2017 年的效率得分提高到 1.192，高质量发展水平得到显著提升。从投入产出数据分析来看，与 2016 年相比，天津 2017 年的 R&D 经费是 2016 年的 25 倍，新产品开发支出是 16 年的 35 倍。虽然高质量发展水平低于北京、上海，但发展相对平稳，或许能成为未来高质量发展中的黑马。海南等省份的高技术企业的投入水平相较其他省市要低，产出整体数量也要低于其他区域，但其相对效率有着明显上升趋势。

从图 5.12 中可以看出，广东、上海以及北京的平均发展效率较高。从现实背景方面来看这三个省份是我国重点发展对象，政策优势显著。广东作为我国最早进行改革开放的地区，发展高技术企业政策环境良好。上海一直是国家经济中心，一直是政策落实的最前沿。虽然 2015、2016 年的高质量发展效率不高，但随着上海自身优势的显现，再加上教育资源的充分利用，之后几年预计将会发展迅速。北京近几年来大力扶持高技术企业，稳步推进供给侧改革方针，"三去一降一补"政策缓解了企业发展压力。

除此之外，甘肃、云南以及新疆等地的发展水平较低，主要还是投入较少或投入产出失衡等问题所导致。显然，经济水平有待提升的省，其效率值也较低，这表明国有高技术企业高质量效率同经济发展水平存在一定关联性。表 5.4 中有 14 个省份发展效率值低于平均水平，说明省域之间高质量发展水平差异较大，存在两极化现象。

三、国有高技术企业发展建议

借助网络结构数据包络模型，构建省域国有高技术企业高质量发展能力评价过程。以中国大陆地区 28 个省、自治区、直辖市为研究对象，测算省域国有高技术企业高质量发展能力水平。通过原始数据以及测算结果来看。国有高技术企业研发活动的规模虽然逐年增加，但28个省、自治区、直辖市的高技术企业在研发投资和生产方面存在很大差异，各省域之间高质量发展水平存在较大差异。低效率省域的共同特征是投入产出不够均衡。因此有必要根据所在地区的具体情况，提供相应的政策与意见。基于本书的结论以及分析，对于国有高技术企业高质量发展提出如下建议：

首先，国有高技术企业要增强高质量发展意识。从全国整体来看，增强商业化意识是十分必要的。国有企业要抓住国内这个大的市场，借助经济发展优势逐步布局海外。充分运用国家级平台对现有产品进行销售出口，提升企业商业化能力。而对于发展相对落后的企业来说，应该根据自身优势，取长补短，实现从量变到质变。同时根据表5.5所划归的经济区域，经济区域内的省份应该互相学习，取长补短。区域内的高效率省份向其他省份传授经验，以达到区域内的总体效率提升，实现共赢。

其次，政府向高技术企业提供更好的优惠政策。政府应该建立区域之间交流平台，增强创新研究意识。闭门造车是行不通的，必须解放思想，开阔视野。低效率地区可以主动向经济结构或者发展相似的高效率地区学习发展经验。例如天津和广东，发展水平以及经济结构都处于同一水平，天津可以组织相关管理人员向广东学习高质量发展的先进经验，弥补自身发展短板。

除此之外，政府可以帮助企业与高等院校和科研单位搭建产学研共享平台，促进科研成果尽快向实用商品转化。还可以帮助产学研跨省域联盟，实现科研成果转化率、高校资源利用率以及企业效能提升率的共赢。同时引进高素质人才，制定有关引进高素质人才的优惠政策，将高素质人才引入低水平地区，促进本区域高技术企业高质量发展。此外还可以通过政府组织的集中培训，增强省域创新驱动高质量发展意识。

政府创造环境，企业创造财富。营造协同发展的良好生态，切实帮助高技术企业解决发展中的困难和问题。政府可以为国有高技术企业的发展在人才、资金、技改拓展以及转产转型等方面提供更好的优惠政策。

国有企业的做强做优对高质量发展极为重要。在新时代，加强国有企业对我国经济高质量发展的引领作用，必须以习近平新时代中国特色社会主义思想为指导，进一步深化改革创新，为经济社会持续健康发展作出新的更大贡献。要贯彻落实新发展理念，坚决摒弃与高质量发展不相符的思路和做法，始终把服务经济社会发展、提高经济效益作为国有企业投资决策的首要标准，始终坚持以提高国有企业发展质量和效益为中心这一原则。

要把科技创新摆在推动国有企业高质量发展的突出位置。高质量发展阶段，国有企业对科技成果和知识资源的要求越来越强，知识是企业保持竞争优势的必要经济资源，成为组织构建核心竞争力的主要来源。紧紧抓住科技创新这个"牛鼻子"，加大科技创新投入力度和人才队伍建设力度，更好地发挥科技创新对实现国有企业高质量发展的支撑作用。持续引领行业技术进步。牢牢把握新一轮科技革命和产业变革机遇，集中攻关掌握一批关键核心技术和具有核心竞争力的前沿技术，抢占引领未来发展的科技制高点。

第六章　高质量发展目标下的资源分配问题

第一节　高质量发展的要求：效率和公平的统一

一、效率与公平的相关概念

效率属于经济学范畴，最早由意大利社会学家、经济学家帕累托提出，也称帕累托效率，该定义从资源分配角度出发，认为资源的分配在从一种状态变化到另一种状态，不存在不使任何人变坏的情况下至少有一人变得更好这种情形。效率也可以从生产力角度出发，体现为各经济体通过各种手段改进生产技术，提高劳动生产率，进一步以此提高市场竞争力，扩大市场份额，获取更多利润。两种角度下的效率定义本质上互相补充，资源分配角度下的效率，假设是在一定的技术水平下，而生产力角度下的效率，假设是在一定配置的资源情况下，因此想要提高效率，就可以从资源的分配角度出发提升资源配置的合理程度，或者从生产力角度出发，提升已有的技术水平条件。

公平具有多维度的含义，不同角度对应不同的概念，主要有以下几种：一是权利公平，权利公平意味着承认并保证社会主体的生存、发展权是平等的，不因家庭背景、种族、性别和所占有的资本等因素而受到影响和限制。二是机会公平，一般指发展机会的公平，即在社会发展过程中，同样的机会被社会毫无偏袒地提供给所有人，只受到个人自主活动能力和努力程度的影响。三是规则公平，规则公平是制度化和形式化的体现，要求在规则面前，社会主体都应遵守而不应该出现凌驾于规则之上的特权群体，并且在规则面前，社会主体一律平等。四是分配公平，分配公平亦称结果公平，指社会资源、正当利益、社会保障的分配应相对公平，分配是否公平不取决于分配是否存在差距，而取决于分配的差距是否合法合理。

二、效率与公平关系的政策发展

改革开放以来，我国对效率与公平的关系问题进行了一系列的探索实践，不同历史时期针对效率与公平关系的政策存在较为显著的差异，效率与公平的关系随着我国国情的不断变化也经历了广泛而深刻的历史变迁，对我国社会经济的发展产生了深远影响。

第一个阶段是打破对平均主义的传统认识，将效率放在主要地位（1978—1992 年）。改革开放以前，党和政府已经充分认识到计划经济时期的平均主义存在分配权力过于集中、劳动者缺乏生产积极性、生产效率低下等诸多弊端，在一定程度上牺牲了效率，导致发展较为缓慢。随着 1978 年党的十一届三中全会召开，党和政府决心改变当前的状况，作出以经济建设为工作重心的重大决策。1982 年党的十二大提出"鼓励劳动者个体经济在国家规定的范围内和工商行政管理下适当发展""只有多种经济形式的合理配置和发展，才能繁荣城乡经济""近几年在农村建立的多种形式的生产责任制，进一步解放了生产力，必须长期坚持下去"等主张。1987 年党的十三大提出"实行以按劳分配为主体的多种分配方式和正确的分配政策"。这些主张和论断都体现了效率原则在经济发展过程中的重要导向作用。

第二个阶段是强调效率优先兼顾公平（1992—2007 年），随着经济的快速发展，人们的收入增长了，但收入差距也进一步拉大了，主要体现在城乡间的收入差距、地区间的收入差距，另外非公有制经济的发展较快，出现了部分人的收入并非通过诚实劳动、合法经营获取而是通过灰色渠道获得的非法收入这种现象，损害了社会的公平正义，加剧了社会的不稳定性。为了避免经济的高速增长所带来的社会不稳定，1992 年党的十四大提出要兼顾效率与公平，既要促进效率，又要防止两极分化。2002 年党的十六大进一步深化收入分配制度改革，确定了非劳动要素按贡献参与分配的制度，该制度强调在初次分配时注重效率，在再次分配时注重公平。可以看到，这些政策已经开始注重公平问题，政府的目标在于在提高效率的同时解决好收入分配差距的问题。

第三个阶段是初次分配和再分配都要兼顾效率和公平，再分配更加注重公平（2007—2017 年）。随着两极分化现象的不断加深，社会问题的不断凸显，社会主义的公平问题得到了进一步的关注。2007 年党的十七大提出要提高居民收入在国民收入分配中的比重，提高劳动报酬在初次分配中的比重，强调"初次分配和再分配都要处理好效率与公平的关系，再分配更加注重公平"，与党的十六大提法相比，这次提法增加了初次分配的公平内容，强化了公平在初次分配中的重要性。2012 年党的十八大报告明确表明"初次分配和再分配都要兼顾效率和公平，再分配更加注重公平"，进一步加强了公平在初次分配中的地位，阐明了公平与效率的关系。

第四个阶段是效率与公平的辩证统一（2017年至今）。党的十九大报告明确"坚持在经济增长的同时实现居民收入同步增长、在劳动生产率提高的同时实现劳动报酬同步提高"，其核心内涵在于将效率和公平原则融入到收入分配的各个环节，使初次分配在强调效率的同时更加考虑公平、再次分配在强调公平的同时更加考虑效率。同时党的十九大提出我国经济已转向高质量发展阶段，高质量发展的实质在于公平与经济效率相统一的可持续发展。①

第二节　资源优化配置是高质量发展可持续性的保障

一、资源配置与高质量发展的关系

经过四十多年的改革开放历程，我国经济实现了跨越式发展，这在人类经济发展史上是史无前例的。党的十九大报告指出我国的经济发展阶段已经转向高质量发展阶段，并对高质量发展提出了一系列要求，同时《中共中央关于制定国民经济和社会发展第十四个五年规划和二〇三五年远景目标的建议》中也明确提出"十四五"时期要以推动高质量发展为主题，进一步明确了往后的发展方向，表明高质量发展将是今后相当长一段时期内的主旋律。

如何实现并保持高质量发展，从哪些角度出发实现高质量发展学界目前尚无统一的观点，目前关于高质量发展的研究集中于对高质量发展内涵的阐述及以此为基础的高质量发展水平测度，明确高质量发展的内涵对后续有针对性地实现并保持高质量发展有积极的

---

① 庞庆明、郭佳：《经济公平与经济效率相统一的高质量发展探讨》，《南海学刊》2019年第3期。

导向作用。

师博等将高质量发展近似为经济增长质量，从经济增长的基本面和社会成果两方面出发对高质量发展水平进行衡量并提出建议。[①] 在后续的研究中，师博等在此基础上增加了生态成果维度，以更加全面的评价体系来对高质量发展的内涵进行研究。[②] 史丹等以新发展理念为基础来评价高质量发展。[③] 李金昌等认为高质量发展包括经济活力、创新效率、绿色发展、人民生活、社会和谐五个方面。[④] 聂长飞等将高质量发展概括为产品服务质量、经济效益、社会效益、生态效益以及经济运行状态五个方面。[⑤] 黄庆华等从高质量发展的特征出发，构建了高质量发展的五个维度：经济发展、创新驱动、生态文明、社会民生和基础设施。[⑥] 马茹等将高质量发展的内涵阐述为高质量供给、高质量需求、发展效率、经济运行和对外开放五个层面。[⑦]

总体而言，高质量发展可以概括为一种更有效率、更加公平、更可持续发展的发展方式。[⑧] 无论是效率、公平还是可持续发展，都离不开生产要素在各个环节的分配，可以说资源的优化配置是高质量发

---

①　师博、任保平：《中国省际经济高质量发展的测度与分析》，《经济问题》2018 年第 4 期。

②　师博、张冰瑶：《全国地级以上城市经济高质量发展测度与分析》，《社会科学研究》2019 年第 3 期。

③　史丹、李鹏：《我国经济高质量发展测度与国际比较》，《东南学术》2019 年第 5 期。

④　李金昌、史龙梅、徐蔼婷：《高质量发展评价指标体系探讨》，《统计研究》2019 年第 1 期。

⑤　聂长飞、简新华：《中国高质量发展的测度及省际现状的分析比较》，《数量经济技术经济研究》2020 年第 2 期。

⑥　黄庆华、时培豪、刘晗：《区域经济高质量发展测度研究：重庆例证》，《重庆社会科学》2019 年第 9 期。

⑦　马茹、罗晖、王宏伟、王铁成：《中国区域经济高质量发展评价指标体系及测度研究》，《中国软科学》2019 年第 7 期。

⑧　袁晓玲、李彩娟、李朝鹏：《中国经济高质量发展研究现状、困惑与展望》，《西安交通大学学报》（社会科学版）2019 年第 6 期。

展的动力源泉，①是影响高质量发展的重要因素之一。

二、资源配置机制的历史变迁

资源配置指的是生产要素在市场或者政府的作用下，在不同经济主体之间的重新分配。1978 年党的十一届三中全会召开，会议提出将党的工作中心转移到经济建设上来，开始重视经济规律并以此来指导实践。1992 年党的十四大提出在国家的宏观调控下，要使市场在资源配置中起到基础性作用。1997 年党的十五大提出进一步发挥市场在资源配置过程中的基础性作用。2002 年党的十六大提出要在更大程度上发挥市场在资源配置过程中的基础性作用。2007 年党的十七大提出在制度上更好发挥市场在资源配置过程中的基础性作用。

在改革开放的前 20 多年中，我国初步建立了社会主义市场经济体制，但也出现了不少问题，比如：市场秩序规范性不足；不正当手段谋取利益的现象较为广泛；生产要素市场没能得到充分的发展，存在要素被闲置和需求难以被满足等现象；市场竞争不足，存在保护主义等。为了进一步定位和理顺政府和市场的关系，2013 年党的十一届三中全会指出在深化经济体制改革中，要使市场发挥在资源配置中的决定性作用，确定了市场在资源配置中的地位，同时也指明了政府的地位，即在市场失灵与宏观领域起主导作用。

三、资源优化配置的重要作用

资源优化配置的着眼点在于"优化"，通过优化带来资源的高效

---

①　袁俊：《推动高质量发展重在提高资源配置效率》，《经济日报》2019 年第 15 期。

率使用。就企业而言，企业是一种市场主体，从事经营生产活动的目标在于利润最大化，而实现利润最大化的途径在于控制产品的个别劳动时间，使其低于社会必要劳动时间，即商品的个别价值比社会价值低。

从获利的角度来看，提高劳动生产率、降低产品个别价值的途径之一就是企业对各类生产要素进行合理地使用和安排，使得资源得到高效利用，从而在一定程度上实现产品个别价值的降低，当个别价值低于社会价值时，就能够通过低于其他企业却又不至于亏损的价格在市场上获得竞争力，易获得较高的收入。相反，对于劳动生产率较低的企业，产品的个别价值较高，往往高于社会价值，可能要以低于个别价值的价格才能在市场上流通，与其他生产率较高的企业相比竞争力不强，易获得较低的收入或者蚀本。因此企业在市场机制的作用下，会主动积极地想方设法提高劳动生产率、增强自身的竞争力从而获得收益，而资源的优化配置就是提高劳动生产率的一种有效途径，最终促进社会生产力的发展。

就政府而言，宏观领域的资源优化配置有助于稳定国家和社会。对于欠发达地区，基础设施建设等社会福利性项目在市场机制下，各类生产要素往往不愿流入该地区，导致强者越强、弱者越弱的马太效应，增加了地区收入差距，导致两极分化现象的出现，此时政府的资源优化配置在宏观层面弥补了市场调节的弊端，通过收入再分配、社会保障性政策等转移支付手段，引导社会资源进入欠发达地区，吸引生产要素的流入，促进地区的发展，以发展带动资源的良性循环配置，促进社会的公平正义。同时对于公共资源的优化配置不能交由市场来决定，涉及水资源、土地资源、森林资源、气候资源等自然资源，市场的配置往往遵循效率原则，难以兼顾到公平，发展任务的实施和市场失灵的克服都需要政府调配公共资源来进行，对公共资源的优化配置有助于保障全体人民平等的权利，满足人民在公平、环境等方面日益增长的需求。

四、资源优化配置的几点建议

（一）优化区域资源配置

当前我国的区域发展不平衡，比较突出的就是中西部地区和东部地区的发展分化较为明显，中西部地区由于地理环境、产业基础、体制机制等原因导致了其发展较为落后，东部地区在城镇化、市场化、工业化方面大幅领先于中西部地区，且有一定的发展差距。应循序渐进地推进资源配置均等化，营造区域公平竞争环境，将市场规则不断公平化、开放化、透明化，将营商环境不断法治化，进一步推进西部大开发、中部崛起、东北振兴等战略。同时推动区域发展融合，打破区域分割和地方保护，以区域间的协同发展促进资源优化配置，通过协同发展充分发挥地区的比较优势，实现互补发展。

（二）优化产业资源配置

新形势下，我国现有产业体系面临诸多挑战，存在着有效供给不足、创新驱动力不足、抗风险能力不强等问题。资源在产业结构的配置对于产业结构的优化升级具有重要的作用，应不断完善现有的资源调控与协调机制，针对部分还未建立资源调控与协调机制的产业，应加快推进建设相关机制，打破资源流动瓶颈，消除资源在产业间流动的阻碍，为主导产业和重大产业引入优质资源，通过资源的优化配置构建完整的主导产业链和重大产业链，进一步优化和完善产业结构；对于经济区域内的主导产业和重大产业，政府应发挥自身的调控功能，将分散的资源集中起来为主导产业和重大产业提供资源支持，不仅能有效利用闲散资源，更能进一步提高资源利用率。

（三）完善自然生态资源产权制度

习近平总书记指出"绿水青山就是金山银山"，随着绿色发展的不断推进，自然生态要素逐渐成为与土地、能源同样重要的生产要素。建立产权明晰的自然生态资源产权制度是发挥自然资源转换成金山银山的关键条件，也是借助市场机制实现生态资源的增值性和流转性的重要举措。生态产品和服务具有公共属性，政府具有管理和规范生态环境市场的天然优势，基于市场的资源配置机制对于生态建设这类投资大、周期长、风险大的项目难以有充分的动力，因此需要政府提供政策、制度的支撑，在生态环境建设领域发挥主导作用，利用自然生态资源的合理配置进一步发挥政府的主体功能，为人民群众营造良好的生态环境。

第三节　经济高质量发展的碳排放减额分配策略

一、碳排放减额分配的研究现状

目前关于碳排放减额分配的研究主要分为三类，一类是基于效率视角的碳排放减额分配，一类是基于公平视角的碳排放减额分配，还有一类是基于多角度视角的碳排放减额分配。

（一）效率视角

在基于效率视角的研究中，李小胜等以国家整体效率最大化为目标，利用集中分配模型对中国30个省、自治区、直辖市的碳排放初始额度进行了分配，测算结果显示，效率低的省份分配到的碳排放额小于实际碳排放，应该减少排放，而效率高的省份分配到的碳排放额高于实际碳排放，可以增加碳排放。[①] 李泽坤等基于效率原则采用 ZSG-DEA 模型对浙江省各市在 2030 年的碳排放配额进行了测算。[②] 苗壮等结合"十二五"时期的碳强度约束指标，使用 ZSG 环境生产技术模型在效率层面对省级碳强度约束指标进行分配，结果表明部分省区需要降低碳排放强度的幅度超过国家平均标准。[③] 郭文等将零和博弈思想与 SBM 模型相结合，构建了 ZSG-SBM 模型对"十三五"规划中的减排目标进行了省际层面的分解，结果表明，分配方案使得各省、自治区、直辖市的碳排放效率达到了效率前沿。[④]

郭茹等考察了国内六大行业的碳排放效率，采用 ZSG-DEA 模型重新分配了六大行业的碳排放配额，分配结果使得六大行业的碳排放效率基本达到了统一有效边界。[⑤] 傅京燕等在考虑地区间人口和经济差异性的基础上，构建了零和 DEA 模型对各地区的碳排放权进行分配，并通过回归分析找到影响碳排放效率的两个关键因素为能源强度和经济发展水平。[⑥] 潘伟等将全国平均碳排放效率最大化作为决策目标，构建基于固定资源分配的 DEA 模型，实现了在碳排放总量一定

　　① 李小胜、宋马林：《"十二五"时期中国碳排放额度分配评估——基于效率视角的比较分析》，《中国工业经济》2015 年第 9 期。
　　② 李泽坤、任丽燕、马仁锋、刘永强、姚丹：《基于效率视角的浙江省 2030 年碳排放配额分析》，《生态科学》2020 年第 3 期。
　　③ 苗壮、周鹏、李向民：《我国"十二·五"时期省级碳强度约束指标的效率分配——基于 ZSG 环境生产技术的研究》，《经济管理》2012 年第 9 期。
　　④ 郭文、刘小峰、吴孝灵：《中国"十三五"时期省际碳减排目标的效率分配》，《中国人口·资源与环境》2017 年第 5 期。
　　⑤ 郭茹、吕爽、曹晓静、王信：《基于 ZSG—DEA 模型的中国六大行业碳减排分配效率研究》，《生态经济》2020 年第 1 期。
　　⑥ 傅京燕、黄芬：《中国碳交易市场 CO_2 排放权地区间分配效率研究》，《中国人口·资源与环境》2016 年第 2 期。

的情况下将其分配到 30 个省、自治区、直辖市。[①] 上述研究的指标体系见表 6.1，可以看到关于碳排放的分配指标体系中，主要有资本、劳动力、能源、GDP、碳排放量五个变量，碳排放量或作为非期望产出处理或作为投入处理，总体而言，指标体系的指标数量较少。

表 6.1 基于效率的减排指标体系

文献	指标体系
李小胜等	投入：资本、劳动力、能源；期望产出：国内生产总值；非期望产出：二氧化碳排放
李泽坤等	投入：碳排放总量；产出：人口、GDP、能源消耗量
苗壮等	投入：能源消耗量、人口数量、资本存量；产出：国内生产总值、碳排放量
郭文等	投入：劳动力、资本存量、能源消耗量；产出：国内生产总值、二氧化碳排放量
郭茹等	投入：二氧化碳排放量；产出：能源消耗量、GDP
傅京燕等	投入：碳排放权；产出：人口、GDP
潘伟等	投入：资本、劳动力、能源消耗、碳排放；产出：GDP

资料来源：李小胜、宋马林：《"十二五"时期中国碳排放额度分配评估——基于效率视角的比较分析》，《中国工业经济》2015 年第 9 期。李泽坤、任丽燕、马仁锋等：《基于效率视角的浙江省 2030 年碳排放配额分析》，《生态科学》2020 年第 3 期。苗壮、周鹏和李向民：《我国"十二·五"时期省级碳强度约束指标的效率分配——基于 ZSG 环境生产技术的研究》，《经济管理》2012 年第 9 期。郭文、刘小峰和吴孝灵：《中国"十三五"时期省际碳减排目标的效率分配》，《中国人口·资源与环境》2017 年第 5 期。郭茹、吕爽、曹晓静等：《基于 ZSG—DEA 模型的中国六大行业碳减排分配效率研究》，《生态经济》2020 年第 1 期。傅京燕、黄芬：《中国碳交易市场 CO_2 排放权地区间分配效率研究》，《中国人口·资源与环境》2016 年第 2 期。潘伟、潘武林：《基于能源效率的中国省际碳排放权分配研究》，《软科学》2018 年第 6 期。

[①] 潘伟、潘武林：《基于能源效率的中国省际碳排放权分配研究》，《软科学》2018 年第 6 期。

（二）公平视角

在基于公平视角的研究中，刘晓认为公平性是碳排放权分配的总原则，并以实现区域公平发展为目标，对前瞻性原则、GDP原则、人口原则、GDP—人口原则、支付能力原则5种不同原则下的碳排放权分配方案进行了测算对比分析，得出前瞻性原则更适合区域经济发展的结论。[①] 宋德勇等考察了碳排放分配的不公平问题，计算了1978—2010年的碳排放数据，并以此为基础以人均历史累积碳排放为分配原则，将估算出的2020年全国碳排放总量在省际之间进行分配，最后根据结果给出了相关的政策性建议。[②] 杨超等主张建立公平的碳排放分配方案，选取了等人均、等产出、等空间、历史排放、地区碳汇五个分配原则计算了单一原则下的碳排放分配方案和多原则综合下的分配方案，结果表明：单分配原则下历史排放原则最能体现公平，多分配原则下各省、自治区、直辖市具有较大的减排潜力。[③]

吴静等针对区域间碳排放额权额分配的公平性问题，分别研究了在世袭制原则、平等主义原则和支付能力原则下的碳排放额分配，结果表明，世袭制原则下排放权赤字和排放权盈余的省、自治区、直辖市数量差距较大，平等主义原则下排放权赤字和排放权盈余的省、自治区、直辖市数量接近1∶1，支付能力原则下分配结果接近平等主义原则，但空间布局更为合理，由此得出支付能力原则更适合我国碳排

① 刘晓：《基于公平与发展的中国省区碳排放配额分配研究》，《系统工程》2016年第2期。
② 宋德勇、刘习平：《中国省际碳排放空间分配研究》，《中国人口·资源与环境》2013年第5期。
③ 杨超、吴立军、李江风、黄天能：《公平视角下中国地区碳排放权分配研究》，《资源科学》2019年第10期。

放权额分配的结论。[①]李全生等从公平角度出发，依据人均碳排放原则，对 2020 年省域碳排放额进行了分配，并提出区域间的碳强度减排机制和碳减排合作机制两种机制来促进区域间的均衡发展。[②]

宋杰鲲等分别根据世袭制原则、平等主义原则、支付能力原则对 2020 年省域间的碳排放配额进行了分配，通过对三种原则的赋权求和，得到综合公平原则下的省域碳排放配额，有效解决了单一分配原则下分配方案差距过大的问题。[③]蒋惠琴等从人均碳排放权、历史责任、当期责任、减排成本、经济发展水平五个公平性原则出发，提出了影响碳排权初始配额的多个因素，通过构建多影响因素分配模型实现碳排放权初始配额的分配。[④]上述研究的指标体系见表 6.2，可以看到基于公平性原则分配的碳排放指标都以具体的公平性原则进行分配。

表 6.2 基于公平的减排指标体系

文献	指标体系
刘晓	前瞻性原则、GDP 原则、人口原则、GDP—人口原则、支付能力原则
宋德勇等	碳排放分配的不公平问题
杨超等	等人均、等产出、历史排放、等空间、地区碳汇
吴静等	世袭制原则、平等主义原则、支付能力原则
李全生等	人均碳排放原则

① 吴静、马晓哲、王铮：《我国省市自治区碳排放权配额研究》，《第四纪研究》2010 年第 3 期。
② 李全生、郁璇：《我国省级区域的人均碳排放研究》，《西安电子科技大学学报》（社会科学版）2013 年第 2 期。
③ 宋杰鲲、牛丹平、曹子建、张凯新：《中国省域碳排放测算及配额分配》，《技术经济》2016 年第 11 期。
④ 蒋惠琴、邵鑫潇、鲍健强：《我国省域间碳排放权初始配额分配的公平性研究》，《浙江工业大学学报》（社会科学版）2017 年第 2 期。

续表

文献	指标体系
宋杰鲲等	世袭制原则、平等主义原则、支付能力原则
蒋惠琴等	人均碳排放权、历史责任、当期责任、减排成本、经济发展水平

资料来源：刘晓：《基于公平与发展的中国省区碳排放配额分配研究》，《系统工程》2016年第2期。宋德勇、刘习平：《中国省际碳排放空间分配研究》，《中国人口资源与环境》2013年第5期。杨超、吴立军、李江风等：《公平视角下中国地区碳排放权分配研究》，《资源科学》2019年第10期。吴静、马晓哲和王铮：《我国省市自治区碳排放权配额研究》，《第四纪研究》2010年第3期。李全生、郁璇：《我国省级区域的人均碳排放研究》《西安电子科技大学学报》（社会科学版）2013年第2期。宋杰鲲、牛丹平、曹子建等：《中国省域碳排放测算及配额分配》，《技术经济》2016年第11期。蒋惠琴、邵鑫潇和鲍健强：《我国省域间碳排放权初始配额分配的公平性研究》，《浙江工业大学学报》（社会科学版）2017年第2期。

（三）多角度视角

在基于多角度视角的研究中，孔相宜等构建了兼顾效率与公平的 DEA-CEA 模型，以2017年的数据为基础，将计算得到的碳排放分配方案与各地区的实际碳排放进行对比，研究表明该分配方案的减排成本较低，更有利于经济的均衡发展。[①] 王倩等认为公平与效率的混合分配机制更加符合中国国情现状，通过非方向性距离函数先测算各省、自治区、直辖市减排潜力，进而确定分配原则，结果表明兼顾公平与效率的分配原则不仅提高了碳排放效率而且缩小了区域差异。[②] 冯晨鹏等提出了两阶段碳排放分配方案，一阶段用数据包络分析方案

[①]　孔相宜、侯明：《基于 DEA—CEA 方法的碳排放分配效率的实证分析》，《统计与决策》2019年第8期。

[②]　王倩、高翠云：《公平和效率维度下中国省际碳权分配原则分析》，《中国人口·资源与环境》2016年第7期。

提出基于效率的分配方案，二阶段用破产分配方法构建了局部补偿方案提高了分配方案的公平性，研究结果表明该方案优化了区域间的碳排放效率。[①]

王荞等从公平与效率角度出发，通过预测得到 DMU 未来的技术增长率来构建未来的生产前沿面，并以此为基础提出了具有 9 个硬性目标约束、3 个软性目标的兼顾公平与效率的资源分配 DEA 模型，可以通过调整参数值得到适用于各种情况下的兼顾公平与效率的分配方案。[②]李建豹等构建零和收益 DEA 模型对江浙沪地区的碳排放配额进行了分配，采用比例消解策略优化了分配方案，以基尼系数衡量了分配方案的公平性，结果表明分配方案提高了碳排放效率，基本兼顾了效率与公平。[③]董捷等以公平分配指数、经济效率指数、生态承载指数为基础构建了 IFCAM 效率分配模型，得到了武汉城市圈 35 个县（区）的基于公平与效率的碳排放空间分配，结果表明尽管分配方案的公平性有所提高，但牺牲了碳排放效率。[④]

王文举等考虑公平与效率原则，公平原则方面，以历史排放和省际转移为具体分配原则得到分配方案；效率原则方面，构建了基于区域间分配博弈的零和 DEA 模型并得到分配方案，最后以熵值法将公平原则下的分配方案与效率原则下的分配方案耦合形成最终的

①　冯晨鹏、尹绍婧、肖相泽、丁晶晶、梁樑：《浙江省区域碳排放权配额分配与补偿研究》，《系统工程学报》2020 年第 5 期。

②　王荞、王应明：《基于未来效率的兼顾公平与效率的资源分配 DEA 模型研究——以各省碳排放额分配为例》，《中国管理科学》2019 年第 5 期。

③　李建豹、黄贤金、揣小伟、孙树臣：《基于碳排放总量和强度约束的碳排放配额分配研究》，《干旱区资源与环境》2020 年第 12 期。

④　董捷、魏旭华、陈恩：《土地利用碳排放地域差异下减排责任分摊研究——以武汉城市圈为例》，《长江流域资源与环境》2019 年第 4 期。

分配方案，结果表明，兼顾公平与效率的分配原则不仅能有效缓解区域发展的不平衡，还能实现减排成本的最小化。[①] 上述研究的指标体系见表 6.3，总体而言，公平性的原则并非体现在指标上而是体现在方法上。

表 6.3　基于多角度的减排指标体系

文献	指标体系
孔相宜等	投入：资本、劳动力、能源、碳排放量；产出：国民生产总值
王倩等	投入：资本、劳动力、能源；期望产出：地区生产总值；非期望产出：二氧化碳排放
冯晨鹏等	投入：从业人数、固定资产、能源消耗；期望产出：GDP；非期望产出：碳排放量
王荧等	投入：劳动、能源、资本；非期望产出：废水排放总量、固体废弃物总量、碳排放总量；期望产出：GDP
李建豹等	投入：二氧化碳排放；产出：国内生产总值、常住人口、能源消费
董捷等	投入：年末人口数、土地面积、固定资产投资、二氧化碳配额；产出：地区生产总值
王文举等	投入：资本、人力、能源；期望产出：GDP；非期望产出：二氧化碳排放

资料来源：孔相宜、侯明：《基于 DEA—CEA 方法的碳排放分配效率的实证分析》，《统计与决策》2019 年第 8 期。王倩、高翠云：《公平和效率维度下中国省际碳权分配原则分析》，《中国人口资源与环境》2016 年第 7 期。冯晨鹏、尹绍婧、肖相泽等：《浙江省区域碳排放权配额分配与补偿研究》，《系统工程学报》2020 年第 5 期。王荧、王应明：《基于未来效率的兼顾公平与效率的资源分配 DEA 模型研究——以各省碳排放额分配为例》，《中国管理科学》2019 年第 5 期。李建豹、黄贤金、揣小伟等：《基于碳排放总量和强度约束的碳排放配额分配研究》，《干旱区资源与环境》2020 年第 12 期。董捷、魏旭华和陈恩：《土地利用碳排放地域差异下减排责任分摊研究——以武汉城市圈为例》，《长江流域资源与环境》2019 年第 4 期。王文举、陈真玲：《中国省级区域初始碳配额分配方案研究——基于责任与目标、公平与效率的视角》，《管理世界》2019 年第 3 期。

---

① 王文举、陈真玲：《中国省级区域初始碳配额分配方案研究——基于责任与目标、公平与效率的视角》，《管理世界》2019 年第 3 期。

其实，碳排放减额分配的问题和固定成本分摊有一定的相似之处，都是要在考虑公平和效率的前提下把固定的投入分配给各决策单元，而关于固定成本分摊的问题，已经有相当多的学者进行了深入的研究，因此可以借鉴固定成本分摊的思想。关于固定成本分摊，朱卫未等人在两阶段模型的基础上考虑了固定成本的分摊问题，将固定成本作为一组决策单元在两阶段共享的额外投入因素，为获得一个公平的成本分配方案，朱卫未等人根据现实中不同的目标提出了三个方案，能够给出较为合理的成本分摊方案。[①]

二、高质量发展对碳排放减额分配的要求

（一）公平性原则

高质量发展的目标之一在于解决区域间发展不平衡的问题，区域间发展的不平衡由历史、地理位置等原因造成。碳排放的减额分配尤其应该注意的是对于欠发达地区不应该分配到相对而言较多的减排量，原因在于欠发达地区本身的经济发展水平较为落后，经济转型、产业结构调整等减排的具体措施需要投入较多的资源，而地区生产总值的提高也需要投入较多的资源，欠发达地区本身所拥有的禀赋资源是有限的，分配到过多的减排量将严重影响到自身的正常发展，导致在经济发展过程中进一步落后于其他地区。因此碳排放的减额分配应考虑地区间的差异性，以一种更加公平的方式分配碳排放量，做到既不影响自身发展，也能够游刃有余地进行减排。

---

① W. Zhu，Zhang Q.，Wang H.，"Fixed Costs and Shared Resources Allocation in Two-Stage Network DEA"，*Annals of Operations Research*，No.1-2，2019.

（二）效率性原则

作为高质量的发展，其本身对资源配置有一定的要求，效率是其不可分割的内涵因素。碳排放权的分配影响到地区的碳排放效率，地区的碳排放效率是一种生产效率，即输入一定量的投入得到相应的产出，产出包括期望产出和非期望产出，而二氧化碳就是非期望产出的其中一种，碳排放权分配得越合理，碳排放效率越高，即能以较少的投入得到较多期望产出和较少的非期望产出，分配得到的碳排放权即为目标的碳排放量，对地区的减排政策有一定的指导作用。

（三）可持续性发展原则

可持续性发展作为高质量发展的重要内容，是实现高质量发展的必由之路。在对碳排放减额分配过程中，在以碳排放效率为主、公平性为辅的分配体系中，可持续性发展的相关体现应存在在碳排放效率中。通过在碳排放效率的指标体系中融入可持续性发展指标，显示可持续性发展在碳排放减额分配中的作用，可持续性发展指标数据的优劣将直接影响到碳排放效率，而碳排放效率的优劣将进一步影响到碳排放额的分配，通过层层递进的影响将可持续性发展的要求融入到碳排放减额分配策略中去具有重要的意义。

第四节　省域碳减排分配方案

一、二氧化碳测算的研究现状

二氧化碳的排放量并没有直接可以获取的数据，需要通过一系列公式测算得到，目前国内外对于二氧化碳排放量的计算方式主要有以下几种：

张月君等使用的碳排放量计算公式：

$$CO_2 = \sum_{s=1}^{7} \frac{C_s}{E_s} \times E_s \times \frac{44}{12} = \sum_{s=1}^{7} F_s \times E_s \times \frac{44}{12} ①\qquad（6.1）$$

$s=1,2,3,\cdots,7$ 代表了 7 种能源种类：煤、焦炭、汽油、煤油、柴油、燃料油和天然气，C_s 代表了第 s 种能源的碳排放量，E_s 代表了第 s 种能源的消耗量，F_s 代表了第 s 种能源的排放强度，F_s 取值为 0.7559、0.8550、0.5538、0.5714、0.5921、0.6185、0.4483 吨二氧化碳吨标煤，44/12 表示从碳转换为二氧化碳的转化系数。

周忠宝等使用的碳排放量计算公式：

$$CO_2 = \sum_{i=1}^{n} CO_{2,i} = \sum_{i=1}^{n} E_i \times NCV_i \times CEF_i \times (44/12) ②\qquad（6.2）$$

E_i 代表燃料 i 的消耗量，NCV_i 代表燃料 i 的平均热量值，CEF_i 代表燃料 i 的每卡路里碳含量，NCV_i 和 CEF_i 可以从 IPCC（联合国政府间气候变化专门委员会）处获取，44/12 表示从碳转换为二氧化碳的转化系数。

李小胜等使用的碳排放量计算公式：

$$CO_2 = \sum_{i=1}^{n} CO_{2i} = \sum_{i=1}^{n} E_i \times CF_i \times CC_i \times COF_i \times (44/12) ③\qquad（6.3）$$

E_i 代表燃料 i 的消耗量，CF_i 表示第 i 种能源的平均发热量，CC_i 表示第 i 种能源的单位发热量的含碳量，COF_i 表示第 i 种能源的氧化水平，44/12 表示从碳转换为二氧化碳的转化系数。

---

① Y. Zhang, Hao J., "Carbon Emission Quota Allocation among China's Industrial Sectors Based on the Equity and Efficiency Principles", *Annals of Operations Research*, No.1-2, 2016.

② Z. Zhou, Liu C., Zeng X., Jiang Y., Liu W., "Carbon Emission Performance Evaluation and Allocation in Chinese Cities", *Journal of Cleaner Production*, 2018.

③ 李小胜、安庆贤：《环境管制成本与环境全要素生产率研究》，《世界经济》2012 年第 12 期。

吴杰等使用的碳排放量计算公式：

$$CO_2 = \sum_{i=1}^{n} A_i \times CCF_i \times HE_i \times COF_i \times \frac{44}{12} \text{①} \qquad (6.4)$$

A_i 代表燃料 i 的消耗量，CCF_i 代表燃料 i 的碳含量因子，HE_i 代表燃料 i 的热当量，COF_i 代表燃料 i 的碳氧化因子，44/12 表示从碳转换为二氧化碳的转化系数，不同燃料的 CCF_i、HE_i、COF_i 见表6.4。

表 6.4　燃料对应系数

燃料	煤	汽油	煤油	柴油	燃料油	天然气
CCF	27.28	18.90	19.60	20.17	21.09	15.32
HE	192.140	448.000	447.500	433.300	401.900	0.384
COF（%）	92.30	98.00	98.60	98.20	98.50	99.00

李全生等使用的碳排放量计算公式：

$$CO_2 = \sum_{i=1}^{3} CO_{2i} = \sum_{i=1}^{3} E_i \times NHV_i \times CEF_i \times COF_i \times (44/12) \text{②} \qquad (6.5)$$

E_i 代表燃料 i 的消耗量，NHV_i 表示第 i 种燃料的净发热值，CEF_i 表示第 i 种燃料的碳排放系数，COF_i 表示第 i 种燃料的碳氧化因子。

宋德勇等使用的碳排放量计算公式：

$$C = \sum_i \frac{E_i}{E} \times \frac{C_i}{E_i} \times E = \sum_i S_i \times F_i \times E \text{③} \qquad (6.6)$$

C 表示碳排放量，E_i 表示第 i 种能源的消费量，E 表示中国一

① J. Wu，Zhu Q.，Liang L.，"CO₂ Emissions and Energy Intensity Reduction Allocation over Provincial Industrial Sectors in China"，*Applied Energy*，2016.

② 李全生、郁璇：《我国省级区域的人均碳排放研究》，《西安电子科技大学学报》（社会科学版）2013 年第 2 期。

③ 宋德勇、刘习平：《中国省际碳排放空间分配研究》，《中国人口·资源与环境》2013 年第 5 期。

次能源的消费总量，C_i 表示第 i 种能源消费的碳排放量，S_i 表示第 i 种能源在能源消费总量中占的份额，F_i 表示第 i 种能源的碳排放系数。

通过对比可以发现吴杰等提出的碳排放量计算公式具有较强的可操作性，相关能源的消费量可以从《中国能源统计年鉴》中获取，并提供了不同种类能源的相关系数，其他方法或存在数据不易获得的问题或存在计算较为粗糙的问题。

二、研究方法

参考朱卫未等的研究，采用 Context–Dependent DEA 方法的碳排放减额分配模型，该系列模型综合考虑了非期望产出的处理方式、碳排放效率的改进、碳排放减额分配的公平性，是一种兼顾公平与效率的分配方法，[①] 具体模型如下：

$$\overrightarrow{\mathrm{ND}}_{\mathrm{O}} = \sum_{i=1}^{m} w_{io}^{x} \phi_{io}^{x} + \sum_{r=1}^{s} w_{ro}^{y} \phi_{ro}^{y} + \sum_{k=1}^{d} w_{ko}^{z} \phi_{ko}^{z}$$

$$\sum_{j=1}^{n} (\lambda_j + \mu_j) x_{ij} \leqslant x_{io} - \phi_{io}^{x} x_{io}, i = 1, \cdots, m$$

$$\sum_{j=1}^{n} \lambda_j y_{rj} \geqslant y_{ro} + \phi_{ro}^{y} y_{ro}, r = 1, \cdots, s$$

$$\sum_{j=1}^{n} \lambda_j z_{kj} = z_{ko} - \phi_{ko}^{z} z_{ko}, k = 1, \cdots, d \qquad (6.7)$$

$$\sum_{j=1}^{n} (\lambda_j + \mu_j) = 1$$

$$\lambda_j, \mu_j \geqslant 0, j = 1, \cdots, n$$

① 朱卫未、缪子阳、淦贵生：《基于 Context–Dependent DEA 方法的碳排放减额分配策略》，《资源科学》2020 年第 11 期。

式（6.7）为非径向方向距离函数，$\overrightarrow{ND_o}$表示DMU_0的非径向方向距离函数值；w^x_{io}、w^y_{ro}、w^z_{ko}表示第i项投入、r项期望产出、k项非期望产出缩减程度的权重值，w^x_{io}皆取$1/3m$，w^y_{ro}皆取$1/3s$，w^z_{ko}皆取$1/3d$；ϕ^x_{io}、ϕ^y_{ro}、ϕ^z_{ko}表示DMU_0第i项投入、r项期望产出、k项非期望产出的缩减程度；λ_j和μ_j为考虑非期望产出后的生产可能集在线性变换后生成的第j个决策单元的权重变量；x_{io}、y_{ro}、z_{ko}分别表示DMU_0的第i项投入、r项期望产出、k项非期望产出。

$$E_o = \frac{(z_{CO_2 o} - \phi^{z*}_{CO_2 o} z_{CO_2 o}) / (y_{GDPo} + \phi^{y*}_{GDPo} y_{GDPo})}{z_{CO_2 o} / y_{GDPo}} = \frac{1 - \phi^{z*}_{CO_2 o}}{1 + \phi^{y*}_{GDPo}} \quad (6.8)$$

式（6.8）中，E_o表示碳排放效率；$z_{CO_2 o}$表示DMU_0的碳排放量；$\phi^{z*}_{CO_2 o}$表示式（6.7）求出的非期望产出最优缩减程度；y_{GDPo}表示DMU_0的生产总值；ϕ^{y*}_{GDPo}表示式（6.7）求出的期望产出最优缩减程度。

$$\max R = \sum_{h=1}^{n} \sum_{r=1}^{s} P_r y'_{rh}$$

$$\sum_{j=1}^{n} (\lambda_{jh} + \mu_{jh}) x_{ij} \le x'_{ih}, i = 1, \cdots, m; h = 1, \cdots, n$$

$$\sum_{j=1}^{n} \lambda_{jh} y_{rj} \ge y'_{rh}, r = 1, \cdots, s; h = 1, \cdots, n$$

$$\sum_{j=1}^{n} \lambda_{jh} z_{CO_2 j} \le z_{CO_2 h} - \phi^z_{CO_2 h} z_{CO_2 h}, h = 1, \cdots, n$$

$$\phi^z_{CO_2 h} \le \alpha^z_{CO_2 h}, h = 1, \cdots, n \quad (6.9)$$

$$\sum_{h=1}^{n} \phi^z_{CO_2 h} z_{CO_2 h} = B^z_{CO_2}$$

$$\sum_{j=1}^{n} (\lambda_{jh} + \mu_{jh}) = 1, h = 1, \cdots, n$$

$$x'_{ih} \ge 0, i = 1, \cdots, m; h = 1, \cdots, n$$

$$y'_{rh} \ge 0, r = 1, \cdots, s; h = 1, \cdots, n$$

$$\phi^z_{CO_2 h} \ge 0, h = 1, \cdots, n$$

$$\lambda_{jh}, \mu_{jh} \ge 0, j = 1, \cdots, n, h = 1, \cdots, n$$

式（6.9）中，R 表示总体收益；P_r 表示期望产出的价格，皆为 1；y'_{rh} 表示碳排放减额分配过后决策单元 DMU_h 第 r 项期望产出的目标值；λ_j 和 μ_j 为考虑非期望产出后的生产可能在线性变换后生成的第 j 个决策单元的权重变量；x_{ij} 表示碳排放减额分配前决策单元 DMU_j 的第 i 项投入；x'_{ih} 表示碳排放减额分配过后决策单元 DMU_j 的第 i 项目标投入；y_{rj} 表示碳排放减额分配前决策单元 DMU_j 的第 r 项期望产出；z_{CO_2j}、z_{CO_2h} 表示碳排放减额分配前决策单元 DMU_j、DMU_h 的二氧化碳排放量；$\phi^z_{CO_2h}$ 表示决策单元 DMU_h 非期望产出的缩减变量；$\alpha^z_{CO_2h}$ 表示决策单元 DMU_h 的减排能力系数；$B^z_{CO_2}$ 表示总减排量。

三、资料来源

目前《中国能源统计年鉴》更新到 2017 年，因此研究对象为 2017 年的投入产出数据，在朱卫未等关于碳排放评价指标体系的基础上，结合高质量发展的内涵，添加可持续性发展指标，[①]与高质量发展的内涵更加公平、更有效率、更可持续相呼应，指标体系见表 6.5。

表 6.5　关于碳排放的指标体系

投入 / 产出	变量	单位	来源
投入	资本	亿元	《中国统计年鉴 2018》
	人口	万人	《中国统计年鉴 2018》
	能源消耗	万吨标准煤	《中国能源统计年鉴 2018》
期望产出	生产总值	亿元	《中国统计年鉴 2018》
	就业人数	万人	《中国统计年鉴 2018》
	建成区绿化覆盖率	%	《中国统计年鉴 2018》

---

① 朱卫未、缪子阳、淦贵生：《基于 Context-Dependewto bEA 方法的碳排放减额分配策略》，《资源科学》2020 年第 11 期。

投入／产出	变量	单位	来源
	固体废物利用率	％	《中国统计年鉴2018》
	生活垃圾无害化处理率	％	《中国统计年鉴2018》
非期望产出	二氧化碳排放	百万吨	《中国能源统计年鉴2018》

资本：从《中国统计年鉴2018》分地区资本形成总额及构成栏中直接获取；人口：从《中国统计年鉴2018》分地区年末人口数栏中直接获取；能源消耗：从《中国能源统计年鉴2018》分地区分品种能源消费量栏中直接获取。

生产总值：从《中国统计年鉴2018》地区生产总值栏中直接获取；就业人员数：从《中国统计年鉴2018》中按三次产业分就业人员数栏中可获取2017年的全国就业人数，根据当年各地区年末人口数占全国人口数的比例乘以当年度全国就业人数，可以估算出各地区的就业人员数；建成区绿化覆盖率：可直接从《中国统计年鉴2018》中获取；固体废物利用率：从《中国统计年鉴2018》中获取一般工业固体废物产生量和一般工业固体废物综合利用量，将一般工业固体废物综合利用量除以一般工业固体废物产生量得到固体废物利用率；生活垃圾无害化处理率：从《中国统计年鉴2018》中获取当年的生活垃圾无害化处理量和生活垃圾清运量，相除即可获得。

二氧化碳排放量：从《中国能源统计年鉴2018》中地区能源平衡表中找到各地区的煤、汽油、煤油、柴油、燃料油、天然气的消费量，再根据公式（6.4）和表6.4求出当地的二氧化碳排放量，具体的汇总数据见表6.6，由于部分数据缺失，本书暂不考虑西藏、中国台湾、中国香港和中国澳门。

表 6.6　2017 年各地区投入产出数据

地区	投入					期望产出				非期望产出
	资本（亿元）	人口（万人）	能源消耗（万吨标准煤）	生产总值（亿元）	就业人数（万人）	建成区绿化覆盖率（%）	固体废物利用率（%）	生活垃圾无害化处理率（%）		二氧化碳排放（百万吨）
北京	10946.30	2171.00	7133.00	28014.94	1217.04	48.40	74.13	99.88		22.98
天津	10467.20	1557.00	8011.00	18549.19	872.84	36.80	98.93	94.43		30.05
河北	19083.20	7520.00	30386.00	34016.32	4215.63	41.80	57.28	99.77		148.97
山西	7154.70	3702.00	20057.00	15528.42	2075.3	40.60	35.68	94.87		219.33
内蒙古	10298.30	2529.00	19915.00	16096.21	1417.73	40.20	37.28	99.40		196.17
辽宁	10127.50	4369.00	21556.00	23409.24	2449.22	40.70	41.31	99.05		107.00
吉林	9980.10	2717.00	8015.00	14944.53	1523.12	35.80	44.72	71.82		51.93
黑龙江	9735.00	3789.00	12536.00	15902.68	2124.07	35.50	44.68	82.74		79.65
上海	12193.10	2418.00	11859.00	30632.99	1355.51	39.10	94.05	100.00		48.44
江苏	37353.40	8029.00	31430.00	85869.76	4500.98	43.00	94.13	100.00		161.44
浙江	22764.50	5657.00	21030.00	51768.26	3171.26	40.40	94.23	100.00		93.71
安徽	13723.40	6255.00	13052.00	27018.00	3506.49	42.20	92.96	99.95		90.90
福建	18509.30	3911.00	12890.00	32182.09	2192.47	43.70	62.32	99.38		50.00
江西	10025.10	4622.00	8995.00	20006.31	2591.05	45.20	37.23	97.56		46.50
山东	36412.60	10006.00	38684.00	72634.15	5609.26	42.10	79.52	100.00		252.32
河南	31047.70	9559.00	22944.00	44552.83	5358.68	39.40	73.55	99.64		130.12

续表

地区	投入					期望产出			非期望产出
	资本（亿元）	人口（万人）	能源消耗（万吨标准煤）	生产总值（亿元）	就业人数（万人）	建成区绿化覆盖率（%）	固体废物利用率（%）	生活垃圾无害化处理率（%）	二氧化碳排放（百万吨）
湖北	20853.60	5902.00	17150.00	35478.09	3308.6	38.40	59.32	99.89	75.45
湖南	17585.40	6860.00	16171.00	33902.96	3845.65	41.20	82.61	99.75	73.64
广东	39657.50	11169.00	32342.00	89705.23	6261.23	43.50	83.77	97.98	123.68
广西	9364.50	4885.00	10458.00	18523.26	2738.48	39.10	56.79	99.93	41.41
海南	2815.70	926.00	2103.00	4462.54	519.11	40.10	42.56	99.95	10.75
重庆	10380.70	3075.00	9545.00	19424.73	1723.81	40.30	70.61	99.43	40.29
四川	18021.20	8302.00	20874.00	36980.22	4654.02	40.00	39.74	98.54	68.04
贵州	9356.50	3580.00	10482.00	13540.83	2006.91	37.00	55.61	95.24	73.56
云南	15487.00	4801.00	11091.00	16376.34	2691.39	38.90	39.08	92.74	44.51
陕西	14414.80	3835.00	12537.00	21898.81	2149.86	39.90	35.57	98.97	108.09
甘肃	3804.60	2626.00	7538.00	7459.90	1472.11	33.30	45.99	98.39	36.83
青海	3897.00	598.00	4202.00	2624.83	335.23	32.60	55.03	94.85	13.14
宁夏	3806.90	682.00	6489.00	3443.56	382.32	40.40	39.06	99.08	56.58
新疆	10852.10	2445.00	17392.00	10881.96	1370.64	40.00	45.61	88.56	114.41

四、结果分析

（一）碳排放效率分析

将表 6.6 中的数据带入公式（6.7）和公式（6.8）计算得到 2017 年各个地区的碳排放效率，如图 6.1 所示。

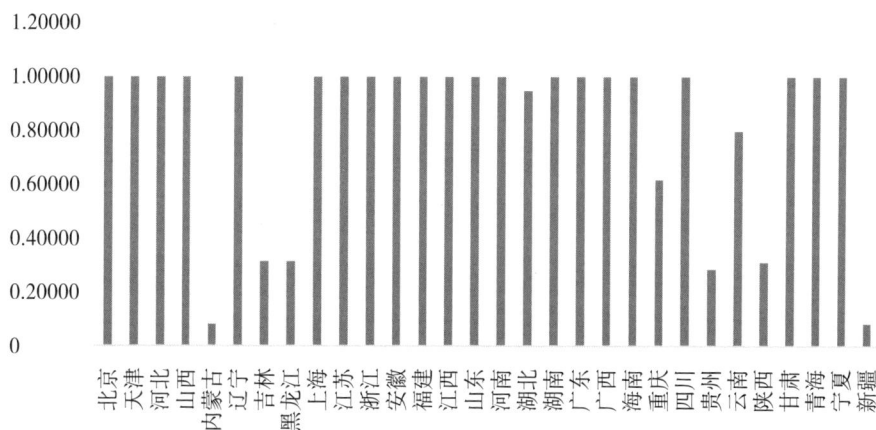

图 6.1 各地区的碳排放效率

从图 6.1 中可以看到，融入可持续性发展指标后的碳排放效率普遍较高，30 个省、自治区、直辖市中有 21 个省、自治区、直辖市为碳排放有效，9 个省、自治区、直辖市为碳排放无效，内蒙古、新疆的碳排放效率较低，分别为 0.082、0.087，原因在于内蒙古和新疆的能源消耗量大，二氧化碳排放量较多，相比其他省、自治区、直辖市投入产出效率不高。从区域来看，东部地区（北京、天津、河北、山东、福建、上海、江苏、浙江、广东、海南）的碳排放平均效率为 1.000；中部地区（山西、内蒙古、安徽、江西、河南、湖北、湖南、广西）的碳排放平均效率为 0.879；西部地区（重庆、四川、贵州、云南、陕西、甘肃、青海、宁夏、新疆）的碳排放平均效率为 0.678；东北地区（辽宁、吉林、黑龙江）的碳排放平均效率为 0.543，可以看到东部地区处于领先地位，东北地区的碳排放效率较低，整体而言碳排放效率呈现东高西低的空间趋势。

（二）碳减排额分配策略结果分析

经过公式（6.7）和公式（6.8）的多次迭代，将全国30个省、自治区、直辖市分为两层，第一层为北京、天津、河北、山西、辽宁、上海、江苏、浙江、安徽、福建、江西、山东、河南、湖南、广东、广西、海南、四川、甘肃、青海、宁夏；第二层包括内蒙古、吉林、黑龙江、湖北、重庆、贵州、云南、陕西、新疆，分层结果见表6.7。

表 6.7　Context-dependent DEA 的分层结果

第一层	北京、天津、河北、山西、辽宁、上海、江苏、浙江、安徽、福建、江西、山东、河南、湖南、广东、广西、海南、四川、甘肃、青海、宁夏
第二层	内蒙古、吉林、黑龙江、湖北、重庆、贵州、云南、陕西、新疆

国务院关于印发"十三五"控制温室气体排放工作方案的通知中明确提出"十三五"期间累计减排二氧化碳当量11亿吨以上，即年平均减排量220百万吨。计算出第一层次、第二层次内各个省、自治区、直辖市在减排能力系数下的减排量，第一层次内各个省、自治区、直辖市在减排能力系数下的减排量之和占30个省、自治区、直辖市在减排能力系数下的减排量之和的比例乘以220百万吨，即可得到第一层次需要的减排量为149百万吨，第二层次需要的减排量为71百万吨，在计算出层内的减排量之后进行层内决策单元间的减排额分配。

将层次的减排量带入公式（6.9），得到不同层次内各个省、自治区、直辖市的减排量，具体分配结果见表6.8。

表 6.8　减排量分配结果

地区	减排量	分配后碳排放效率	原碳排放效率
北京	0	1.000	1.000
天津	0	1.000	1.000
河北	10.65	1.000	1.000
山西	34.00	1.000	1.000
内蒙古	18.21	1.000	0.082
辽宁	10.44	1.000	1.000
吉林	5.94	1.000	0.316
黑龙江	6.45	1.000	0.314
上海	5.16	1.000	1.000
江苏	15.40	1.000	1.000
浙江	7.87	1.000	1.000
安徽	9.82	1.000	1.000
福建	5.10	1.000	1.000
江西	4.55	1.000	1.000
山东	22.70	1.000	1.000
河南	11.58	1.000	1.000
湖北	8.64	1.000	0.947
湖南	7.83	1.000	1.000
广东	0	1.000	1.000
广西	3.88	1.000	1.000
海南	0	1.000	1.000
重庆	0	1.000	0.618
四川	0	1.000	1.000
贵州	0.71	1.000	0.287
云南	4.22	1.000	0.799
陕西	14.27	0.698	0.313
甘肃	0	1.000	1.000
青海	0	1.000	1.000
宁夏	0	1.000	1.000
新疆	12.55	0.601	0.087

从减排量来看，山西减排量最大，达到了 34.00 百万吨，其次是山东，达到了 22.70 百万吨，主要由于其本身碳排放量就很高，尽管减排量在省、自治区、直辖市中居于前列，但始终是在自身减排能力范围之内，即该省的 GDP 增长支撑得起这些量的减排。9 个省、自治区、直辖市（北京、天津、广东、海南、重庆、四川、甘肃、青海、宁夏）没有分到减排量，它们主要分布在西部地区和东部地区。从区域来看，东部地区整体减排 66.88 百万吨，中部地区整体减排 98.51 百万吨，西部地区整体减排 31.75 百万吨，东北地区整体减排 22.83 百万吨，呈现中高侧低的局面。同时值得注意的是，分配方案显示，原碳排放有效的地区依旧被分到了减排额，原碳排放无效的地区也存在没分到减排额的情况，表明分配方案在一定程度上避免了马太效应的出现。

从碳排放效率来看，原先碳排放无效地区的碳排放效率都得到了提升，内蒙古从原来的 0.082 提升到了 1.000，陕西从原来的 0.313 提升到了 0.698，新疆从原来的 0.087 提升到了 0.601，湖北从原来的 0.947 提升到了 1.000，黑龙江从原来的 0.314 提升到了 1.000，吉林从原来的 0.316 提升到了 1.000，云南从原来的 0.799 提升到了 1.000，贵州从原来的 0.287 提升到了 1.000，重庆从原来的 0.618 提升到了 1.000，并没有使每一个省、自治区、直辖市的碳排放效率都提升到了 1.000，更加符合实际情况，如图 6.2 所示。

从公平性来看，以人口和累积碳排放为基础计算基尼系数，碳减额分配前的基尼系数为 0.184，碳减额分配后的基尼系数为 0.125，尽管分配前的碳排放基尼系数已经显示了极高的公平性，但分配后基尼

系数的进一步下降表明公平性又得到了提高，减排额分配过后的碳排
放量更加均衡。

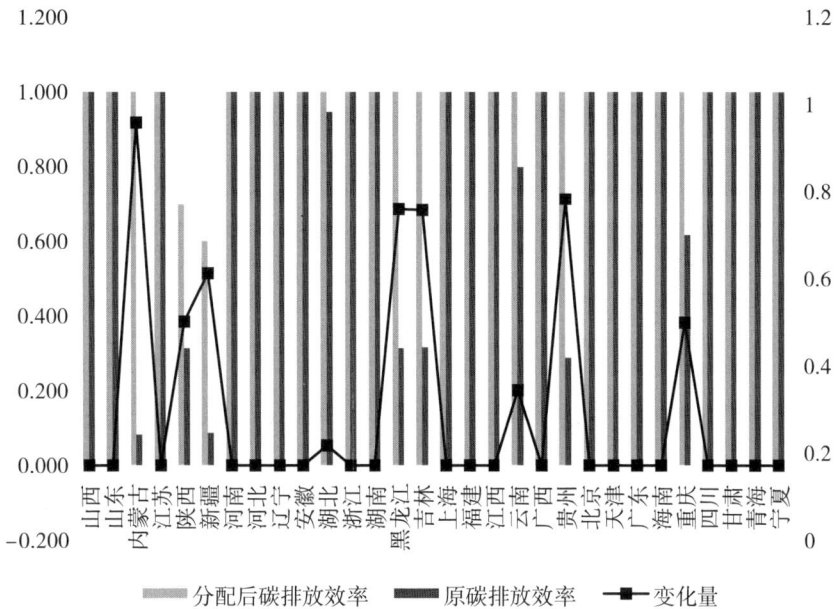

图 6.2　碳排放效率对比

第七章　比较优势赋能与高质量发展的实现路径

第一节　基于Malmquist—DEA的高质量发展综合评价

为了准确了解我国不同省域之间高质量发展水平的差异性和各省域高质量发展效率的变化趋势，本节选取 Malmquist—DEA 模型进行高质量发展综合评价的实证分析，通过 Malmquist—DEA 模型得出的评价结果能够为识别各省域高质量发展水平的比较优势提供依据。

一、高质量发展综合评价指标体系构建

（一）指标体系的构建原则

首先，评价指标应能从不同角度来反映高质量发展的内涵。高质量发展主要涵盖几种特点：一是满足人民对于美好生活的向往，更加牢固地树立以人民为中心的发展思想，更加重视人民的生活质量。二是重视发展质量。从微观、中观和宏观的层面来看，高质量发展围绕着产品和服务、产业与区域以及国家整体经济的质量性发展。[①] 相比

---

① 安淑新：《促进经济高质量发展的路径研究：一个文献综述》，《当代经济管理》2018 年第 9 期。

于以往的发展模式，高质量发展模式带动了经济结构的优化，因此，从以往的"有多少"到新时代的"有多好"便能够反映高质量发展的程度。三是以创新驱动为中心。习近平总书记强调，创新是引领发展的第一动力，抓创新就是抓发展，谋创新就是谋未来。高质量发展的同时伴随着经济驱动力的转型，新时代下，发展创新将是我国经济发展升级的有力驱动途径，因此，高质量的发展应以创新驱动为核心，提高我国经济发展的质量效益。[①]

其次，评价指标应深刻体现新发展理念。新发展理念分别注重解决我国社会经济的发展动力、发展不平衡、人与自然和谐、发展内外联动以及社会公平正义问题，习近平总书记强调，要贯彻新发展理念，从而建设现代化经济体系。高质量发展是新时代的全新发展模式，虽然"质量"是这种模式追求的目标，但只有秉持好新发展理念，在解决好各项理念提及的发展痛点的基础上才能更加充分地发挥高质量发展的要义和价值。

最后，评价指标应是新时代下的可量化指标。统计指标是反映社会经济总体现象数量特征的概念和数值，改革开放以来，我国经历了对外开放起步阶段、全面发展阶段和创新发展阶段三个历程，不同时代的发展目标影响着评价指标的选取。因此，对于高质量发展综合评价的评价指标应是基于新时代发展基础的统计指标。此外，高质量发展是一种全新的经济发展模式，对高质量发展水平的评判需要依靠定量的数据做支撑，因此，对高质量发展进行评价的指标应是本身就以数量为单位的定量指标或是可根据某些标准将评级转换为量级的可量化指标。

---

① 蒋文龄：《高质量发展考核评价体系的构建与实施》，《中国领导科学》2020 年第 1 期。

（二）评价维度的设计

现阶段，不同研究构建高质量发展综合评价指标体系针对的角度不尽相同，例如社会矛盾层面、①经济学视角、②经济循环视角等。③总的来说，以"新发展理念"为指导来构建指标体系的研究仍占大多数。④

结合高质量发展的内涵和现有研究构建高质量发展指标体系的着力点，根据全面性、客观性、数据的可得性、DEA 评价开展的有效性等原则，重点参考杨仁发和杨超以及徐辉等研究中的高质量发展指标体系，⑤以此为基础从经济发展、创新驱动、民生改善、环境改良和生态保护五个维度来构成对我国不同区域高质量发展的综合评价视角。⑥

1. 经济发展

经济基础决定上层建筑，自古以来，经济就是国家发展壮大的主心骨。大力发展经济能够提高国家总产值，从而不断提升国家的综合竞争力。因此，在当前提出推动高质量发展论断的背景之下，首先就应该注重经济发展的质量效益，从以往对数量的追求转变为对质量的追求，彻底转变以往的粗放式经济增长思维。

---

① 张军扩、侯永志、刘培林、何建武、卓贤：《高质量发展的目标要求和战略路径》，《管理世界》2019 年第 7 期。

② 鲁继通：《我国高质量发展指标体系初探》，《中国经贸导刊（中）》2018 年第 20 期。

③ 韩军辉、Shokirov Shakhzod、柳洋：《基于熵值法的高质量发展综合评价研究》，《科技和产业》2019 年第 6 期。

④ 李梦欣、任保平：《新时代中国高质量发展指数的构建、测度及综合评价》，《中国经济报告》2019 年第 5 期。

⑤ 杨仁发、杨超：《长江经济带高质量发展测度及时空演变》，《华中师范大学学报》（自然科学版）2019 年第 5 期。

⑥ 徐辉、师诺、武玲玲、张大伟：《黄河流域高质量发展水平测度及其时空演变》，《资源科学》2020 年第 1 期。

2. 创新驱动

高质量发展的新时代伴随着经济驱动力的转型，而时代发展的背景则要求摆脱传统的劳动力驱动和资源能源驱动等数量型增长方式、必须树立以创新驱动为中心的经济高质量发展模式。因此，当前创新是引领发展的第一动力，未来我国的发展也将依靠科技创新驱动，创新驱动发展战略的实施大大推动了我国经济的高质量发展。

3. 民生改善

中国特色社会主义进入新时代后，我国社会的主要矛盾发生了转变，促使满足人民日益增长的美好生活需要成为高质量发展时代的目标之一。我国民生问题主要表现在教育、就业、收入分配、社会保障这四大基本面。在高质量发展背景下，民生问题的改善迫在眉睫，老百姓的幸福感和满足感仍待进一步提高。

4. 环境改良和生态保护

一直以来，经济社会的发展都对生态环境产生了不可或缺的牵制作用。党的十九届五中全会强调，高质量发展应是一种绿色发展。因此，对于高质量发展水平的综合评价也应考虑到环境的改良和生态保护的程度，只有这样，才能够切实提高发展质量，更好地满足人民对美好生活的向往。

（三）具体的评价指标

1. 经济发展

围绕"经济发展"维度，选取四项投入指标和五项产出指标构成相应的指标体系，关于指标的基本信息如表7.1所示。

年末从业人数：人口对于经济发展起着至关重要的作用，一直以来，各国经济发展的速度在很大程度上取决于人口问题的解决程度，因此，将当年从业人数作为其中一种经济投入来衡量其对各地区经济高质量发展的影响程度。

全社会固定资产投资额：全社会固定资产投资是以货币形式表现的建造和购置固定资产活动的工作量，固定资产投资是推动经济发展的重要手段，当一定量投资的增加时就能够促进 GDP 总量的相应增加。

最终消费支出：最终消费支出是推动一个国家或地区经济增长的基本动力之一，通过消费能够促进再生产，同时也能创造出投资的动力，而投资恰好能够推动经济的发展，因此，通过最终消费支出也有助于衡量我国或各地区经济发展的程度。

外商投资额：自改革开放以来，我国坚持力行对外开放政策，其中最为重要的目标之一便是积极引进外资，2009—2018 年期间，我国外资逐年增加。不难看出，外商投资额对我国经济增长的影响将会持续加深。

人均地区生产总值：人均地区生产总值的计算以各地区的总产出和总人口的比值来表示。由于各地区的 GDP 总量也是社会产品和服务的产出量，因此人均地区生产总值也是了解和把握某个地区的宏观经济运行状况的有效指标。

消费率：消费率是指一个国家或地区在一定时期内的最终消费支出占当年 GDP 的比率。对于各地区经济发展状况的衡量，选取消费率作为产出指标能够反映各地区居民和政府部门为满足物质、文化和精神生活需要的全部消费对地区生产总值的拉动作用。

第三产业增加值占比：2012 年之后，我国第三产业的生产总值超越了第一产业和第二产业，成为国内生产总值的最大构成部分。因此，通过各地第三产业的增加值占地区生产总值的比重能够反映各地区经济发展进程中对第三产业的重视程度。

外贸依存度：外贸依存度是指一个国家或地区的经济依赖于对外贸易的程度，是衡量一个国家或地区经济发展水平的角度之一。除此之外，外贸依存度还可以反映一个国家或地区经济参与国际经济的程度，即外向水平。

外商投资额占 GDP 比重：外商投资额反映了一个国家或地区实行对外开放政策后对国外企业的吸引程度。通过其与生产总值的比值可衡量一个国家或地区的外商投资企业对于本地经济发展水平的影响程度，也是经济发展水平的一种外向体现。

表 7.1　"经济发展"维度评价指标体系

"经济发展"维度评价指标	指标性质	指标解释
年末从业人数（万人）	投入指标	当年从业人数
全社会固定资产投资额（亿元）		全社会固定资产投资额
最终消费支出（亿元）		最终消费支出
外商投资额（亿美元）		外商投资额
人均地区生产总值（元）	产出指标	地区生产总值 / 地区总人口
消费率（%）		最终消费支出 /GDP
第三产业增加值占比（%）		第三产业增加值 /GDP
外贸依存度（%）		进出口总额 /GDP
外商投资额占 GDP 比重（%）		外商投资额 /GDP

资料来源："年末从业人数""最终消费支出""地区生产总值""地区总人口""第三产业增加值"来源于《中国统计年鉴（2014—2018）》。"全社会固定资产投资额"来源于《中国固定资产投资统计年鉴（2014—2018）》。"外商投资额""进出口总额"来源于《中国贸易外经统计年鉴（2014—2018）》。

2. 创新驱动

围绕"创新驱动"维度，选取两项投入指标和三项产出指标构成相应的指标体系，关于指标的基本信息如表 7.2 所示。

表 7.2 "创新驱动"维度评价指标体系

"创新驱动"维度评价指标	指标性质	指标解释
R&D 全时人员当量（人年）	投入指标	R&D 全时人员当量与非全时人员按实际工作时间折算的工作量的总和
R&D 经费内部支出（万元）		R&D 经费内部支出
R&D 经费投入强度（%）	产出指标	R&D 经费内部支出 /GDP
有效发明专利数（件）		有效发明专利数
技术市场成交额（万元）		技术市场成交额

资料来源："R&D 全时人员当量""R&D 经费内部支出""R&D 经费投入强度""有效发明专利数"来源于《中国科技统计年鉴（2014—2018）》。"技术市场成交额"来源于《中国统计年鉴（2014—2018）》。

R&D 全时人员当量：科技创新离不开研究与试验发展（R&D）活动的开展，R&D 全时人员当量是指 R&D 全时人员的工作量与非全时人员按实际工作时间折算的工作量之和，通过这一指标可以很好地体现科技人力的投入，属于创新系统的投入之一。

R&D 经费内部支出：R&D 活动的开展需要一定的经费作为支撑，R&D 经费内部支出是指调查单位在报告年度用于内部开展 R&D 活动的实际支出，主要包含调查单位在基础研究、应用研究和试验发展三方面的支出。

R&D 经费投入强度：R&D 经费投入强度是指一个国家或各地区的 R&D 经费支出和生产总值的比值。与 R&D 经费支出不同的是，R&D 经费投入强度用于衡量一个国家或地区在科技创新方面的努力程度，这是一种质量性的衡量指标。

有效发明专利数：有效发明专利数是指经国家知识产权局审批并授权的发明的数量，通过将这一指标作为"创新驱动"维度高质量发展衡量的产出指标能够直接体现一个国家或地区的创新成果。

技术市场成交额：技术的交易活动使得技术在市场中流通，从而也能够促进新的技术创新。通过技术市场成交额这一指标能够反映技术在市场的流通程度，也能够体现科技创新程度的一方面。

3. 民生改善

围绕"民生改善"维度，选取三项投入指标和九项产出指标构成相应的指标体系，关于指标的基本信息如表 7.3 所示。

表 7.3　"民生改善"维度评价指标体系

"民生改善"维度评价指标	指标性质	指标解释
每千人口医疗卫生机构床位数（张）	投入指标	医疗卫生机构床位数 /1000 人
人均城市道路面积 / 平方米		城市道路面积 / 城市人口总数
交通运输、仓储和邮政业就业人员数（人）		交通运输、仓储和邮政业就业人员数
人均可支配收入（元）	产出指标	住户部门可支配总收入 / 常住人口数
城镇登记失业率（%）		期末城镇登记失业人数 /（期末城镇从业人员总数 + 期末实有城镇登记失业人数）
城市用水普及率（%）		城区用水人口数 / 城市人口总数
城市燃气普及率（%）		城区用气人口 / 城市人口总数
每万人拥有公共交通车辆（标台）		公共交通运营车标台数 /10000 人
国家财政性教育经费（万元）		国家财政性教育经费
养老保险参保人数（万人）		养老保险参保人数
最低生活保障人数（万人）		最低生活保障人数
医疗救助人数（万人次）		直接医疗救助人数

资料来源：表 7.3 中指标数据均来源于《中国统计年鉴（2014—2018）》。

每千人口医疗机构床位数：每千人口医疗机构床位数是指平均一千人中能够得到医疗卫生机构提供的床位数。围绕就医方面的民生问题，这一指标作为投入之一能够反映一个国家或地区关于老百姓就医的床位保障程度。

人均城市道路面积：高质量发展的时代，将城市道路面积作为考虑则能够体现政府部门对于老百姓居住环境、社会环境的重视，也是政府部门对民生改善的一大投入。

交通运输、仓储和邮政业就业人员数：交通运输、仓储和邮政业是第三产业中的一个重要行业，对老百姓吃穿住行问题中的"行"具有重要影响。将交通运输、仓储和邮政业的当年从业人数作为投入，能够从"行"的角度来体现政府部门对民生改善的投入。

人均可支配收入：将各地区的人均可支配收入作为产出指标之一，由此衡量各地区人均可支配收入的规模以及各地区生活水平的变化情况，从而分析各地区收入差距的大体解决程度。

城镇登记失业率：城镇登记失业率是指在报告期末城镇登记失业人数占期末城镇从业人员总数与期末实有城镇登记失业人数之和的比重，通过这一指标能够衡量政府部门对民生就业方面的改善程度，也可为劳动社会保障部门提供有力的信息支撑。

城市用水普及率：通过城市用水普及率这一指标可以衡量各地区用水人口在总人口中所占比重，从用水问题方面来反映民生改善的程度。

城市燃气普及率：通过城市燃气普及率这一指标能够反映人民基本生活水平提高的程度，也是民生改善的体现之一。

每万人拥有公共交通车辆：交通出行也是老百姓在生活中必须考虑的一方面问题，围绕这一方面，选取每万人拥有公共交通车辆这一指标作为产出指标，来衡量居民交通出行的需求满足度和便利程度。

国家财政性教育经费：教育是民生之基、国之根本，选取国家财政性教育经费这一指标用以衡量国家对于各地区教育问题的重视程度。

养老保险参保人数："老有所养"一直是老百姓生活的追求之一，围绕养老问题，选取养老保险参保人数这一指标来衡量各地区居民参与养老保险的人数，来进一步分析各地区居民对养老问题的重视程度。

最低生活保障人数：选取各地区的最低生活保障人数这一指标，通过保障人数的量直观地反映老百姓基本生计这一方面受到改善的程度。

医疗救助人数：选取医疗救助人数这一指标作为产出指标，来衡量国家对于贫困老百姓就医方面的重视程度和扶持程度。

4. 环境改良

围绕"环境改良"维度，选取三项投入指标和五项产出指标构成相应的指标体系，关于指标的基本信息如表 7.4 所示。

环境污染治理投资总额：习近平总书记在提出新发展理念时强调，关于绿色发展注重的是解决人与自然和谐的问题，其中就包括环境污染的治理，因此，选取环境污染治理投资总额这一指标作为环境改良的投入指标。

城镇环境基础设施建设投资额：环境基础设施建设事关生态文明、绿色发展和人民福祉，将各地区对城镇的环境基础设施建设的投资规模作为环境改良系统的投入，也可反映出各地区对于环境改良所付出的努力。

化肥施用量：农业生产中，化肥的过量使用会造成一些明显的负面影响，最重要的是，过量施用化肥会对周围环境造成污染，这些污染一旦加重还会威胁到人类和其他生物的生命健康。因此，在环境改良问题中，化肥施用量应作为其中一种投入来进行评价。

环境污染治理投资占 GDP 比重：环境污染治理投资占 GDP 比重是指各地区环境污染治理投资总额与地区生产总值的比值，这一指标作为环境改良评价的产出指标可以反映各地区对于环境污染治理问题的重视程度和投入程度。

废水排放总量、废气排放总量、工业固体废物产生量：在环境改良的评价中，"三废"排放量均作为非期望产出指标参与评价，通过这三个指标能够反映各地区环境污染物排放的规模，从而衡量环境改良的程度。

城市人均公园绿地面积：通过选取城市人均公园绿地面积这一指标，能够衡量各地区对城市公园建设的重视程度和实践程度。

表 7.4 "环境改良"维度评价指标体系

"环境改良"维度评价指标	指标性质	指标解释
环境污染治理投资总额（亿元）	投入指标	环境污染治理投资总规模
城镇环境基础设施建设投资额（亿元）		城镇环境基础设施建设投资额
化肥施用量（万吨）		化肥施用量
环境污染治理投资占 GDP 比重（%）	产出指标	环境污染治理投资总规模 /GDP
废水排放总量（万吨）		废水排放总量
废气排放总量（万吨）		二氧化硫排放量 + 烟（粉）尘排放量
工业固体废物产生量（万吨）		一般工业固体废物产生量
城市人均公园绿地面积（平方米）		城市公园绿地面积 / 城市人口总数

资料来源："环境污染治理投资总额""城镇环境基础设施建设投资额"来源于《中国环境统计年鉴（2014—2018）》。"化肥施用量""GDP""废水排放总量""废气排放总量""工业固体废物产生量""城市人均公园绿地面积"来源于《中国统计年鉴（2014—2018）》。

5. 生态保护

围绕"生态保护"维度，选取两项投入指标和四项产出指标构成相应的指标体系，关于指标的基本信息如表 7.5 所示。

矿山环境恢复治理投资额、水土保持及生态项目当年投资完成额：生态保护是绿色发展理念的重要部分，维系一个良好的生态环境是经济社会高质量发展的基础。选取自然生态领域的矿山环境和水土生态两方面的治理投资额作为投入指标，以此来反映各地对于自然生态保护的投入规模。

当年矿山环境恢复面积、当年新增水土治理面积：对应各地区在矿山环境和水土生态两方面的治理投资规模，通过研究期内当年矿山环境的恢复面积和新增的水土治理面积来作为相应的产出指标，以此来衡量经过相应治理后生态得到保护的成效。

人均水资源量：水资源量是指一定区域内降水形成的地表和地下产水量，选取人均水资源量作为生态保护评价的一种产出指标，在人类实行一系列的环境改良和生态保护活动后对水资源量进行衡量，以此来反映生态保护举措实施的成效。

造林面积：造林是指在宜林地上通过人工措施形成或恢复森林、林木、灌木林，这是一种重塑生态的过程，对生态保护起着至关重要的作用。选取各地区的造林总面积作为产出指标，通过这一指标来衡量各地区林业建设和保护的程度。

表 7.5 "生态保护"维度评价指标体系

"生态保护"维度评价指标	指标性质	指标解释
矿山环境恢复治理投资额（万元）	投入指标	矿山环境治理投入资金
水土保持及生态项目当年投资完成额（万元）		水土生态治理投资额

"生态保护"维度评价指标	指标性质	指标解释
当年矿山环境恢复面积（公顷）	产出指标	当年矿山环境恢复面积
当年新增水土治理面积（千公顷）		当年新增水土治理面积
人均水资源量（立方米／人）		水资源量／总人口
造林面积（公顷）		造林总面积

资料来源：表 7.5 中指标数据均来源于《中国环境统计年鉴（2014—2018）》。

二、高质量发展综合动态评价结果

根据围绕"经济发展""创新驱动""民生改善""环境改良"和"生态保护"五个维度构建的高质量发展评价指标体系，采用全局 Malmquist—DEA 方法对我国各地区高质量发展情况进行不同维度的评价，该方法通过 Lingo 软件实现。研究期（2013 年至 2017 年）内的指标面板数据均可通过《中国统计年鉴》《中国固定资产投资统计年鉴》《中国贸易外经统计年鉴》《中国科技统计年鉴》《中国人口和就业统计年鉴》和《中国环境统计年鉴》获得，具体评价结果如下。

（一）经济发展

经济发展维度，以年末从业人数、全社会固定资产投资额、最终消费支出以及外商投资额作为投入指标，以人均地区生产总值、消费率、第三产业增加值占比、外贸依存度以及外商投资额占 GDP 比重作为产出指标，以我国大陆 31 个省、自治区、直辖市为研究对象（由于部分数据缺失，本书暂不考虑中国台湾、中国香港和中国澳门），对 2013—2017 年间各省域经济发展情况进行研究分析。2013 年至 2017 年间各省域经济发展的全局 Malmquist 生产力指数及指数分解分别如表 7.6 和表 7.7 所示。

如表 7.6 所示，通过对各个省域的 2013—2017 五年期间的四项

全局 MPI 指数平均值进行分析，共有 26 个省域五年平均的全局 MPI
指数大于 1、占比 83.87%，其余 5 个省域的平均全局 MPI 指数小于
1。具体分析发现，大多数省域在前三年（即 2013—2015 年）的全局
MPI 指数大于 1，而在后三年间（即 2015—2017 年）全局 MPI 指数
小于 1，只有北京和辽宁在这五年间的经济发展生产力水平都处于提
升的状态。综上可得，尽管后三年间的两项 MPI 指数一定程度上低于
前三年间的两项 MPI 指数，但综合整个研究期看来仍有绝大多数省域
处于经济发展生产力提升的状态。

此外，在五年研究期间，有 22 个省域 2014—2015 年的全局 MPI
指数达到了最高值，表示这 22 个省域在 2014—2015 年的经济发展生
产力水平上升幅度达到最大；反之，有 20 个省域在 2015—2016 年的
全局 MPI 指数为最低。分析可知，2013—2015 年为"十二五"规划
实施的高速期，各地明确落实"十二五"规划部署后逐渐迎来成果的
大丰收，经济发展生产力也逐渐增强。然而，2016 年"十三五"规划
正式提出，相较"十二五"在各方面提出了更高的发展要求，这可能
导致大部分地区未能立刻适应新发展要求，从而导致经济发展的生产
力水平在"十三五"规划提出之际有所下降。

表 7.6　"经济发展"全局 Malmquist 生产力指数

省域	2013—2014 年	2014—2015 年	2015—2016 年	2016—2017 年	平均值
北京	1.3199	1.1647	1.0040	1.0152	1.1260
天津	1.0000	1.0000	0.9579	1.0273	0.9963
河北	0.9111	2.0349	0.7401	0.9042	1.1476
山西	1.0780	1.1184	0.9844	1.6490	1.2075
内蒙古	0.9476	1.0789	0.9685	0.8385	0.9584

省域	2013—2014 年	2014—2015 年	2015—2016 年	2016—2017 年	平均值
辽宁	1.1137	1.4468	2.1231	1.0603	1.4360
吉林	0.9937	1.3033	1.0110	0.9769	1.0712
黑龙江	1.1813	1.8412	0.7949	0.9602	1.1944
上海	1.7494	1.0508	0.9934	0.9751	1.1922
江苏	1.3524	1.5341	0.8628	0.9948	1.1860
浙江	1.1394	1.9601	0.8358	0.9842	1.2299
安徽	1.0033	1.5035	0.9734	0.9383	1.1046
福建	1.0964	1.6286	0.8330	0.9263	1.1211
江西	1.6799	1.3035	0.7229	0.9364	1.1607
山东	0.9251	1.8738	0.7866	0.9175	1.1257
河南	0.8973	2.0524	0.7485	0.8093	1.1269
湖北	1.0500	1.3270	0.8927	0.9630	1.0582
湖南	0.9050	1.1189	1.3721	0.9466	1.0856
广东	1.2630	3.3021	0.7289	0.7128	1.5017
广西	1.0303	2.6881	0.8221	0.9920	1.3831
海南	1.9534	1.0691	1.0000	0.9369	1.2398
重庆	1.2857	1.7554	0.7804	0.9464	1.1920
四川	1.1444	1.1710	0.8809	1.5246	1.1802
贵州	0.9890	1.0822	0.8258	1.0193	0.9791
云南	1.2262	1.7608	0.7869	1.0128	1.1967
西藏	1.0000	1.0000	0.9367	0.9465	0.9708
陕西	0.9949	1.4508	0.9331	1.0213	1.1000
甘肃	0.9359	1.4360	0.9869	0.9845	1.0858
青海	1.0000	1.0000	0.9292	0.8709	0.9500
宁夏	0.8991	1.0706	0.8983	1.3437	1.0529
新疆	0.9726	3.1141	0.8046	0.7866	1.4195
平均值	1.1303	1.5562	0.9329	0.9975	

　　图 7.1 展示了 2013—2017 年我国各区域的经济发展生产力水平变化的大体情况，可以看出，2013—2015 年各区域的平均全局 MPI 生产力指数都有所上升，并且在这三年间各区域的 MPI 指数水平都处于大于 1 的状态，这也说明在研究期的前三年内我国各区域的经济发展生产力水平持续提升。然而，与之相反的是，在研究期的后三年（即 2015—2017 年）内，我国各区域的平均全局 MPI 指数都有所下降，东部地区、中部地区和西部地区都在 2015 年至 2016 年间直接由生产力进步转为生产力退步，而后又在 2016—2017 年间出现小幅度回升，这其中东部地区的下降幅度最为明显，东北地区的平均全局 MPI 指数则是一直处于缓慢的下降水平。

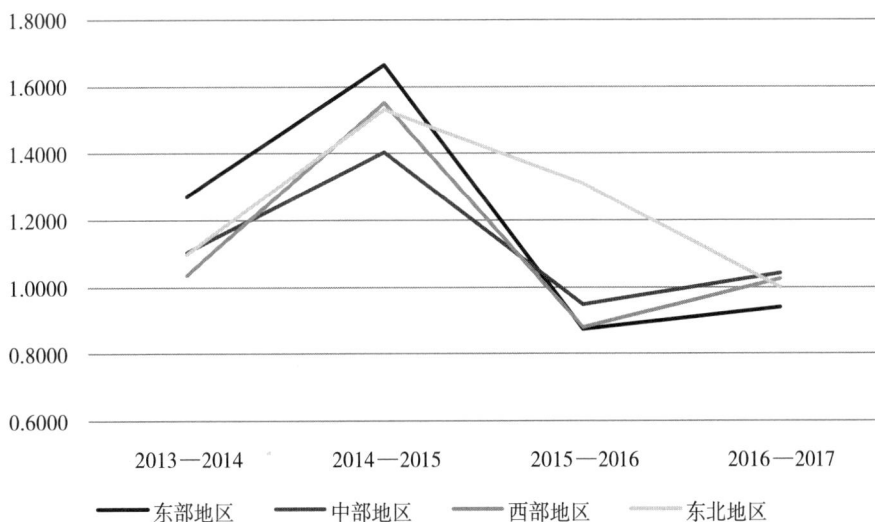

图 7.1　区域"经济发展"全局 Malmquist 生产力指数

　　如表 7.7 所示，纯技术效率变化方面，在五年研究期内，北京、天津、内蒙古、上海、海南、西藏、青海、宁夏、新疆 9 个省域的纯技术效率变化指数一直为 1，表明这 9 个省域 2013—2017 年的纯技术效率未发生改变；吉林、黑龙江、安徽、湖北、广西、四川、陕西 7 个省域的四项指数都大于 1，表明这 7 个省域的纯技术效率在 2013—2017 年间保持着提升趋势。从各省域四项纯技术效率变化指数的平均值来看，共有 21 个省域的纯技术效率变化指数平均值大于 1、占比 67.74%。因此，总体来看，绝大部分省域的纯技术效率都有所提高。此外，四项纯技术效率变化指数的省域平均值都大于 1，表明 2013—2017 年间我国经济发展维度的纯技术效率维持着提升的状态。

规模效率变化方面，综合前三年指数表现分析发现，2013—2014 年的指数情况和 2014—2015 年呈现出相反状态，前两年间大多数省域的规模效率有所提升，而后两年间大多数省域的规模效率有所下降。根据后三年的表现可知，2015—2016 年和 2016—2017 年呈现出相同的情况，分别都有 17 个省域的规模效率变化指数大于 1、占比 54.84%。此外，在五年研究期内，规模效率在 5 年内都有不同程度扩大的省域有北京、浙江、福建和广东，这几个省域对生产规模的调控性较强，能够不断提升规模效率以促进整体效率的提高。

技术变化方面，综合五年情况分析发现，前三年中大部分省域的生产技术都处于上升阶段，尤其是 2014—2015 年。但值得注意的是，后三年的情况与前三年截然相反，2015—2016 年甚至没有省域的生产技术在进步，尽管 2016—2017 年的生产技术进步的范围有所扩大，但和前三年的两项指数相比起来前进的步伐仍然缓慢。

表 7.7 "经济发展" 全局 MPI 指数分解

省域	2013—2014 年			2014—2015 年			2015—2016 年			2016—2017 年		
	PTE	SE	BPG	PTE	SE	BPG	PTE	SE	BPG	PTE	SE	BPG
北京	1.0000	1.1632	1.1347	1.0000	1.2154	0.9582	1.0000	1.0197	0.9846	1.0000	1.0736	0.9457
天津	1.0000	1.0000	1.0000	1.0000	1.0000	1.0000	1.0000	1.0000	0.9579	1.0000	1.0000	1.0273
河北	0.9394	0.9867	0.9829	1.0776	1.6703	1.1306	1.3300	0.9995	0.5567	1.1194	1.0456	0.7725
山西	1.0652	0.9666	1.0469	0.9719	1.0436	1.1027	4.7206	0.3719	0.5608	0.5093	2.9865	1.0841
内蒙古	1.0000	0.9540	0.9933	1.0000	1.0991	0.9816	1.0000	1.0763	0.8998	1.0000	0.9239	0.9076
辽宁	1.0208	0.9821	1.1108	1.1237	1.0987	1.1720	1.9434	1.5267	0.7156	0.9286	1.0278	1.1109
吉林	1.0253	0.9701	0.9990	1.0782	1.2075	1.0010	1.1654	1.1777	0.7366	1.3200	0.8908	0.8308
黑龙江	1.5063	0.7882	0.9950	1.1099	1.6506	1.0050	2.0655	0.5333	0.7216	1.0503	1.1630	0.7861
上海	1.0000	1.0000	1.7494	1.0000	1.0000	1.0508	1.0000	1.0000	0.9934	1.0000	1.0000	0.9751
江苏	1.0212	0.9857	1.3437	1.2192	1.0175	1.2366	1.0858	1.2543	0.6335	0.9946	0.9869	1.0135
浙江	1.0599	1.0397	1.0340	1.2568	1.1570	1.3479	1.1373	1.5541	0.4729	0.8999	1.0980	0.9961
安徽	1.0605	0.9385	1.0081	1.2313	1.1550	1.0572	1.8025	0.9274	0.5823	1.0639	1.0773	0.8187
福建	0.9537	1.0012	1.1483	1.1479	1.1117	1.2762	1.1918	1.1328	0.6171	0.8684	1.0840	0.9840
江西	1.0361	1.0848	1.4946	1.1204	1.1118	1.0464	1.5218	0.9078	0.5233	0.9748	1.0995	0.8737
山东	1.0050	0.9970	0.9232	1.2993	1.2621	1.1426	1.2365	1.2603	0.5048	0.9475	1.1763	0.8232
河南	0.9549	0.9372	1.0027	1.6886	1.1461	1.0604	1.1424	1.0625	0.6167	1.1879	0.9471	0.7193

续表

省域	2013—2014 年			2014—2015 年			2015—2016 年			2016—2017 年		
	PTE	SE	BPG	PTE	SE	BPG	PTE	SE	BPG	PTE	SE	BPG
湖北	1.1151	0.9659	0.9748	1.0888	1.1838	1.0295	1.1288	0.9845	0.8033	1.5048	0.7783	0.8223
湖南	1.0557	0.8626	0.9937	1.1881	0.9358	1.0063	1.1961	1.4030	0.8177	0.9360	1.0509	0.9623
广东	0.8828	1.1064	1.2931	1.0894	1.1957	2.5350	0.8747	1.4352	0.5806	0.4387	1.4181	1.1456
广西	1.0854	0.9544	0.9947	1.9571	1.2338	1.1133	1.3882	0.9905	0.5979	1.2391	1.0764	0.7437
海南	1.0000	1.0000	1.9534	1.0000	1.0000	1.0691	1.0000	1.0000	1.0000	1.0000	1.0000	0.9369
重庆	1.6341	0.7678	1.0247	0.7111	1.9159	1.2886	1.2158	1.1806	0.5437	1.0852	0.9784	0.8914
四川	1.0481	1.0502	1.0397	1.1173	0.9294	1.1277	1.4756	1.0738	0.5559	1.6428	1.0690	0.8681
贵州	0.9414	1.1123	0.9445	1.0090	0.9977	1.0750	1.0277	0.9229	0.8706	1.1307	1.0892	0.8277
云南	3.2988	0.3353	1.1085	0.5109	3.1837	1.0826	1.2001	1.0437	0.6282	1.2843	1.0492	0.7517
西藏	1.0000	1.0000	1.0000	1.0000	1.0000	1.0000	1.0000	1.0000	0.9367	1.0000	1.0000	0.9465
陕西	1.0830	0.9591	0.9579	1.1477	1.1707	1.0798	1.1064	1.2652	0.6666	1.4799	0.7912	0.8723
甘肃	0.9505	0.9841	1.0005	1.3283	1.0811	1.0000	1.3438	1.0102	0.7270	2.8527	0.3935	0.8769
青海	1.0000	1.0000	1.0000	1.0000	1.0000	1.0000	1.0000	1.0000	0.9292	1.0000	1.0000	0.8709
宁夏	1.0000	0.9090	0.9891	1.0000	1.0589	1.0111	1.0000	1.2340	0.7280	1.0000	1.0703	1.2554
新疆	1.0000	1.0498	0.9265	1.0000	2.3051	1.3510	1.0000	1.0000	0.8046	1.0000	1.0000	0.7866
平均值	1.1208	0.9630	1.1022	1.1120	1.2625	1.1399	1.3323	1.0757	0.7183	1.1116	1.0756	

进一步根据生产技术细分的因素分析发现，2014—2015 年生产技术提升最多，主要是由于企业自主创新能力的大力拉动，而2015—2016 年生产技术总体下滑，最有可能是因为企业对于以往生产经验的累积远多于自主创新，导致生产技术整体上依赖于老旧技术。此外，从各省域的四项技术变化指数的平均值来看，共有 24 个省域的平均技术变化水平处于退步状态，尽管退步的幅度都不是很大，但也只有 7 个省域的生产技术处于进步的平均水平。技术的进步是带动生产力提升的重要因素，因此，对于生产技术大幅退步的现象应重点关注。

（二）创新驱动

创新驱动维度，以 R&D 全时人员当量和 R&D 经费内部支出作为投入指标，以 R&D 经费投入强度、有效发明专利数和技术市场成交额作为产出指标，以我国大陆 31 个省、自治区、直辖市为研究对象（由于部分数据缺失，本书暂不考虑中国台湾、中国香港和中国澳门），对 2013—2017 年间各省域创新发展情况进行研究分析。2013—2017 年间各省域创新发展的全局 Malmquist 生产力指数及指数分解分别如表 7.8 和表 7.9 所示。

如表 7.8 所示，综合 2013—2017 年四项全局 Malmquist 指数来看，相邻年份间表现出的大体情况相似，绝大多数省域的创新驱动生产力都处于提升状态，其中 2014—2015 年的提升状态最为显著。从各省域的角度来看，共有 20 个省域的四项全局 MPI 指数均为大于 1 的状态，表明创新驱动生产力水平从 2013 年开始逐年提升的省域占多数。此外，无论是四项全局 MPI 指数的省域平均值还是各省域四项全局 MPI 指数的平均情况，都呈现出平均指数值大于 1 的状态。尽管平均的生产力提升水平都不高，但也足以说明我国科技创新事业的总体生产力提升趋势十分稳定。

表 7.8 "创新驱动"全局 Malmquist 生产力指数

省域	2013—2014 年	2014—2015 年	2015—2016 年	2016—2017 年	平均值
北京	1.0631	1.0625	1.0965	1.0618	1.0710
天津	1.0680	1.1221	1.1789	1.3007	1.1674
河北	1.0679	1.2036	1.1549	1.1619	1.1471
山西	1.1255	1.2896	1.0853	1.0887	1.1473
内蒙古	1.0960	1.1379	1.1232	1.3957	1.1882
辽宁	1.0177	1.3076	1.1028	1.0934	1.1304
吉林	0.9953	1.0912	1.3550	1.4742	1.2289
黑龙江	1.0657	1.0687	1.0673	1.1592	1.0902
上海	1.0975	1.1161	1.0565	1.1459	1.1040
江苏	0.8910	1.0742	1.0363	1.0456	1.0118
浙江	0.9793	1.0168	1.0043	1.0000	1.0001
安徽	1.0295	1.1187	1.1110	1.0612	1.0801
福建	1.0292	1.2372	1.1409	1.0575	1.1162
江西	1.2422	1.3431	1.2649	1.0362	1.2216
山东	1.0661	1.1434	1.1374	1.1090	1.1140
河南	1.0392	1.1696	1.0599	1.1541	1.1057
湖北	1.1241	1.2023	1.1227	1.0449	1.1235
湖南	1.1030	1.1070	1.0756	1.0582	1.0860
广东	1.0341	1.1823	1.1167	1.1175	1.1126
广西	1.2237	1.3522	1.1585	1.1977	1.2330
海南	1.0223	1.2271	0.9639	1.1080	1.0803
重庆	1.0154	1.1433	1.1020	0.8981	1.0397
四川	1.0317	1.2496	1.0672	0.9562	1.0762

续表

省域	2013—2014 年	2014—2015 年	2015—2016 年	2016—2017 年	平均值
贵州	1.0685	1.1030	0.9491	0.9903	1.0277
云南	1.1169	0.9776	1.0401	1.0734	1.0520
西藏	0.9513	1.0512	0.9881	1.0121	1.0007
陕西	1.1321	1.1691	1.1827	0.9916	1.1189
甘肃	1.0197	1.1123	1.1536	1.2113	1.1242
青海	0.9832	1.3612	1.0000	0.9685	1.0782
宁夏	1.0056	1.1454	1.2543	1.2146	1.1550
新疆	1.1767	1.1917	1.1109	1.2263	1.1764
平均值	1.0607	1.1638	1.1052	1.1101	

图 7.2 呈现了我国各区域的"创新驱动"平均全局 MPI 指数的变化趋势，可以看出，东北地区的指数逐年呈现出不同程度的上升趋势，而其他三个地区的指数先是在 2014—2015 年达到顶峰，然后在 2015—2016 年间有所下降，紧接着东部地区和西部地区在 2016—2017 年间有小的回升，但中部地区持续下降。总的来看，2013—2014 年的全局 MPI 指数到 2014—2015 年的全局 MPI 指数的增长幅度最大，这也说明，2013—2015 年，我国整体的创新驱动生产力提升得最多。

进一步分析可知，2012 年，党的十八大首次明确提出：科技创新是提高社会生产力和综合国力的战略支撑，强调要实施创新驱动发展战略。由此，2013—2015 年创新驱动生产力水平的大幅提升可能是由于各地区积极响应了国家政策号召、制定了详细的创新发展规划并取得了一定成果。然而，相比前三年，2015—2017 年的平均全局 MPI 指数较低。因此，应注重创新驱动发展战略的长效性，对各地区创新发展提出长远的目标规划。

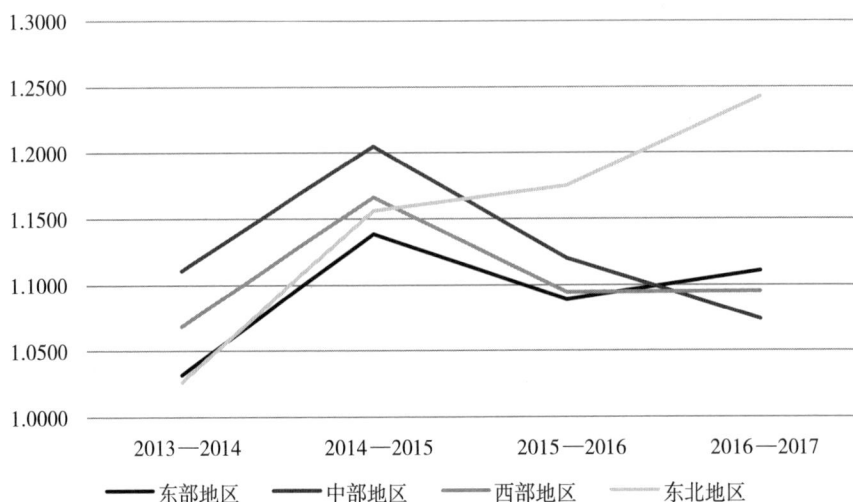

图 7.2　区域"创新驱动"全局 Malmquist 生产力指数

表 7.9 呈现了"创新驱动"全局 Malmquist 生产力指数分解结果，首先，纯技术效率变化方面，四项全局 MPI 指数的省域平均值都大于 1，但尽管如此，每相邻的两年间都有近半数的省域的纯技术效率仍然没有得到提升。此外，在五年研究期内，纯技术效率变化指数等于 1 的省域数几乎持平，纯技术效率变化指数大于 1 的省域数量在 2013—2015 年间增加、再从 2015—2017 年减少，同时纯技术效率变化指数小于 1 的省域数量在 2013—2015 年间减少、再从 2015—2017 年增加。由此可知，在提升生产力的同时也应着重关注各地区创新发展的纯技术效率。

规模效率变化方面，2014—2015 年规模效率得以提升的省域数量是最少的，相比这两年纯技术效率增长最快的趋势，应注意到生产规模的有效调整和高效率的追求需同时进行。从各省域的四项规模效率变化指数来分析，共有 6 个省域五年内的规模效率变化指数均大于 1，

表 7.9　"创新驱动"全局 MPI 指数分解

省域	2013—2014 年			2014—2015 年			2015—2016 年			2016—2017 年		
	PTE	SE	BPG	PTE	SE	BPG	PTE	SE	BPG	PTE	SE	BPG
北京	1.0000	1.0000	1.0631	1.0000	1.0000	1.0625	1.0000	1.0000	1.0965	1.0000	1.0000	1.0618
天津	1.0000	1.0190	1.0481	1.0000	0.9763	1.1494	1.0000	1.1211	1.0516	1.0000	1.1916	1.0915
河北	1.0501	1.0141	1.0028	1.1282	1.0103	1.0560	1.0578	1.0474	1.0423	1.1125	0.9985	1.0460
山西	1.0037	1.0935	1.0255	0.9065	1.2722	1.1182	1.0058	1.0312	1.0464	1.0124	1.0664	1.0084
内蒙古	1.1409	0.9304	1.0326	1.1092	0.9172	1.1185	0.9786	1.1382	1.0084	1.2614	1.0033	1.1028
辽宁	0.9197	1.0868	1.0182	1.1158	1.0609	1.1047	1.0917	0.9415	1.0730	0.9762	1.0431	1.0739
吉林	0.9581	1.0122	1.0263	1.0713	0.9374	1.0866	1.2158	1.0592	1.0523	1.2879	1.1793	0.9706
黑龙江	1.0304	1.0431	0.9916	1.0326	0.8797	1.1765	1.0058	1.0565	1.0044	1.0545	1.1096	0.9906
上海	1.0000	1.0583	1.0370	0.9826	1.0337	1.0989	0.9396	1.0487	1.0721	1.0649	0.9974	1.0789
江苏	0.8013	1.1168	0.9957	0.9365	1.0984	1.0442	0.9556	1.0269	1.0560	0.9973	1.0053	1.0430
浙江	1.0000	1.0000	0.9793	1.0000	1.0000	1.0168	1.0000	1.0000	1.0043	1.0000	1.0000	1.0000
安徽	1.0022	1.0360	0.9915	1.0060	1.0604	1.0486	1.0137	1.0540	1.0398	0.9549	1.0679	1.0407
福建	1.0068	1.0335	0.9891	1.0568	1.1924	0.9819	1.0485	1.0465	1.0397	1.0340	0.9879	1.0353
江西	1.1960	1.0509	0.9883	1.1956	1.0299	1.0907	1.1403	1.0669	1.0398	0.9624	0.9995	1.0773
山东	1.0285	1.0384	0.9982	1.0497	1.0246	1.0630	1.0478	1.0193	1.0650	1.0452	0.9936	1.0678
河南	1.0190	1.0337	0.9867	1.1171	1.0027	1.0442	1.0298	1.0134	1.0156	1.1148	1.0300	1.0052

续表

省域	2013—2014 年			2014—2015 年			2015—2016 年			2016—2017 年		
	PTE	SE	BPG	PTE	SE	BPG	PTE	SE	BPG	PTE	SE	BPG
湖北	1.0114	1.0845	1.0248	1.0933	0.9632	1.1418	1.0161	1.0209	1.0823	0.9613	1.0331	1.0522
湖南	1.0526	1.0605	0.9881	1.0123	1.0263	1.0655	1.0028	1.0353	1.0360	1.0010	0.9870	1.0710
广东	1.0834	1.0188	0.9368	1.0000	1.1605	1.0188	1.0000	1.0636	1.0500	1.0000	1.0558	1.0584
广西	1.1626	1.0604	0.9926	1.2488	1.0135	1.0683	1.0992	1.0267	1.0265	1.1778	1.0108	1.0061
海南	1.0543	0.9193	1.0548	1.0635	1.1638	0.9914	0.9534	0.9766	1.0353	0.9786	1.0130	1.1177
重庆	0.9811	1.0337	1.0012	1.0193	1.0459	1.0724	1.0000	1.0581	1.0416	0.8972	0.9293	1.0771
四川	0.9967	1.0315	1.0035	1.1650	1.0221	1.0493	0.9821	1.0159	1.0696	0.8979	0.9950	1.0704
贵州	1.0825	0.9865	1.0005	1.0500	0.9866	1.0648	0.9298	1.0135	1.0073	0.9588	1.0072	1.0254
云南	1.1035	0.9971	1.0151	0.9804	0.8652	1.1525	0.9663	1.0848	0.9923	1.0166	1.0176	1.0376
西藏	1.0000	1.0000	0.9513	1.0000	1.0000	1.0512	1.0000	1.0000	0.9881	1.0000	1.0000	1.0121
陕西	0.9701	1.0872	1.0735	1.0358	0.9211	1.2254	1.0517	1.0285	1.0933	0.8871	1.0744	1.0405
甘肃	1.0000	0.9673	1.0542	1.0000	0.8067	1.3788	1.0000	1.0504	1.0983	0.9892	1.2419	0.9860
青海	1.0000	1.0000	0.9832	1.0000	1.0000	1.3612	1.0000	1.0000	1.0000	1.0000	1.0000	0.9685
宁夏	1.0000	1.0695	0.9403	1.0000	0.9540	1.2007	1.0000	1.3579	0.9237	1.0000	1.0400	1.1679
新疆	1.1677	1.0285	0.9798	1.1187	0.9748	1.0928	1.0196	1.0773	1.0114	1.1554	0.9969	1.0647
平均值	1.0265	1.0294	1.0056	1.0482	1.0129	1.1031	1.0178	1.0477	1.0375	1.0258	1.0347	

表明这 6 个省域从 2013 年开始对科创事业生产规模的调整愈来愈到位。此外，四项规模效率变化指数的省域平均值均呈现大于 1 的状态，这表明 2013—2017 年来我国在科技创新方面的生产规模调整总体上取得成效。各省域四项规模效率变化指数的平均值，共有 24 个省域在五年期间的生产规模调整逐渐趋于有效。综上可得，实际上大部分省域在五年研究期内都有加强科创事业生产规模的建设，从而促进科创事业整体效率水平的提高。

技术变化方面，综合五年情况来看，2014—2017 年技术变化指数大于 1 的省域数量明显增多，这表明技术进步的效应从 2014 年开始显著体现。从各省域的角度来看，共有 12 个省域的科技创新技术在五年间连续有不同程度的进步。并且，就算是在五年间没有连续取得技术进步的省域，也只是存在少许的退步成分。从两个角度的技术变化指数平均值来分析，各省域四项技术变化指数的平均值以及四项技术变化指数的省域平均值均大于 1。这也能够说明，我国科技创新的生产力提升很大一部分原因是生产技术进步的推动。进一步根据生产技术变化因素分析发现，2014—2017 年技术进步效应的体现主要源于企业自身绝对技术创新的推动，这也给未来科技创新事业的生产发展规划提供了重要的决策支撑。

（三）民生改善

民生改善维度，以每千人口医疗卫生机构床位数、人均城市道路面积、交通运输、仓储和邮政业就业人员数、人均可支配收入作为投入指标，以城镇登记失业率城市用水普及率、城市燃气普及率、每万人拥有公共交通车辆、国家财政性教育经费、养老保险参保人数、最低生活保障人数、医疗救助人数作为产出指标，以我国大陆 31 个省、自治区、直辖市为研究对象（由于部分数据缺失，本书暂不考虑中国台湾、中国香港和中国澳门），对 2013—2017 年间各省域民生改善的情况进行研究分析。2013—2017 年间各省域民生改善情况的全局 Malmquist 生产力指数及指数分解分别如表 7.10 和表 7.11 所示。

表 7.10 呈现了"民生改善"维度 2013 年至 2017 年间的全局 Malmquist 生产力指数，通过表 7.10 可知，2013—2017 年，全局 MPI 指数大于 1 的省域数量逐年增加，但总数并不多。这也表明，2013—2017 年，我国在民生改善这方面的生产力水平有所提升，但提升的节奏稍缓。

从各省域全局 MPI 指数变化的情况来分析，在五年研究期间，共有 5 个省域的四项全局 MPI 指数均为 1，分别是上海、安徽、江西、贵州和青海。这也说明，这五个省域民生改善程度没有发生改变。同时，只有新疆地区的四项全局 MPI 指数均大于 1，说明新疆地区在这五年内十分注重解决民生问题；辽宁、陕西和黑龙江三个省域的四项全局 MPI 指数均小于 1，这说明这三个省域在民生改善方面的生产力水平在这五年内逐年都有不同程度的下降；其余 22 个省域中，共有 12 个省域在五年间至少有两项全局 MPI 指数小于 1，也就是说，2013—2017 年间，这些省域都表现出一定程度的生产力下降趋势。

通过以上信息可以总结出，各个省域在四项全局 MPI 指数的平均值情况并不是很理想，只有半数的省域在五年研究期内的平均全局 MPI 指数大于 1，整体而言，我国在民生改善方面所投入的生产力水平及其效用性不稳定，还需制定长远发展规划以加强民生问题的解决力度。

表 7.10　"民生改善"全局 Malmquist 生产力指数

省域	2013—2014 年	2014—2015 年	2015—2016 年	2016—2017 年	平均值
北京	1.0000	1.0000	0.9959	1.0041	1.0000
天津	1.0000	0.9969	1.0031	1.0000	1.0000
河北	0.9435	1.0355	1.0010	1.0225	1.0006
山西	0.9475	1.0036	0.9580	0.9702	0.9698
内蒙古	0.9968	0.9786	0.9687	1.0457	0.9974
辽宁	0.9627	0.9597	0.9937	0.9929	0.9772
吉林	0.9571	0.9966	0.9771	1.0137	0.9861
黑龙江	0.9566	0.9646	0.9872	0.9833	0.9729
上海	1.0000	1.0000	1.0000	1.0000	1.0000
江苏	1.0524	0.9439	1.0074	1.0516	1.0138
浙江	1.0000	0.9866	1.0089	1.0046	1.0000
安徽	1.0000	1.0000	1.0000	1.0000	1.0000
福建	1.0000	1.0000	1.0000	0.9621	0.9905
江西	1.0000	1.0000	1.0000	1.0000	1.0000
山东	0.9895	1.0106	1.0000	1.0000	1.0000
河南	1.0000	0.9987	0.9846	1.0169	1.0001
湖北	0.9470	1.0220	1.0322	0.9965	0.9994
湖南	1.0000	0.9871	1.0131	1.0000	1.0000
广东	1.0000	0.9922	1.0064	1.0014	1.0000
广西	0.9826	1.0108	0.9967	1.0102	1.0001
海南	1.0000	1.0000	0.9831	1.0172	1.0001
重庆	0.9747	0.9841	1.0299	1.0124	1.0002
四川	1.0000	0.9327	0.9977	1.0746	1.0013
贵州	1.0000	1.0000	1.0000	1.0000	1.0000
云南	1.0000	0.9755	0.9981	1.0271	1.0002

省域	2013—2014 年	2014—2015 年	2015—2016 年	2016—2017 年	平均值
西藏	1.0000	1.0000	0.9715	1.0294	1.0002
陕西	0.9092	0.9584	0.9998	0.9504	0.9544
甘肃	1.0000	1.0000	0.9983	0.9692	0.9919
青海	1.0000	1.0000	1.0000	1.0000	1.0000
宁夏	0.9980	1.0020	0.9639	1.0375	1.0003
新疆	1.0263	1.0098	1.1162	1.0143	1.0417
平均值	0.9885	0.9919	0.9998	1.0067	

图 7.3 呈现了我国各区域的"民生改善"平均全局 MPI 指数的变化趋势，可以看出，我国四大地区 2016—2017 年的平均全局 MPI 指数相比于 2013—2014 年都有所提升。但值得注意的是，各个地区指数变化的趋势并不相同。东部地区和西部地区的平均全局 MPI 指数 2013—2014 年到 2014—2015 年有小幅的下降，从 2015 年开始往后又分别有不同幅度的增长。中部地区与东部地区和西部地区相反，该地区的平均全局 MPI 指数 2013—2014 年到 2014—2015 年有较大的提升，但从 2015 年开始往后又有小幅度的下降。东北地区平均全局 MPI 指数则是从 2013 年开始一直以近似线性的趋势增长。

通过对 2016—2017 年与 2013—2014 年的两项平均全局 MPI 指数进行对比，可以发现，西部地区和东北地区在这五年里不断加强投入、使得生产力水平有着较大的上升空间，而东部地区和中部地区指数的变化程度较小。此外，经过五年的发展，东部地区和西部地区的民生改善平均水平已经转为"提升"状态，而中部地区和东北地区的

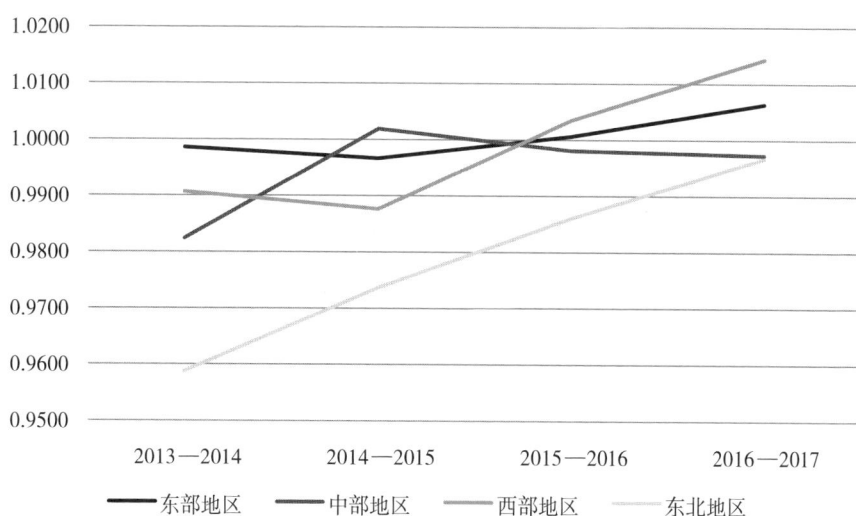

图 7.3　区域"民生改善"全局 Malmquist 生产力指数

平均水平仍然停留在"下降"状态。

表 7.11 呈现了"民生改善"全局 Malmquist 生产力指数分解结果。纯技术效率变化方面，在五年研究期内纯技术效率变化指数为 1 的省域占绝大多数，表明大多数省域在民生改善方面的纯技术效率并没有发生改变。从各个省域的角度来分析，内蒙古、辽宁、吉林、黑龙江和湖北这五个省域在五年间的纯技术效率有过提升的现象，同时只有陕西省的四项纯技术效率变化指数均小于 1。其余 25 个省域中，高达 24 个省域的四项纯技术效率变化指数均为 1，表明这些省域的纯技术效率都没有发生变化。总的来说，针对大部分省域纯技术效率没有发生改变的现象十分值得注意，应加强民生改善投入的有效性，促进纯技术效率的提升而避免其停滞不前与下降。

规模效率变化方面，综合来看同纯技术效率变化的情况相似，规模效率变化指数等于 1 的省域数量在五年间占绝大多数，这也表明，

表7.11 "民生改善"全局 MPI 指数分解

省域	2013—2014 年			2014—2015 年			2015—2016 年			2016—2017 年		
	PTE	SE	BPG	PTE	SE	BPG	PTE	SE	BPG	PTE	SE	BPG
北京	1.0000	1.0000	1.0000	1.0000	1.0000	1.0000	1.0000	1.0000	0.9959	1.0000	1.0000	1.0041
天津	1.0000	1.0000	1.0000	1.0000	1.0000	0.9969	1.0000	1.0000	1.0031	1.0000	1.0000	1.0000
河北	1.0000	1.0000	0.9435	1.0000	1.0000	1.0355	1.0000	1.0000	1.0010	1.0000	1.0000	1.0225
山西	1.0000	0.9744	0.9724	1.0309	1.0263	0.9780	1.0000	0.9886	0.9690	0.9800	1.0321	0.9592
内蒙古	0.9951	1.0531	0.9512	1.0679	0.9956	0.9534	0.9564	0.9972	1.0157	1.0080	0.9981	1.0393
辽宁	0.9628	1.0143	0.9858	1.0692	0.9589	0.9372	1.0787	0.9283	0.9923	0.8403	1.1410	1.0355
吉林	0.9773	1.0082	0.9713	1.1175	0.9987	0.9333	0.9945	0.9958	0.9866	0.9779	0.9991	1.0376
黑龙江	1.0043	1.0209	0.9330	1.0000	1.0099	0.8547	1.0000	1.0000	0.9872	0.8658	0.9912	1.1458
上海	1.0000	1.0000	1.0000	1.0000	1.0000	1.0000	1.0000	1.0000	1.0000	1.0000	1.0000	1.0000
江苏	1.0000	1.0000	1.0524	1.0000	1.0000	0.9439	1.0000	1.0000	1.0074	1.0000	1.0000	1.0516
浙江	1.0000	1.0000	1.0000	1.0000	1.0000	0.9866	1.0000	1.0000	1.0089	1.0000	1.0000	1.0046
安徽	1.0000	1.0000	1.0000	1.0000	1.0000	1.0000	1.0000	1.0000	1.0000	1.0000	1.0000	1.0000
福建	1.0000	1.0000	1.0000	1.0000	1.0000	1.0000	1.0000	1.0000	1.0000	1.0000	1.0000	0.9621
江西	1.0000	1.0000	1.0000	1.0000	1.0000	1.0000	1.0000	1.0000	1.0000	1.0000	1.0000	1.0000
山东	1.0000	1.0000	0.9895	1.0000	1.0000	1.0106	1.0000	1.0000	1.0000	1.0000	1.0000	1.0000
河南	1.0000	1.0000	1.0000	1.0000	1.0000	0.9987	1.0000	1.0000	0.9846	1.0000	1.0000	1.0169

续表

省域	2013—2014年			2014—2015年			2015—2016年			2016—2017年		
	PTE	SE	BPG	PTE	SE	BPG	PTE	SE	BPG	PTE	SE	BPG
湖北	1.0365	0.9699	0.9419	1.0000	1.1116	0.9194	1.0000	1.0000	1.0322	1.0000	0.8994	1.1080
湖南	1.0000	1.0000	1.0000	1.0000	1.0000	0.9871	1.0000	1.0000	1.0131	1.0000	1.0000	1.0000
广东	1.0000	1.0000	1.0000	1.0000	1.0000	0.9922	1.0000	1.0000	1.0064	1.0000	1.0000	1.0014
广西	1.0000	1.0000	0.9826	1.0000	1.0000	1.0108	1.0000	1.0000	0.9967	1.0000	1.0000	1.0102
海南	1.0000	1.0000	1.0000	1.0000	1.0000	1.0000	1.0000	1.0000	0.9831	1.0000	1.0000	1.0172
重庆	1.0000	1.0000	0.9747	1.0000	1.0000	0.9841	1.0000	1.0000	1.0299	1.0000	1.0000	1.0124
四川	1.0000	1.0000	1.0000	1.0000	1.0000	0.9327	1.0000	1.0000	0.9977	1.0000	1.0000	1.0746
贵州	1.0000	1.0000	1.0000	1.0000	1.0000	1.0000	1.0000	1.0000	1.0000	1.0000	1.0000	1.0000
云南	1.0000	1.0000	1.0000	1.0000	1.0000	0.9755	1.0000	1.0000	0.9981	1.0000	1.0000	1.0271
西藏	1.0000	1.0000	1.0000	1.0000	1.0000	1.0000	1.0000	1.0000	0.9715	1.0000	1.0000	1.0294
陕西	0.9277	0.9902	0.9899	0.9682	1.0055	0.9845	0.9755	1.0044	1.0205	0.9803	0.9915	0.9778
甘肃	1.0000	1.0000	1.0000	1.0000	1.0000	1.0000	1.0000	1.0000	0.9983	1.0000	1.0000	0.9692
青海	1.0000	1.0000	1.0000	1.0000	1.0000	1.0000	1.0000	1.0000	1.0000	1.0000	1.0000	1.0000
宁夏	1.0000	1.0000	0.9980	1.0000	1.0000	1.0020	1.0000	1.0000	0.9639	1.0000	1.0000	1.0375
新疆	1.0000	1.1344	0.9047	1.0000	1.0000	1.0098	1.0000	1.0000	1.1162	1.0000	1.0000	1.0143
平均值	0.9969	1.0053	0.9868	1.0082	1.0034	0.9815	1.0002	0.9972	1.0026	0.9888	1.0017	

大多数省域这五年内所做的规模调整均是无用功，通过各省域四项规模效率变化指数的平均值呈现出"6个省域的指数平均值大于1、23个省域等于1、2个省域小于1"的现象也可说明。

技术变化方面，综合来看，在五年研究期内，技术变化指数大于1的省域数量逐年增多、技术变化指数为1和小于1的省域数量有所下降，这也表明，越来越多的省域以加强民生改善的举措为助力来促进整体生产力的提高。结合纯技术效率和规模效率的变化情况来看，大多数省域民生改善生产力水平的提高都是由于技术进步的推动，而生产技术的进步更多的是由于企业自身技术创新所带来的显著成效。

（四）环境改良

环境改良维度，以环境污染治理投资总额、城镇环境基础设施建设投资额、化肥施用量作为投入指标，以环境污染治理投资占GDP比重、废水排放总量、废气排放总量、工业固体废物产生量、城市人均公园绿地面积作为产出指标，以我国大陆31个省、自治区、直辖市为研究对象（由于部分数据缺失，本书暂不考虑中国台湾、中国香港和中国澳门），对2013—2017年间各省域环境改良的情况进行研究分析。2013年至2017年间各省域环境改良情况的全局Malmquist生产力指数及指数分解分别如表7.12和表7.13所示。

表7.12呈现了各省域2013—2017年"环境改良"维度下的全局Malmquist指数变化情况。通过五年的总体表现来看，五年间全局MPI指数大于1的省域数量和全局MPI指数小于1的省域数量差距较小。从各个省域的角度来分析，共有4个省域的四项全局MPI指数均大于1，分别是北京、上海、江苏和浙江，表明这几个省域在环境改良方面的生产力水平十分强劲。进一步分析可知，这几个省域属于我国经

济发展的较高水平，对于资源的富饶度也高于其他省域，因此，在追求经济高质量发展的同时，这几个地区也重点关注了环境的改良，并不断提高这方面的生产力。

表 7.12　"环境改良"全局 Malmquist 生产力指数

省域	2013—2014 年	2014—2015 年	2015—2016 年	2016—2017 年	平均值
北京	1.3973	1.0599	1.1084	1.1375	1.1758
天津	0.9657	1.0659	1.0733	1.0449	1.0374
河北	0.9899	1.0319	0.9370	0.8290	0.9470
山西	1.0039	1.0186	0.9166	0.9498	0.9722
内蒙古	0.9533	1.0086	1.0159	1.1076	1.0214
辽宁	1.1544	1.0354	1.3073	0.8714	1.0921
吉林	0.9848	0.9045	1.4159	0.9349	1.0600
黑龙江	1.0421	1.0284	0.9695	1.2858	1.0815
上海	1.0933	1.0709	1.1057	1.1208	1.0977
江苏	1.0379	1.0211	1.0509	1.0228	1.0332
浙江	1.0694	1.0470	1.0339	1.0665	1.0542
安徽	0.9499	0.9523	0.9039	0.9111	0.9293
福建	1.0295	0.9948	1.2100	0.9882	1.0556
江西	0.9344	0.9472	0.8901	1.0675	0.9598
山东	1.0285	1.1898	0.9869	0.9211	1.0316
河南	0.9821	0.9712	0.8826	0.7991	0.9087
湖北	0.8811	1.1335	0.7079	0.9326	0.9138
湖南	0.9685	0.8055	1.4981	0.9064	1.0446
广东	1.0280	1.1886	0.7936	0.9139	0.9810
广西	0.9385	0.9047	0.9773	1.0572	0.9694

省域	2013—2014 年	2014—2015 年	2015—2016 年	2016—2017 年	平均值
海南	0.9258	1.0145	1.4458	0.2063	0.8981
重庆	0.9833	1.1010	0.9745	0.8933	0.9880
四川	0.8132	1.3097	0.7184	0.9875	0.9572
贵州	0.8367	0.9415	1.0887	0.8206	0.9219
云南	1.0107	0.9319	1.0476	0.9029	0.9733
西藏	1.0000	1.0000	0.7640	1.3089	1.0182
陕西	0.8915	1.0162	0.8965	0.8988	0.9258
甘肃	0.9579	1.0189	0.9802	1.0095	0.9916
青海	1.0809	0.9337	1.2619	1.0051	1.0704
宁夏	0.9421	0.9318	0.9192	0.9637	0.9392
新疆	0.9025	1.0206	0.9660	0.8898	0.9447
平均值	0.9928	1.0193	1.0273	0.9598	

图 7.4 呈现了我国各区域在环境改良方面的全局 Malmquist 生产力平均指数，首先，2014—2015 年的全局 Malmquist 生产力平均指数对于西部地区和东北地区是一个需要重点关注的节点，这是因为西部地区只有在 2014—2015 年的全局 Malmquist 生产力平均指数大于 1，而东北地区只有在这两年间的平均指数小于 1。

其次，东部地区和中部地区的全局 Malmquist 生产力平均指数有着相似的变化趋势，这两个地区的全局 Malmquist 生产力平均指数在 2013—2016 年期间都有着不同程度的增长。但在 2016—2017 年间又产生了较大幅度的下跌，以至于这两个地区的全局 Malmquist 生产力平均指数在 2016—2017 年间均小于 1。但不同的是，东部地区在

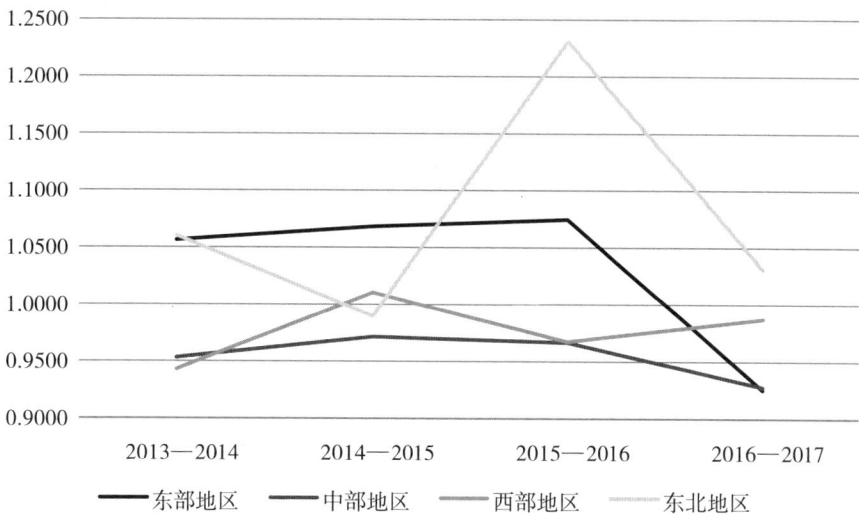

图 7.4 区域"环境改良"全局 Malmquist 生产力指数

2013—2016 年期间的全局 Malmquist 生产力平均指数均大于 1,中部
地区在 2013—2016 年期间的全局 Malmquist 生产力平均指数均小于 1,
相比较而言,东部地区的全局 Malmquist 生产力平均指数在 2016—
2017 年期间下降的幅度更大。

表 7.13 呈现了各省域在环境改良方面的全局 Malmquist 生产
力指数分解结果。纯技术效率变化方面,指数大于 1 的省域数量在
2013—2016 年间逐年递增,并且 2013—2014 年到 2014—2015 年
的增长幅度最大。但经过前四年的增长后,指数大于 1 的省域数量
在 2016—2017 年间有所减少。从各省域的角度来分析,共有 4 个省
域的四项纯技术效率变化指数均为 1,分别是北京、海南、西藏和宁
夏,表明这 4 个省域环境改良方面的纯技术效率在五年间并未发生改
变。从各省域四项纯技术效率变化指数的平均值来看,共有 24 个省
域的纯技术效率变化平均指数大于 1,4 个省域的纯技术效率变化平

均指数等于 1，3 个省域的纯技术效率变化平均指数小于 1。这也表明，大部分省域环境改良方面的纯技术效率在五年间平均程度上是提高的。

规模效率变化方面，总体来看，2014—2017 年的三项规模效率变化指数都是大于 1 的省域数量多于小于 1 的省域数量，只有 2013—2014 年的规模效率变化指数是大于 1 的省域数量少于小于 1 的省域数量。由此，通过对四项规模效率变化指数的省域平均值进行分析，2013—2017 年期间的所有省域规模效率平均看来都有不同程度的提高。从各个省域的角度来分析，共有 28 个省域的规模效率变化平均指数大于 1，占比 90.32%，这和绝大部分省域都在多个年份内提高了规模效率有着至关重要的联系。

技术变化方面，总体来看，2014—2017 年期间的三项技术变化指数都是小于 1 的省域数量多于大于 1 的省域数量，而只有 2013—2014 年的情况相反。这也表明，大部分省域的环境改良技术只在 2013—2014 年有进步，在 2014 年之后就转变为退步的状态。具体从自主研发创新与干中学效应两方面来看，2014—2017 年间干中学效应的省域平均值处于正向水平，而自主研发创新活动却处于些微的退步状态。从各个省域的角度来分析，虽然所有省域的四项技术变化指数都同时存在大于 1 和小于 1 的情况，但由于小于 1 的指数偏离 1 的程度较多（例如福建在 2015—2016 年间的技术变化指数仅为 0.35），从而导致有 12 个省域在所有技术变化指数的平均值小于 1，表明这部分省域的生产技术平均水平因年份间变动的不平衡而处于退步状态。

表 7.13 "环境改良"全局 MPI 指数分解

省域	2013—2014 年			2014—2015 年			2015—2016 年			2016—2017 年		
	PTE	SE	BPG	PTE	SE	BPG	PTE	SE	BPG	PTE	SE	BPG
北京	1.0000	1.3695	1.0203	1.0000	1.1653	0.9096	1.0000	1.0000	1.1084	1.0000	1.0000	1.1375
天津	0.6314	1.4361	1.0651	0.8285	1.1810	1.0893	2.5352	0.7424	0.5703	0.8690	1.3895	0.8653
河北	0.9521	0.5640	1.8434	1.0074	1.3606	0.7529	1.4577	1.0939	0.5876	0.6387	1.3977	0.9286
山西	1.7078	0.4274	1.3752	1.0026	1.7355	0.5854	4.8905	0.3481	0.5383	0.1709	4.2112	1.3199
内蒙古	1.0000	0.5259	1.8127	1.0000	1.8286	0.5516	1.0000	1.1890	0.8544	0.3131	4.2252	0.8374
辽宁	0.7146	0.8565	1.8860	1.3395	1.2571	0.6149	1.9738	0.9380	0.7062	0.9867	1.0801	0.8176
吉林	0.7347	0.9342	1.4349	0.8956	0.7271	1.3891	3.2611	1.1331	0.3832	1.0168	1.3092	0.7023
黑龙江	0.9241	0.8925	1.2635	0.9500	0.9871	1.0967	1.9636	1.1428	0.4321	1.6425	1.0731	0.7295
上海	0.9845	0.8652	1.2836	1.2289	1.4038	0.6208	1.0043	1.0317	1.0671	0.9636	0.9728	1.1957
江苏	0.8752	0.5266	2.2521	0.9436	1.5128	0.7153	1.4414	1.2247	0.5953	0.8439	1.6165	0.7497
浙江	0.7756	0.9227	1.4943	0.9324	1.2996	0.8641	1.6101	0.8471	0.7581	0.9302	1.1743	0.9763
安徽	0.0912	7.1725	1.4524	1.2831	1.0287	0.7215	1.0374	1.1778	0.7398	0.9203	1.4662	0.6752
福建	0.9389	0.7182	1.5267	0.6813	1.0268	1.4220	2.5419	1.3602	0.3500	0.9213	1.2136	0.8838
江西	0.8502	0.5791	1.8977	0.8367	1.2512	0.9048	1.3509	1.1578	0.5691	0.8598	1.3375	0.9282
山东	1.0505	0.4690	2.0874	1.3199	0.7390	1.2199	1.1092	2.4663	0.3608	0.6660	1.3456	1.0279
河南	0.5279	1.1546	1.6113	0.8160	1.0742	1.1079	2.1824	0.9618	0.4205	0.8381	0.9451	1.0089

续表

省域	2013—2014年			2014—2015年			2015—2016年			2016—2017年		
	PTE	SE	BPG	PTE	SE	BPG	PTE	SE	BPG	PTE	SE	BPG
湖北	0.4526	1.0401	1.8715	1.0953	1.0225	1.0121	1.4301	0.7799	0.6347	1.2398	1.2206	0.6163
湖南	0.5762	1.1108	1.5132	1.9273	0.9252	0.4517	1.1297	1.0893	1.2173	1.1949	1.0579	0.7170
广东	0.5222	1.0961	1.7961	2.3051	0.9854	0.5233	0.5887	2.7861	0.4839	0.9969	0.9969	0.9196
广西	0.5939	0.9773	1.6170	1.7316	0.7696	0.6788	1.2454	1.0315	0.7607	1.5701	1.1603	0.5803
海南	1.0000	0.8221	1.1261	1.0000	1.2164	0.8340	1.0000	1.0000	1.4458	1.0000	1.0000	0.2063
重庆	0.4409	1.0332	2.1586	1.1884	0.7419	1.2488	1.9086	1.3451	0.3796	1.0000	1.0870	0.8218
四川	0.4578	0.9535	1.8630	1.2152	0.9361	1.1513	2.1994	0.7816	0.4179	1.0496	1.3131	0.7165
贵州	0.5982	0.6152	2.2737	1.1146	1.2786	0.6607	2.7936	0.6976	0.5586	0.6507	1.9419	0.6494
云南	0.5606	1.1722	1.5381	1.5158	0.9562	0.6430	1.8327	1.0338	0.5529	1.0903	0.9610	0.8617
西藏	1.0000	1.0000	1.0000	1.0000	1.0000	1.0000	1.0000	1.0000	0.7640	1.0000	1.0000	1.3089
陕西	0.6829	0.6482	2.0142	1.1933	1.0697	0.7961	1.2532	1.1705	0.6111	0.9471	1.2179	0.7792
甘肃	1.2794	0.5553	1.3483	1.2601	1.2213	0.6621	1.2861	1.2630	0.6034	1.2413	1.2924	0.6293
青海	0.6382	1.0572	1.6021	1.8302	1.0019	0.5092	1.0000	1.0000	1.2619	1.0000	1.0000	1.0051
宁夏	1.0000	0.4902	1.9219	1.0000	2.4036	0.3877	1.0000	1.2387	0.7420	1.0000	1.0000	0.9637
新疆	1.0000	1.0167	0.8877	1.0000	1.8415	0.5542	0.4043	2.7748	0.8611	2.4734	0.3460	1.0398
平均值	0.7923	1.0646	1.6077	1.1756	1.1919	0.8283	1.6268	1.1873	0.6883	1.0011	1.3662	

（五）生态保护

生态保护维度，以矿山环境恢复治理投资额、水土保持及生态项目当年投资完成额作为投入指标，以当年矿山环境恢复面积、当年新增水土治理面积、人均水资源量和造林面积作为产出指标，以我国大陆29个省、自治区、直辖市为研究对象（由于部分数据缺失，本书暂不考虑上海、西藏、中国台湾、中国香港和中国澳门），对2013—2017年间各省域生态保护的情况进行研究分析。2013至2017年间各省域生态保护情况的全局Malmquist生产力指数及指数分解分别如表7.14和表7.15所示。

表7.14呈现了各省域在生态保护方面2013—2017年间的全局Malmquist生产力指数。总体来看，四项全局MPI指数的省域平均值呈现出"只有2016—2017年间的全局MPI指数小于1、其余年份间的全局MPI指数均大于1"的现象。

从各个省域的角度来分析，共有11个省域在五年间存在特别明显的生产力提升现象，具体来说都存在至少一项全局MPI指数大于2，分别是北京、山西、辽宁、吉林、黑龙江、江苏、广东、重庆、陕西、青海和新疆，其中北京的生态保护生产力水平提升程度最高，在四项全局MPI指数的平均值为2.1726，表示北京在这五年间的生态保护生产力水平提升程度非常大。结合对其他省域的全局MPI平均指数进行分析发现，共有19个省域的全局MPI平均指数大于1，10个省域的全局MPI平均指数小于1。这也表明，在五年研究期内，我国大部分省域的平均生态保护生产力水平都处于提升状态。

表 7.14　"生态保护"全局 Malmquist 生产力指数

省域	2013—2014 年	2014—2015 年	2015—2016 年	2016—2017 年	平均值
北京	3.2717	0.3620	4.9595	0.0973	2.1726
天津	0.9273	1.2250	1.2141	0.5193	0.9714
河北	0.5249	0.6709	1.3662	0.9549	0.8792
山西	1.8108	0.5474	2.9972	0.4488	1.4511
内蒙古	0.7435	1.5791	0.8685	1.1084	1.0749
辽宁	1.3444	0.8085	2.7284	0.5978	1.3698
吉林	0.5447	2.6777	0.2675	0.8925	1.0956
黑龙江	1.5880	0.5580	2.6399	0.7789	1.3912
江苏	2.0326	0.5632	0.9233	2.1193	1.4096
浙江	0.4958	1.4329	0.7307	0.7998	0.8648
安徽	1.1835	1.5067	0.5610	1.5787	1.2075
福建	1.1760	0.7755	0.9346	0.3185	0.8012
江西	1.3125	0.4653	1.5616	0.8529	1.0481
山东	0.8765	1.4606	0.8598	0.7065	0.9759
河南	1.4257	0.7681	0.6817	0.5323	0.8520
湖北	0.7069	0.8201	1.0781	1.4192	1.0061
湖南	1.0815	1.7187	0.3886	1.5200	1.1772
广东	0.7472	4.6681	0.7277	0.4432	1.6466
广西	0.7901	0.5452	1.5116	0.7254	0.8931
海南	0.6268	0.5726	1.3345	0.4741	0.7520
重庆	1.2914	0.5604	2.2533	0.5352	1.1601
四川	1.0374	1.2200	1.3687	1.2318	1.2145
贵州	1.6191	1.1291	0.6984	0.8991	1.0864
云南	0.3371	1.9508	0.6656	0.9610	0.9786
陕西	2.4808	0.4552	2.1969	0.1377	1.3176
甘肃	1.7796	1.7034	1.1637	0.4202	1.2667

续表

省域	2013—2014 年	2014—2015 年	2015—2016 年	2016—2017 年	平均值
青海	1.0213	0.1357	2.4572	1.1444	1.1896
宁夏	2.0546	0.3702	1.2974	0.6846	1.1017
新疆	0.9298	0.9260	1.7036	0.3886	0.9870
平均值	1.2332	1.1095	1.4531	0.8031	

图 7.5 呈现了各区域生态保护方面的全局 Malmquist 生产力平均指数，2013—2014 年的指数到 2014—2015 年指数的变化中，东部地区和东北地区的全局 Malmquist 生产力平均指数都有所增长，而中部地区和西部地区的全局 Malmquist 生产力平均指数处于相似的下降趋势。2014—2015 年的指数到 2015—2016 年指数的变化中，四个地区的全局 Malmquist 生产力平均指数都有所增长，其中东北地区平均指数增长的幅度最大、东部地区平均指数增长的幅度最小。2015—2016

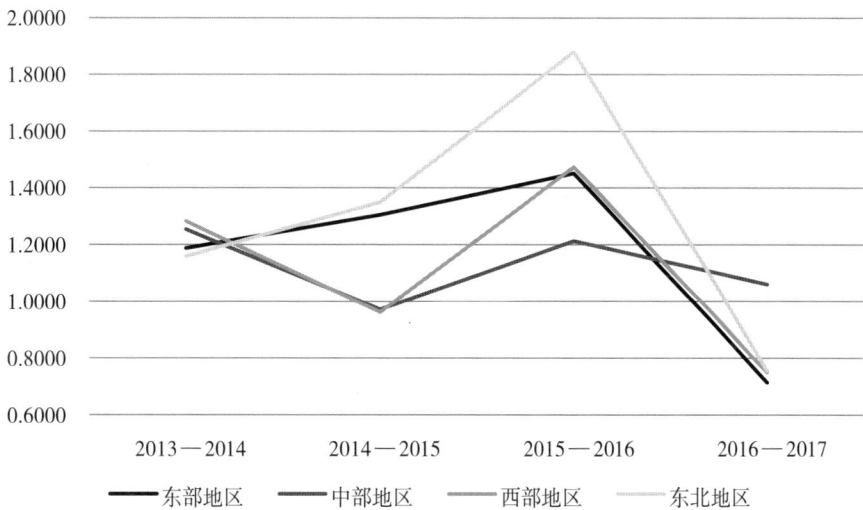

图 7.5　区域"生态保护"全局 Malmquist 生产力指数

年指数到 2016—2017 年指数的变化中，四个地区的全局 Malmquist 生产力平均指数都有所下降，其中东部地区、西部地区和东北地区都下降得比较多，中部地区下降得比较少。

表 7.15 呈现了各省域全局 Malmquist 生产力指数的分解结果。首先，纯技术效率变化方面，在五年研究期内，纯技术效率变化指数大于 1 的省域并不算多，因此，应注意提高生态保护方面的纯技术效率，使更多的省域达到更高效的状态。从各个省域的角度来分析，天津、内蒙古、海南、四川和青海五个省域的纯技术效率变化指数在五年间均为 1，表明这几个地区的纯技术效率在五年间并未发生改变。将各省域四项纯技术效率变化指数的平均值进行分析，共有 17 个省域的纯技术效率变化平均指数大于 1、5 个省域的平均指数等于 1、7 个省域的平均指数小于 1。可以发现，纯技术效率变化平均指数大于 1 的大多数省域是因为在某两个相邻年份间的纯技术效率变化指数远大于 1，因此综合五年的平均变化水平便也有所提升。

规模效率变化方面，总体来看，前三年所有省域的规模效率变化指数情况相差不大，但在 2015—2016 年间，规模效率变化指数大于 1 的省域数量大幅减少，相应的规模效率变化指数小于 1 的省域数量大幅增加。而在之后的三年中，规模效率变化指数大于 1 的省域数量又有所增加，相应的规模效率变化指数小于 1 的省域数量有所减少。

从各个省域的角度来分析，海南五年间的四项规模效率变化指数均为 1，表明海南的生态保护规模效率在五年间并未发生改变。同时，只有内蒙古和辽宁两个省域的规模效率变化指数在五年间都没有小于1的情况。从两个角度的平均值来分析，从四项规模效率变化指数的省域平均值来看，只有2015—2016年的规模效率变化平均指数小于1，其余年份间的规模效率变化平均指数均大于1。另外，各省域四项规模效率变化指数的平均值表明，仍有一大部分省域的生态保护规模效率平均变化水平处于提升状态。

技术变化方面，前三年间，各省域的生态保护技术变化情况一致，技术变化指数大于1的省域数量在2015—2016年间大幅增加，又在2016—2017年间急剧减少，因此，后三年的技术变化情况应视为着重关注点。具体分析可知，2015—2016年技术进步幅度提高同时受自主研发创新活动和干中学效应的影响，而2016—2017年技术退步的现象主要是由于自主研发创新技术的退步导致的。

从各个省域的角度来分析，2013—2014年只有陕西的技术变化指数远大于1，达到了2.4808。2015—2016年共有8个省域的技术变化指数远大于1，分别是北京、黑龙江、浙江、湖北、重庆、陕西、青海和宁夏，这也表明，这8个省域在2015—2016年的生态保护技术取得十分显著的进步。通过各省域四项技术变化指数的平均值可以发现，技术变化平均指数大于1的省域数量和平均指数小于1的省域数量几乎各占一半，说明我国今后仍需加大力度来促进各省域生态保护技术的进步。

表 7.15 "生态保护"全局 MPI 指数分解

省域	2013—2014 年			2014—2015 年			2015—2016 年			2016—2017 年		
	PTE	SE	BPG	PTE	SE	BPG	PTE	SE	BPG	PTE	SE	BPG
北京	4.6595	1.2361	0.5680	0.5485	0.8346	0.7907	1.9332	1.2526	2.0480	0.4412	0.6274	0.3515
天津	1.0000	1.0727	0.8645	1.0000	0.9431	1.2989	1.0000	1.1062	1.0976	1.0000	1.3238	0.3923
河北	0.8801	0.8946	0.6667	0.3974	0.9980	1.6914	3.1613	0.3711	1.1644	0.4558	4.1607	0.5036
山西	1.7599	0.9015	1.1413	0.6771	1.1325	0.7140	1.4769	1.2638	1.6057	1.0000	1.0000	0.4488
内蒙古	1.0000	2.2179	0.3353	1.0000	1.0000	1.5791	1.0000	1.0000	0.8685	1.0000	1.0000	1.1084
辽宁	0.7254	2.7018	0.6859	0.6720	1.2240	0.9830	1.5403	1.1335	1.5626	0.7006	1.0076	0.8468
吉林	0.6632	0.9819	0.8365	1.5079	1.0184	1.7437	0.3094	0.9609	0.8995	1.1343	0.9659	0.8147
黑龙江	1.0000	2.0603	0.7708	0.7988	0.9671	0.7223	1.2518	1.0341	2.0394	1.0000	1.0000	0.7789
江苏	1.7658	0.9395	1.2251	0.6215	1.0075	0.8994	0.8406	0.9384	1.1704	4.4498	1.0971	0.4341
浙江	0.3254	0.8600	1.7719	3.6454	1.2360	0.3180	0.3604	0.9018	2.2483	1.4833	0.9957	0.5415
安徽	1.3102	1.1329	0.7973	1.4807	0.9188	1.1074	0.4108	1.0570	1.2919	4.3388	1.0813	0.3365
福建	1.2128	1.1614	0.8350	0.7413	0.8664	1.2075	1.0501	0.7427	1.1984	0.3871	1.4992	0.5489
江西	1.0000	1.2339	1.0637	0.8977	0.8853	0.5855	1.1139	0.7975	1.7578	1.0000	1.4163	0.6022
山东	0.5368	2.4463	0.6674	1.1469	1.3221	0.9633	0.6918	0.9214	1.3489	1.7433	1.0808	0.3750
河南	1.6650	1.1684	0.7328	0.4183	1.2202	1.5047	0.6275	0.9380	1.1582	1.3140	1.0589	0.3826

续表

省域	2013—2014 年			2014—2015 年			2015—2016 年			2016—2017 年		
	PTE	SE	BPG	PTE	SE	BPG	PTE	SE	BPG	PTE	SE	BPG
湖北	0.6802	0.9723	1.0689	1.0638	0.9650	0.7989	0.4453	1.1853	2.0423	3.6652	0.8700	0.4451
湖南	1.8800	0.9672	0.5948	1.0000	1.0831	1.5867	0.3841	0.8619	1.1741	1.1377	1.8975	0.7041
广东	0.6630	0.9059	1.2440	4.2511	1.1083	0.9908	0.8248	0.8779	1.0050	0.6802	1.1329	0.5752
广西	1.0000	1.0000	0.7901	1.0000	1.0000	0.5452	0.8968	0.8445	1.9958	1.1150	1.1841	0.5494
海南	1.0000	1.0000	0.6268	1.0000	1.0000	0.5726	1.0000	1.0000	1.3345	1.0000	1.0000	0.4741
重庆	1.0000	0.9869	1.3086	1.0000	1.0133	0.5530	1.0000	1.0000	2.2533	0.9143	0.9950	0.5883
四川	1.0000	0.8261	1.2558	1.0000	0.8549	1.4271	1.0000	0.9156	1.4949	1.0000	1.5465	0.7965
贵州	1.9750	1.2054	0.6801	0.9700	1.0196	1.1417	0.7662	0.5552	1.6417	1.3455	0.9400	0.7109
云南	1.0000	0.4165	0.8095	1.0000	1.2932	1.5086	1.0000	0.5620	1.1844	0.8583	2.9156	0.3840
陕西	1.0000	1.0000	2.4808	1.0000	1.0000	0.4552	1.0000	1.0000	2.1969	0.3451	0.9912	0.4025
甘肃	1.6706	0.9568	1.1133	1.0000	1.0845	1.5707	1.0000	1.0000	1.1637	1.0000	0.8445	0.4976
青海	1.0000	1.0000	1.0213	1.0000	1.0000	0.1357	1.0000	0.6124	4.0122	1.0000	1.6329	0.7008
宁夏	1.5012	1.0147	1.3487	0.9834	0.9334	0.4034	0.5889	0.8345	2.6400	1.7268	1.2839	0.3088
新疆	1.0000	1.0137	0.9172	1.0000	1.0000	0.9260	1.0000	1.0000	1.7036	0.9908	0.9902	0.3961
平均值	1.2370	1.1819	0.9732	1.1318	1.0320	0.9905	0.9888	0.9196	1.6311	1.3182	1.2945	

第二节　区域高质量发展比较优势的识别

综合 2013—2017 年对各省域开展的五个维度的 Malmquist—DEA 动态评价分析，以 2017 年的静态评价结果作为参考，结合各省域发展实际现状来识别各个评价维度下的省域高质量发展比较优势。

一、经济发展

"经济发展"评价维度，具有较强的区域高质量发展比较优势的省域有北京、上海、江苏、浙江、福建、山东、广东，可以看出，这些省域集中在东部地区。

进一步分析可知，北京是我国的政治中心和经济中心，人均地区生产总值居全国各省域首位，说明北京的经济带动力处于较强的水平。此外，北京的第三产业占 GDP 的比重最高，在高质量发展时代下，第三产业的繁荣对促进国民经济的迅速发展具有重要意义。上海、江苏、浙江、广东、福建地处沿海位置，由此这些地区国际贸易的发展较为繁荣，进出口贸易大大推动了这些省域的经济发展。其中，江、浙、沪地区外贸投资总额总体上较高、外贸依存度也较强。广东的外商投资额居全国各省域首位、高达 17622.27 亿美元，并且该投资额在该省生产总值中所占比重也居首位，说明广东在国际贸易的投资大大促进了当地的经济发展。山东的全社会固定资产投资额是全国最高水平，且最终消费支出的水平也较高，这将为该地区经济高质量发展提供良好的基础。

二、创新驱动

"创新驱动"评价维度，具有比较优势的省域有北京、上海、江苏、浙江、安徽、山东、河南、湖北、广东、四川。其中，东部地区占了 6 个省域，中部地区占了 3 个省域，西部地区占了 1 个省域。

首先，北京、上海、江苏、浙江和广东在科技创新方面的投入规模较大，R&D 全时人员当量和 R&D 经费内部支出包揽我国所有省域前五名。其次，就 R&D 经费投入强度和技术市场的成交额来看，北京都稳居全国各省域第一位，尤其是该市技术市场成交额占全国技术市场成交额的 34.73%。广东、江苏和浙江 2017 年的有效发明专利数分别占全国有效发明专利总数的 18.79%、13.05% 和 12.66%，由此足以体现这三个省域对于技术研发活动的大力支持以及技术成果产出的高效性。

对于中部地区的安徽、河南和湖北，首先，2017 年安徽的 R&D 全时人员当量、R&D 经费投入强度和有效发明专利数都位于全国第九，河南的 R&D 全时人员当量、R&D 经费内部支出和有效发明专利数分别位于全国第七、第九和第十位，使得这两个省域相对于中部地区的其他省域具有一定的优势。湖北最大的优势在于其技术市场成交额占全国技术市场成交额的第二位，这体现了湖北较强的成果转化能力。

四川作为西部地区唯一具有比较优势的省域，其 R&D 全时人员当量、R&D 经费内部支出和有效发明专利数都位于全国第八位，技术市场成交额位于全国各省域第九位，这些卓越的表现使得该省域较为突出。

三、民生改善

"民生改善"评价维度，具有比较优势的省域有江苏、山东、浙江、湖北、河南、河北、安徽、四川、新疆和辽宁。

对东部地区优势省域进行分析，首先，江苏的人均城市道路面积、直接医疗求助人次、教育经费支出、每万人拥有的公共交通车辆数、交通业从业人员数、城市用水普及率、城市燃气普及率、人均可支配收入等指标均居全国首列，在多方面都可看出该省的民生问题在多个维度都处于有效改善水平。同江苏一样，山东和浙江的民生高质量发展相对优势也综合体现在以上提及的指标中。

对中部地区的优势省域进行分析，湖北的主要优势体现在较低的城镇登记失业率，其次体现在每千人口医疗卫生机构床位数、人均城市道路面积、交通业从业人员数、养老保险参保人数和直接医疗救助人次数指标上。河北主要的民生改善优势来源于城市燃气普及率、每万人拥有的公共交通车辆数以及养老保险参保人数。河南的主要优势体现在养老保险参保人数、城乡的最低生活保障人数和财政性教育经费支出。安徽的主要优势体现在该省人均城市道路面积、城市用水普及率和直接医疗求助人次数。

对西部地区的优势省域进行分析，新疆的相对优势能够从就医和城镇就业来表现，该地区每千人口医疗卫生机构床位数最多，且城镇登记失业率是西部地区省域中最低的。四川的主要优势体现在交通业从业人员数、教育经费支出、养老保险参保人数和城乡最低生活保障人数。

对东北地区的辽宁进行分析，该省的每千人口医疗卫生机构床位数、交通业从业人员数、人均可支配收入都是东北地区省域中的最高水平，并且分别位于全国第二位和第八位的位置。

四、环境改良

"环境改良"评价维度,具有比较优势的省域有山东、河南、安徽、新疆、内蒙古、西藏和北京。

对东部地区的优势省域进行分析,2017 年,山东对环境污染治理的投资额是全国最高水平,占 9.95%,并且该省的化肥施用量是东部地区省域中最高的,充分说明该省对环境改良工作的大力扶持。北京重点关注城镇环境基础设施建设,同时对环境污染物排放也具备较强的控制能力,"三废"排放量中的废气污染物排放量和工业固体废物产生量都达到东部地区最低的水平。

对中部地区的优势省域进行分析,河南最明显的优势体现在化肥施用量这一指标,2017 年该省化肥施用量居全国第一。安徽的城市人均公园绿地面积属中部地区最广,说明该省注重为公众提供良好的人文环境。

对西部地区的优势省域进行分析,新疆的主要优势体现在污染治理投资额占当地 GDP 的比重较高。内蒙古的主要优势体现在该地区的环境污染治理投资额和城镇环境基础设施投资总额都居全国各省域首位。西藏的主要优势体现在当地的"三废"排放量是全国各省域中最低的,说明该地环境污染控制程度非常好。

五、生态保护

"生态保护"评价维度,具有比较优势的省域有陕西、内蒙古、河北、山西、宁夏、甘肃和青海,其中绝大部分都位于西部地区。分析可知,西部地区草原和荒漠面积广大、矿产资源较为丰富,在一定程度上促进该地区开展生态建设的必要性。进一步分析发现,该地区具备高质量发展比较优势的省域几乎分别在相关指标表现上都能取得全国范围内的最高水平。例如，内蒙古的矿山环境恢复面积和造林面积、陕西的水土治理投资额、宁夏的矿山环境恢复治理投入资金、甘肃的水土治理面积分别都居于全国各省域首位。

第三节　基于比较优势赋能的区域高质量发展实现路径

基于对各省域 2013—2017 年的 DEA 效率评价结果以及某些省域在五个评价维度下的比较优势识别结果，对各省域在五个维度下的高质量发展目标进行设定进而研究高质量发展的实现路径。为了确保各省域在现实中更好地达成目标及实现高质量发展，选取投入导向型 DEA 模型，结合投入冗余分析表来探究各省域的高质量发展实现路径。

一、经济发展

"经济发展"维度，表 7.16 至表 7.19 分别呈现了各省域 2013—2017 年对于"年末从业人数""全社会固定资产投资额""最终消费支出"以及"外商投资额"投入指标的有效调整量。

综合看来，研究期五年内需要进行指标调整的省域至少占所有参评省域的三分之一。另外，只有 3 个省域的纯技术效率五年间均保持为 1，分别是上海、海南和西藏，即这 3 个省域不需要做任何指标调整。

具体来看，该维度下具有比较优势的北京、上海、江苏、浙江、福建、山东和广东这七个省域，山东的平均调整程度最大，紧接着是江苏、浙江、广东和福建，北京的平均调整范围最小。

通过分析发现，山东的平均调整量之所以最大是因为该省只有在"全社会固定资产投资额"这一指标上处于较高水平，而在其他指标上的表现相比东部地区其他省域来说较为落后，综合看来效率则偏低。因此，山东的经济高质量发展方向应包括深入贯彻对外开放政策、利用自身优势吸引更多外商投资，以此来扩大国际贸易规模经济。广东虽然在多项经济指标上都处于全国顶尖水平，但该省经济的主要推动力都来源于进出口贸易，而人均地区生产总值、第三产业占地区生产总值的比重以及该省的消费率相比东部地区其他省域并不高，这直接导致该省经济投入出现冗余。因此，广东应从影响地区生产总值的因素入手，特别是除了国际贸易以外的其他因素，由此来促进当地GDP的合理增长。

表 7.16　2013—2017 年"年末从业人数"投入冗余量

省域	2013 年	2014 年	2015 年	2016 年	2017 年	平均值
北京	0	2283.27	0	0	0	456.65
天津	0	396.95	0	0	0	79.39
河北	468.68	21649.41	628.73	687.36	783.30	4843.50
山西	338.19	9284.80	392.11	0	290.49	2061.12
内蒙古	0	9833.87	0	0	0	1966.77
辽宁	574.99	19377.71	569.53	247.93	319.79	4217.99
吉林	230.07	8001.96	250.79	208.05	91.87	1756.55
黑龙江	384.82	9782.38	175.56	17.36	0	2072.02
上海	0	0	0	0	0	0
江苏	1928.02	29806.06	1950.74	2096.06	2290.54	7614.28
浙江	674.99	15993.82	431.84	168.90	429.48	3539.81
安徽	628.83	17120.64	789.46	787.31	898.83	4045.01
福建	326.31	11152.65	423.04	413.97	577.04	2578.60

续表

省域	2013 年	2014 年	2015 年	2016 年	2017 年	平均值
江西	546.28	10678.98	676.38	600.66	629.95	2626.45
山东	1136.18	33959.58	1392.39	1438.96	1705.29	7926.48
河南	669.69	24919.66	842.63	964.23	1160.09	5711.26
湖北	940.30	17471.89	1183.00	1164.75	1041.32	4360.25
湖南	695.35	16605.10	893.19	621.15	672.83	3897.53
广东	0	15849.95	115.66	577.76	2637.12	3836.10
广西	426.69	10607.05	420.30	361.84	346.47	2432.47
海南	0	0	0	0	0	0
重庆	341.20	7527.26	420.06	352.54	322.44	1792.70
四川	867.68	18848.68	1200.99	1183.78	776.83	4575.59
贵州	305.60	6415.16	437.86	505.84	556.54	1644.20
云南	545.22	8828.44	535.17	565.64	571.10	2209.11
西藏	0	0	0	0	0	0
陕西	335.44	12806.55	322.03	316.39	250.04	2806.09
甘肃	210.69	5357.23	273.71	269.78	0	1222.28
青海	0	614.51	0	0	0	122.90
宁夏	0	829.85	0	0	0	165.97
新疆	0	5284.07	0	0	0	1056.81
东部地区	453.42	13109.17	494.24	538.30	842.28	3087.48
中部地区	636.44	16013.51	796.13	689.68	782.25	3783.60
西部地区	252.71	7246.06	300.84	296.32	235.29	1666.24
东北地区	396.63	12387.35	331.96	157.78	137.22	2682.19
平均值	405.65	11331.85	462.10	437.11	527.46	

表 7.17 2013—2017 年"全社会固定资产投资额"投入冗余量

省域	2013 年	2014 年	2015 年	2016 年	2017 年	平均值
北京	0	0	0	0	0	0
天津	0	0	0	0	0	0
河北	18245.29	21475.57	22994.43	22230.65	23361.75	21661.54

省域	2013 年	2014 年	2015 年	2016 年	2017 年	平均值
山西	8774.47	9661.64	11097.14	0	2964.00	6499.45
内蒙古	0	0	0	0	0	0
辽宁	17219.25	16799.36	11460.81	2005.36	2334.53	9963.86
吉林	4852.95	5366.91	5489.89	4708.57	1678.95	4419.45
黑龙江	8295.46	5747.02	5892.36	510.02	0	4088.97
上海	0	0	0	0	0	0
江苏	27577.00	31581.88	32322.54	33427.68	35954.46	32172.71
浙江	7967.55	8406.42	4880.62	1993.12	5049.68	5659.48
安徽	16607.57	19366.24	20941.68	20151.20	21346.17	19682.57
福建	7811.13	9676.47	9865.63	8370.02	11739.18	9492.49
江西	10438.38	12146.86	13599.65	13164.41	14946.94	12859.25
山东	27823.25	32086.73	32936.64	32338.51	34619.25	31960.88
河南	23935.42	28290.26	30196.31	33171.13	36319.26	30382.48
湖北	15703.40	18145.40	20543.31	22333.26	19853.61	19315.79
湖南	15565.88	18382.52	21038.34	23961.64	26882.11	21166.10
广东	0	3081.85	1161.87	5289.36	23825.81	6671.78
广西	9986.00	11369.01	10551.52	9381.36	9020.09	10061.60
海南	0	0	0	0	0	0
重庆	5506.49	2803.18	6476.03	5339.91	4838.75	4992.87
四川	18467.63	21090.95	22792.87	24259.89	25660.16	22454.30
贵州	6497.60	7711.50	9311.54	11430.86	12889.95	9568.29
云南	8763.18	6912.81	10750.08	12178.13	13580.63	10436.97
西藏	0	0	0	0	0	0
陕西	10695.65	12031.86	12376.52	12712.43	10502.27	11663.75
甘肃	5213.77	6335.87	6470.68	6276.34	0	4859.33
青海	0	0	0	0	0	0
宁夏	0	0	0	0	0	0
新疆	0	0	0	0	0	0
东部地区	8942.42	10630.89	10416.17	10364.93	13455.01	10761.89

续表

省域	2013 年	2014 年	2015 年	2016 年	2017 年	平均值
中部地区	15170.85	17665.49	19569.41	18796.94	20385.35	18317.61
西部地区	5427.53	5687.93	6560.77	6798.24	6374.32	6169.76
东北地区	10122.55	9304.43	7614.36	2407.98	1337.83	6157.43
平均值	8901.53	9950.66	10424.21	9846.25	10882.82	

表 7.18　2013—2017 年"最终消费支出"投入冗余量

省域	2013 年	2014 年	2015 年	2016 年	2017 年	平均值
北京	0	0	0	0	0	0
天津	0	0	0	0	0	0
河北	9350.38	10096.09	10305.39	10177.85	11227.93	10231.53
山西	4917.63	4978.10	5625.54	0	4296.63	3963.58
内蒙古	0	0	0	0	0	0
辽宁	7691.35	8282.37	8327.66	3940.30	4817.25	6611.79
吉林	2674.90	2559.54	2416.79	1882.69	733.05	2053.40
黑龙江	5768.02	5190.56	5200.15	458.85	0	3323.52
上海	0	0	0	0	0	0
江苏	20032.87	23395.23	24490.89	26586.88	29032.96	24707.77
浙江	6800.18	6709.61	3739.74	1497.78	4059.20	4561.30
安徽	8195.29	8974.01	9421.02	9029.11	9842.84	9092.46
福建	4275.65	4950.22	4783.78	4183.47	5844.15	4807.46
江西	5720.34	5705.28	6584.15	6258.41	6918.87	6237.41
山东	17093.38	18267.27	17823.75	19497.68	22066.11	18949.64
河南	14026.27	15486.03	15853.84	17052.95	18878.83	16259.59
湖北	9077.85	9947.81	10672.06	11352.05	10560.63	10322.08
湖南	9842.20	10784.92	12395.15	13625.35	15204.41	12370.41
广东	0	3975.76	1424.87	6493.59	28474.19	8073.68
广西	6212.22	6724.31	5772.92	5059.06	4622.62	5678.23
海南	0	0	0	0	0	0
重庆	3166.95	1543.51	3385.37	2809.86	2563.42	2693.82

续表

省域	2013 年	2014 年	2015 年	2016 年	2017 年	平均值
四川	12014.08	13141.86	14085.99	14514.45	15576.63	13866.60
贵州	3996.94	4518.44	5068.31	5840.09	6240.84	5132.92
云南	6473.90	4934.27	7051.17	7247.24	7534.83	6648.28
西藏	0	0	0	0	0	0
陕西	5067.47	5470.14	5461.53	5366.26	4265.97	5126.27
甘肃	2941.50	3243.10	3233.19	3085.83	0	2500.72
青海	0	0	0	0	0	0
宁夏	0	0	0	0	0	0
新疆	0	0	0	0	0	0
东部地区	5755.25	6739.42	6256.84	6843.72	10070.45	7133.14
中部地区	8629.93	9312.69	10091.96	9552.98	10950.37	9707.59
西部地区	3322.75	3297.97	3671.54	3660.23	3400.36	3470.57
东北地区	5378.09	5344.16	5314.87	2093.95	1850.10	3996.23
平均值	5333.53	5770.27	5907.20	5676.12	6863.27	

表 7.19　2013—2017 年"外商投资额"投入冗余量

省域	2013 年	2014 年	2015 年	2016 年	2017 年	平均值
北京	0	0	0	0	0	0
天津	0	0	0	0	0	0
河北	429.04	500.29	574.89	593.90	670.07	553.64
山西	271.87	305.92	324.12	0	243.99	229.18
内蒙古	0	0	0	0	0	0
辽宁	1256.46	1349.35	1321.73	639.10	1104.37	1134.20
吉林	154.54	157.74	152.23	120.41	49.13	126.81
黑龙江	165.10	140.23	129.05	13.55	0	89.59
上海	0	0	0	0	0	0
江苏	5052.24	5407.89	5466.57	5922.28	6517.91	5673.38
浙江	921.69	910.81	521.25	210.58	594.91	631.85
安徽	371.11	425.17	914.46	501.34	631.75	568.77

续表

省域	2013 年	2014 年	2015 年	2016 年	2017 年	平均值
福建	797.63	922.22	911.07	815.18	1158.62	920.94
江西	477.40	539.91	567.65	519.63	546.82	530.28
山东	1334.78	1504.29	1495.29	1527.53	1907.84	1553.95
河南	438.45	541.12	581.82	675.07	853.26	617.94
湖北	531.57	615.04	690.07	739.06	707.88	656.73
湖南	353.22	400.71	438.05	490.16	1374.35	611.30
广东	0.00	658.78	246.71	1241.31	11118.79	2653.12
广西	267.75	307.12	276.53	224.91	247.29	264.72
海南	0	0	0	0	0	0
重庆	310.49	154.05	355.74	293.03	260.90	274.84
四川	658.62	748.47	789.43	793.11	907.27	779.38
贵州	104.47	132.19	154.38	205.34	259.82	171.24
云南	211.84	151.82	260.54	249.35	268.10	228.33
西藏	0	0	0	0	0	0
陕西	263.21	313.07	343.48	342.34	352.90	323.00
甘肃	51.99	54.36	56.60	48.90	0	42.37
青海	0	0	0	0	0	0
宁夏	0	0	0	0	0	0
新疆	0	0	0	0	0	0
东部地区	853.54	990.43	921.58	1031.08	2196.81	1198.69
中部地区	407.27	471.31	586.03	487.54	726.34	535.70
西部地区	155.70	155.09	186.39	179.75	191.36	173.66
东北地区	525.37	549.10	534.34	257.69	384.50	450.20
平均值	465.27	523.89	534.57	521.49	960.52	

二、创新驱动

"创新驱动"维度，由表 7.20、表 7.21 从各省域的投入调整量角度来分析。2013—2017 年间，天津、浙江、西藏、青海和宁夏这五个省域的两项投入指标一直处于最优水平，无需调整。

具体再看该评价维度中其他具有比较优势的省域，广东和北京的R&D 经费内部支出经 2013 年进行调整后使这两个省域 2014—2017年的纯技术效率均保持为 1。可以见得，近几年广东和北京对 R&D 经费的支出保持着较好的把控。由此，浙江、广东和北京都应在保持效率为 1 的基础上寻求精湛的科技创新成果。

上海和江苏在投入调整量上的共同特点是在研究期的早期处于有效状态、而后期需要进行调整，特别是江苏的投入冗余量逐年增大。分析发现，江苏对 R&D 活动相关人员和经费支出的投入规模很大，并且 R&D 经费投入强度以及有效发明专利数都处于全国顶尖水平，但该省在成果的经济效益转化并未做到最优。因此，江苏应注重在当前的投入水平上更多地促进技术市场的开拓，加强科技成果向经济效益的转化能力。对比江苏，上海除了技术市场开拓的欠缺以外，当地科技成果产出的不足也表明了科技活动经费并没有得到充分利用。因此，上海还应注意 R&D 活动经费的使用效率以及科技成果研发的进度。

此外，对于安徽、山东、河南、湖北和四川这几个省域，应将科技创新高质量发展的实现路径同时放眼于多方面，既要重视科创活动的投入规模，又要注重投入向成果的转化进度。

表 7.20　2013—2017 年"R&D 全时人员当量"投入冗余量

省域	2013 年	2014 年	2015 年	2016 年	2017 年	平均值
北京	0	0	0	0	0	0
天津	0	0	0	0	0	0
河北	51649.94	56084.47	53339.64	52311.64	46408.89	51958.92

续表

省域	2013 年	2014 年	2015 年	2016 年	2017 年	平均值
山西	15431.65	15283.58	16143.04	16463.85	17415.96	16147.62
内蒙古	26627.08	24556.93	24417.57	25509.56	18286.65	23879.56
辽宁	32518.25	39387.80	27786.00	23160.51	24989.06	29568.32
吉林	24837.54	26756.78	24865.39	19190.36	10213.94	21172.80
黑龙江	14490.06	13025.05	10304.38	9742.27	6279.32	10768.22
上海	0	0	2996.83	14121.82	3096.91	4043.11
江苏	0	99112.46	129856.96	153734.48	159505.59	108441.90
浙江	0	0	0	0	0	0
安徽	16507.76	17639.18	17522.32	16200.96	22330.56	18040.15
福建	33487.02	36456.04	28705.26	25015.91	22699.31	29272.71
江西	20931.92	16489.23	12005.07	7784.71	11489.38	13740.06
山东	140088.35	139535.92	137545.06	131463.58	125151.47	134756.88
河南	87314.01	91279.74	81733.30	83144.62	71931.26	83080.59
湖北	52231.29	54270.36	44476.43	43364.67	48139.62	48496.47
湖南	46953.97	45693.50	48041.99	49719.19	54429.06	48967.54
广东	38638.11	0	0	0	0	7727.62
广西	23708.91	21232.89	15102.37	13349.81	7969.52	16272.70
海南	1253.58	1018.16	621.60	967.97	1097.02	991.67
重庆	0	1102.93	0	0	8134.18	1847.42
四川	27517.66	30310.02	15194.79	18141.36	33721.24	24977.01
贵州	3693.34	2033.75	919.89	2571.04	4055.12	2654.63
云南	11730.28	10712.88	14378.90	15836.20	17462.94	14024.24
西藏	0	0	0	0	0	0
陕西	12236.98	15240.15	11734.39	7723.63	18188.52	13024.74
甘肃	0	0	0	0	256.38	51.28
青海	0	0	0	0	0	0
宁夏	0	0	0	0	0	0
新疆	5540.36	3777.96	2561.61	2279.35	0	2831.86
东部地区	26511.70	33220.71	35306.54	37761.54	35795.92	33719.28

续表

省域	2013 年	2014 年	2015 年	2016 年	2017 年	平均值
中部地区	39895.10	40109.27	36653.69	36113.00	37622.64	38078.74
西部地区	9254.55	9080.62	7025.79	7117.58	9006.21	8296.95
东北地区	23948.62	26389.87	20985.26	17364.38	13827.44	20503.11
平均值	22173.81	24548.38	23233.96	23606.37	23653.29	

表 7.21　2013—2017 年"R&D 经费内部支出"投入冗余量

省域	2013 年	2014 年	2015 年	2016 年	2017 年	平均值
北京	1111626.02	0	0	0	0	222325.20
天津	0	0	0	0	0	0
河北	1625734.30	1739482.42	1749504.26	1800771.77	1853350.97	1753768.74
山西	487732.44	475122.95	499005.28	494596.75	541294.28	499550.34
内蒙古	837008.23	823178.53	868619.39	953134.85	732616.59	842911.52
辽宁	1528264.05	1721224.09	1182830.67	982741.60	1208935.77	1324799.24
吉林	619221.86	702728.61	713569.96	555470.51	287164.15	575631.02
黑龙江	381060.89	335453.76	287054.07	270420.14	194170.36	293631.84
上海	0	0	163300.01	805639.62	203443.46	234476.62
江苏	0	3284178.07	4495493.59	5733870.81	6437343.92	3990177.28
浙江	0	0	0	0	0	0
安徽	487012.54	536881.92	566441.47	566713.34	898169.94	611043.84
福建	858214.00	952635.63	891125.49	859939.32	878513.48	888085.58
江西	651823.91	580802.07	446649.19	318815.07	474824.09	494582.87
山东	5896812.80	6354575.49	6590770.22	6829104.76	7197408.49	6573734.35
河南	2037727.95	2261638.77	2238319.73	2471092.21	2576420.40	2317039.81
湖北	1751514.30	1970042.98	1844115.33	1904766.48	2409303.28	1975948.47
湖南	1484821.75	1564917.04	1725918.36	1953197.28	2365271.46	1818825.18
广东	1111626.02	0	0	0	0	222325.20
广西	627816.16	576594.40	417969.73	393936.05	307430.30	464749.33
海南	26713.27	22920.35	13675.10	26803.81	32860.68	24594.64
重庆	0	38151.39	0	0	374733.00	82576.88

省域	2013 年	2014 年	2015 年	2016 年	2017 年	平均值
四川	1003230.85	1138002.16	653968.24	817316.46	1485219.05	1019547.35
贵州	72952.96	47073.91	24356.12	78227.50	137437.60	72009.62
云南	328796.56	301593.74	397732.07	511343.25	591497.69	426192.66
西藏	0	0	0	0	0	0
陕西	448603.00	575436.39	498136.84	341986.32	853846.70	543601.85
甘肃	0	0	0	0	9548.31	1909.66
青海	0	0	0	0	0	0
宁夏	0	0	0	0	0	0
新疆	159185.81	118579.78	78592.54	76175.92	0.00	86506.81
东部地区	1063072.64	1235379.20	1390386.87	1605613.01	1660292.10	1390948.76
中部地区	1150105.48	1231567.62	1220074.89	1284863.52	1544213.91	1286165.08
西部地区	289799.47	301550.86	244947.91	264343.36	374360.77	295000.47
东北地区	842848.94	919802.15	727818.23	602877.41	563423.43	731354.03
平均值	759274.18	842619.82	849907.99	927292.38	1033896.90	

三、民生改善

"民生改善"维度，表 7.22 至表 7.24 分别呈现了各省域 2013 年至 2017 年对于"每千人口医疗卫生机构床位数""人均城市道路面积"和"交通运输、仓储和邮政业就业人员数"三项投入指标的有效调整量。通过表 7.22 至表 7.24 对各省域的投入调整量角度来分析，总的来看，绝大多数省域在民生改善方面的纯技术效率都达到有效的状态，共有 24 个省域 2013—2017 年五年间均保持有效。

对于在该评价维度具有比较优势的江苏、山东、浙江、湖北、河南、河北、安徽、四川、新疆和辽宁这十个省域，只有辽宁和湖北需要进行投入调整。具体来看，湖北在 2013 年对三项投入进行过调整后该省 2014—2017 年的纯技术效率便保持为 1。由此可见，湖北在经过投入调整后对民生改善的投入规模有了一定的把握，今后应继续注重根据投入水平实现相应程度的民生改善。辽宁在民生改善方面的主要优势在于该省对就医问题的重视，该省的每千人口医疗卫生机构床位数居全国第二位。然而，由于该省在其他民生问题上改良程度的欠缺导致 2013—2017 年的投入均出现冗余。因此，辽宁应在有效改善就医问题的基础上找准其他尚未解决的民生痛点，进一步对现有投入进行相应调整。

表 7.22　2013—2017 年"每千人口医疗卫生机构床位数"投入冗余量

省域	2013 年	2014 年	2015 年	2016 年	2017 年	平均值
北京	0	0	0	0	0	0
天津	0	0	0	0	0	0
河北	0	0	0	0	0	0
山西	0	0	0	0	0.11	0.02
内蒙古	0.90	0.98	0.89	1.12	1.16	1.01
辽宁	0.56	0.79	0.47	0.02	1.11	0.59
吉林	0.26	0.38	0.05	0.09	0.21	0.20
黑龙江	0.54	0.55	0	0	0.86	0.39
上海	0	0	0	0	0	0
江苏	0	0	0	0	0	0
浙江	0	0	0	0	0	0
安徽	0	0	0	0	0	0
福建	0	0	0	0	0	0
江西	0	0	0	0	0	0
山东	0	0	0	0	0	0
河南	0	0	0	0	0	0
湖北	0.18	0	0	0	0	0.04

省域	2013 年	2014 年	2015 年	2016 年	2017 年	平均值
湖南	0	0	0	0	0	0
广东	0	0	0	0	0	0
广西	0	0	0	0	0	0
海南	0	0	0	0	0	0
重庆	0	0	0	0	0	0
四川	0	0	0	0	0	0
贵州	0	0	0	0	0	0
云南	0	0	0	0	0	0
西藏	0	0	0	0	0	0
陕西	0	0.38	0.57	0.73	0.89	0.51
甘肃	0	0	0	0	0	0
青海	0	0	0	0	0	0
宁夏	0	0	0	0	0	0
新疆	0	0	0	0	0	0
东部地区	0	0	0	0	0	0
中部地区	0.03	0	0	0	0.02	0.01
西部地区	0.08	0.11	0.12	0.15	0.17	0.13
东北地区	0.45	0.57	0.17	0.04	0.73	0.39
平均值	0.08	0.10	0.06	0.06	0.14	

表 7.23　2013—2017 年"人均城市道路面积"投入冗余量

省域	2013 年	2014 年	2015 年	2016 年	2017 年	平均值
北京	0	0	0	0	0	0
天津	0	0	0	0	0	0
河北	0	0	0	0	0	0
山西	0	0	0	0	0.32	0.06
内蒙古	3.68	4.03	3.76	4.75	4.68	4.18
辽宁	1.23	1.72	1.03	0.05	2.23	1.25
吉林	0.72	1.09	0.15	0.23	0.53	0.54

续表

省域	2013 年	2014 年	2015 年	2016 年	2017 年	平均值
黑龙江	1.43	1.40	0	0	1.86	0.94
上海	0	0	0	0	0	0
江苏	0	0	0	0	0	0
浙江	0	0	0	0	0	0
安徽	0	0	0	0	0	0
福建	0	0	0	0	0	0
江西	0	0	0	0	0	0
山东	0	0	0	0	0	0
河南	0	0	0	0	0	0
湖北	0.56	0	0	0	0	0.11
湖南	0	0	0	0	0	0
广东	0	0	0	0	0	0
广西	0	0	0	0	0	0
海南	0	0	0	0	0	0
重庆	0	0	0	0	0	0
四川	0	0	0	0	0	0
贵州	0	0	0	0	0	0
云南	0	0	0	0	0	0
西藏	0	0	0	0	0	0
陕西	0	1.11	1.60	1.91	2.30	1.38
甘肃	0	0	0	0	0	0
青海	0	0	0	0	0	0
宁夏	0	0	0	0	0	0
新疆	0	0	0	0	0	0
东部地区	0	0	0	0	0	0
中部地区	0.09	0	0	0	0.05	0.03
西部地区	0.31	0.43	0.45	0.55	0.58	0.46
东北地区	1.13	1.40	0.39	0.09	1.54	0.91
平均值	0.25	0.30	0.21	0.22	0.38	—

表 7.24　2013—2017 年"交通运输、仓储和邮政业就业人员数"投入冗余量

省域	2013 年	2014 年	2015 年	2016 年	2017 年	平均值
北京	0	0	0	0	0	0
天津	0	0	0	0	0	0
河北	0	0	0	0	0	0
山西	0	0	0	0	4687.18	937.44
内蒙古	40577.59	40720.52	34272.81	46115.41	41356.75	40608.62
辽宁	38324.39	50800.78	27606.83	1324.58	57891.83	35189.68
吉林	9066.04	12209.73	1703.86	2517.91	6077.48	6315.00
黑龙江	30601.47	29167.39	0	0	36234.70	19200.71
上海	0	0	0	0	0	0
江苏	0	0	0	0	0	0
浙江	0	0	0	0	0	0
安徽	0	0	0	0	0	0
福建	0	0	0	0	0	0
江西	0	0	0	0	0	0
山东	0	0	0	0	0	0
河南	0	0	0	0	0	0
湖北	11700.43	0	0	0	0	2340.09
湖南	0	0	0	0	0	0
广东	0	0	0	0	0	0
广西	0	0	0	0	0	0
海南	0	0	0	0	0	0
重庆	0	0	0	0	0	0
四川	0	0	0	0	0	0
贵州	0	0	0	0	0	0
云南	0	0	0	0	0	0
西藏	0	0	0	0	0	0
陕西	0	20780.03	28502.95	35068.38	39445.79	24759.43
甘肃	0	0	0	0	0	0
青海	0	0	0	0	0	0

省域	2013 年	2014 年	2015 年	2016 年	2017 年	平均值
宁夏	0	0	0	0	0	0
新疆	0	0	0	0	0	0
东部地区	0	0	0	0	0	0
中部地区	1950.07	0	0	0	781.20	546.25
西部地区	3381.47	5125.05	5231.31	6765.32	6733.54	5447.34
东北地区	25997.30	30725.97	9770.23	1280.83	33401.33	20235.13
平均值	4202.26	4957.37	2970.53	2742.78	5990.12	—

四、环境改良

"环境改良"维度，表 7.25 至表 7.27 分别呈现了各省域 2013—2017 年对于"环境污染治理投资总额""城镇环境基础设施建设投资额"和"化肥施用量"三项投入指标的有效调整量。从各省域的投入调整量角度来分析，综合看来，2013—2017 年间，北京、海南、西藏和宁夏这 4 个省域的投入一直都处于最优水平、无需调整。

对于该评价维度下具有比较优势的有山东、河南、安徽、新疆、内蒙古、西藏和北京这七个省域，除了北京和西藏以外的其他省域都需要进行投入调整。

一方面，安徽、新疆和内蒙古的共同特点是都同时存在纯技术效率为 1 和不为 1 的状态。安徽的环境改良纯技术效率在 2013 年为 1、2014—2017 年不为 1；新疆的纯技术效率只有在 2016 年不为 1；内蒙古的纯技术效率只有在 2017 年不为 1。由此可见，这三个省域的投入都出现过短暂的波动。因此，无论这三个省域的投入产出水平如何，都应注重投入和产出之间的关系、控制好投入规模的变动幅度。另一方面，山东和河南 2013—2017 年的投入一直出现冗余。山东省的环境污染治理投资额和河南省的化肥施用量分别位于全国首位，由此可见这两个省域对环境改良的重视程度。但值得注意的是，连续五年的低效率也表明，这两个省域应注意投入向产出的实际转化程度，不能一味地扩大投入而造成最后的资源浪费。

表 7.25　2013—2017 年"环境污染治理投资总额"投入冗余量

省域	2013 年	2014 年	2015 年	2016 年	2017 年	平均值
北京	0	0	0	0	0	0
天津	90.64	186.25	91.61	16.17	28.03	82.54
河北	440.62	411.80	359.08	343.30	551.29	421.22
山西	296.93	233.40	204.93	0	230.66	193.18
内蒙古	0	0	0	0	288.24	57.65
辽宁	310.38	250.73	261.27	140.56	175.45	227.68
吉林	78.80	79.91	92.40	38.56	41.16	66.17
黑龙江	262.27	161.67	140.18	137.27	86.24	157.53
上海	88.59	120.10	79.63	73.64	61.28	84.65
江苏	811.59	819.88	890.52	693.80	658.78	774.91
浙江	309.22	397.72	373.58	493.08	350.90	384.90
安徽	0.00	389.61	388.25	437.73	448.59	332.84
福建	235.63	163.06	205.15	138.09	168.23	182.03
江西	187.75	188.66	199.25	248.15	259.09	216.58
山东	779.65	754.04	615.72	684.00	870.46	740.78
河南	261.47	280.70	284.02	328.53	594.59	349.86
湖北	225.69	301.19	233.72	429.49	393.68	316.76
湖南	206.55	199.30	467.78	171.00	180.85	245.10
广东	219.24	243.44	159.83	269.34	268.68	232.11
广西	189.28	184.82	226.03	169.96	135.63	181.14
海南	0	0	0	0	0	0
重庆	0	94.15	66.17	0	0	32.06

续表

省域	2013 年	2014 年	2015 年	2016 年	2017 年	平均值
四川	205.58	272.17	201.40	247.24	260.12	237.30
贵州	78.00	140.95	111.01	54.68	140.82	105.09
云南	162.39	136.99	119.73	105.81	99.96	124.98
西藏	0	0	0	0	0	0
陕西	190.91	258.33	213.19	272.38	272.25	241.41
甘肃	136.79	102.43	78.39	63.05	37.89	83.71
青海	5.28	13.61	0	0	0	3.78
宁夏	0	0	0	0	0	0
新疆	0	0	0	186.33	0	37.27
东部地区	297.52	309.63	277.51	271.14	295.77	290.31
中部地区	196.40	265.48	296.33	269.15	351.24	275.72
西部地区	80.69	100.29	84.66	91.62	102.91	92.03
东北地区	217.15	164.10	164.62	105.46	100.95	150.46
平均值	186.23	205.96	195.58	185.23	213.00	

表 7.26　2013—2017 年"城镇环境基础设施建设投资额"投入冗余量

省域	2013 年	2014 年	2015 年	2016 年	2017 年	平均值
北京	0	0	0	0	0	0
天津	43.07	118.32	59.62	11.62	17.45	50.02
河北	284.20	240.80	197.01	226.99	283.86	246.57
山西	180.24	142.21	123.88	0.00	122.80	113.83
内蒙古	0	0	0	0	191.23	38.25
辽宁	184.43	119.56	90.65	86.11	102.78	116.71
吉林	41.67	54.07	64.66	26.67	27.76	42.96
黑龙江	175.76	110.15	106.32	85.72	55.45	106.68
上海	36.37	39.37	39.33	20.87	37.24	34.63
江苏	469.77	539.36	422.70	410.70	334.85	435.48
浙江	123.95	192.11	186.59	227.44	220.13	190.04
安徽	0	275.38	286.74	294.45	328.02	236.92

续表

省域	2013 年	2014 年	2015 年	2016 年	2017 年	平均值
福建	114.09	120.02	124.50	74.74	109.09	108.49
江西	142.84	140.62	132.93	141.14	196.47	150.80
山东	485.77	448.64	377.55	352.55	405.96	414.09
河南	142.88	164.42	185.67	194.63	447.96	227.11
湖北	138.02	201.45	144.40	298.27	275.86	211.60
湖南	147.67	156.46	140.39	114.27	133.19	138.40
广东	37.97	76.52	38.62	73.15	107.70	66.79
广西	117.61	136.37	128.51	133.30	106.89	124.54
海南	0	0	0	0	0	0
重庆	0	51.79	45.12	0	0	19.38
四川	104.92	139.90	124.38	179.51	185.97	146.94
贵州	47.51	69.52	70.78	43.39	55.89	57.42
云南	29.41	50.80	59.53	51.05	70.88	52.33
西藏	0	0	0	0	0	0
陕西	121.51	184.21	150.65	163.33	184.57	160.85
甘肃	63.75	48.65	52.63	37.34	25.86	45.64
青海	2.94	6.80	0	0	0	1.95
宁夏	0	0	0	0	0	0
新疆	0	0	0	92.17	0	18.43
东部地区	159.52	177.52	144.59	139.80	151.63	154.61
中部地区	125.27	180.09	169.00	173.79	250.72	179.78
西部地区	40.64	57.34	52.63	58.34	68.44	55.48
东北地区	133.95	94.60	87.21	66.16	62.00	88.78
平均值	104.40	123.47	108.17	107.72	129.93	—

表 7.27　2013—2017 年"化肥施用量"投入冗余量

省域	2013 年	2014 年	2015 年	2016 年	2017 年	平均值
北京	0	0	0	0	0	0

续表

省域	2013 年	2014 年	2015 年	2016 年	2017 年	平均值
天津	11.51	15.56	15.80	6.47	7.09	11.29
河北	297.64	303.40	303.07	285.05	293.02	296.44
山西	106.55	95.21	94.27	0	92.86	77.78
内蒙古	0	0	0	0	161.43	32.29
辽宁	135.55	140.00	136.51	118.14	116.46	129.33
吉林	162.09	184.67	192.81	107.10	103.81	150.09
黑龙江	215.26	223.64	228.09	199.90	164.86	206.35
上海	5.10	4.90	3.58	3.30	3.40	4.06
江苏	301.05	301.29	299.18	283.19	279.85	292.91
浙江	73.19	75.15	74.34	64.04	64.00	70.14
安徽	0	310.27	299.07	287.31	283.10	235.95
福建	100.45	103.37	110.57	90.17	87.19	98.35
江西	110.96	116.61	121.49	112.47	110.86	114.48
山东	434.60	428.46	411.70	399.91	403.67	415.67
河南	632.02	671.36	687.58	652.86	655.23	659.81
湖北	314.29	331.45	316.21	303.15	288.04	310.63
湖南	219.17	231.10	214.49	210.25	202.29	215.46
广东	151.95	200.47	140.11	191.28	189.52	174.67
广西	222.22	238.58	224.91	218.15	194.34	219.64
海南	0	0	0	0	0	0
重庆	0	54.40	46.51	0	0	20.18
四川	220.60	236.29	232.92	211.99	204.25	221.21
贵州	69.26	83.79	83.72	47.89	62.19	69.37
云南	180.43	204.50	197.20	170.98	162.56	183.13
西藏	0	0	0	0	0	0
陕西	208.13	208.37	205.65	200.04	200.92	204.62
甘肃	73.52	69.67	62.59	50.08	35.85	58.34
青海	1.41	4.40	0	0	0	1.16
宁夏	0	0	0	0	0	0

省域	2013 年	2014 年	2015 年	2016 年	2017 年	平均值
新疆	0	0	0	149.04	0	29.81
东部地区	137.55	143.26	135.84	132.34	132.77	136.35
中部地区	230.50	292.67	288.85	261.01	272.06	269.02
西部地区	81.30	91.67	87.79	87.35	85.13	86.65
东北地区	170.96	182.77	185.80	141.72	128.38	161.93
平均值	137.00	156.03	151.69	140.73	140.86	

五、生态保护

"生态保护"维度，表 7.28 和表 7.29 分别呈现了各省域 2013 年至 2017 年对于"矿山环境恢复治理投资额"和"水土保持及生态项目当年投资完成额"两项投入指标的有效调整量。综合来看，天津、内蒙古、海南、四川和青海这 5 个省域在五年间的投入一直都处于最优水平。

对该评价维度下具有比较优势的陕西、内蒙古、河北、山西、宁夏、甘肃和青海这七个省域进行具体分析，在需要做投入调整的省域中，陕西、山西、宁夏和甘肃都同时存在纯技术效率为 1 和不为 1 的状态，由此可见这 4 个省域都应该注重投入和产出之间的关系、控制好投入规模的变动幅度。

另外，河北的生态保护纯技术效率在五年间都不为 1，这意味着河北在生态保护方面的投入和产出一直无法达到平衡有效的状态。通过分析现状，河北的主要优势体现在该省的矿山环境恢复治理投入资金、矿山环境的恢复面积、水土治理面积以及造林面积均为东部地区的省域最高水平，这说明河北相较于东部地区的其他省域在生态保护的考虑以及实际举措方面都具有相当大的优势。因此，河北在追求生态保护高质量发展的同时也应注意到产出的可能上限水平，可根据已有数据进行相应的预测，进而对投入进行相应调整，避免资源浪费，寻求投入和产出之间的适配性。

表 7.28　2013—2017 年"矿山环境恢复治理投资额"投入冗余量

省域	2013 年	2014 年	2015 年	2016 年	2017 年	平均值
北京	23967.99	2216.61	6953.73	1668.13	3797.20	7720.73
天津	0	0	0	0	0	0
河北	15281.37	52634.70	106955.10	17505.76	52260.72	48927.53
山西	22713.24	0	12118.45	0	0	6966.34
内蒙古	0	0	0	0	0	0
辽宁	0	16713.76	30945.58	1801.64	4666.29	10825.46
吉林	0	3981.01	0	6074.15	8784.38	3767.91
黑龙江	0	0	1856.68	0	0	371.34
江苏	78927.25	53258.77	74785.67	22354.13	40145.80	53894.32
浙江	37774.95	46607.53	35468.53	43492.45	66637.10	45996.11
安徽	44413.71	27975.26	18091.42	26701.57	0	23436.39
福建	21043.20	8908.37	21578.30	10920.14	41135.58	20717.12
江西	0	0	1881.98	0	0	376.40
山东	29538.90	69541.56	46610.75	33324.81	28502.82	41503.77
河南	18647.85	0	14295.48	19211.99	43108.14	19052.69
湖北	14113.20	37355.53	55699.76	21047.66	10345.99	27712.43
湖南	38755.18	0	0	56111.71	21630.87	23299.55
广东	17661.25	11064.62	0	2279.74	11508.19	8502.76
广西	0	0	0	805.58	0	161.12
海南	0	0	0	0	0	0
重庆	0	0	0	0	529.49	105.90
四川	0	0	0	0	0	0
贵州	67025.17	0	2291.29	6925.76	0	15248.44
云南	0	0	0	0	3133.95	626.79

省域	2013 年	2014 年	2015 年	2016 年	2017 年	平均值
陕西	0	0	0	0	65240.28	13048.06
甘肃	9858.22	0	0	0	0	1971.64
青海	0	0	0	0	0	0
宁夏	5458.94	0	925.85	2360.43	0	1749.04
新疆	0	0	0	0	304.68	60.94
东部地区	24910.55	27136.91	32483.56	14616.13	27109.71	25251.37
中部地区	23107.20	10888.46	17014.52	20512.16	12514.17	16807.30
西部地区	7485.67	0	292.47	917.43	6291.67	2997.45
东北地区	0	6898.25	10934.09	2625.26	4483.56	4988.23
平均值	15351.05	11388.20	14843.40	9399.51	13852.81	

表 7.29　2013—2017 年"水土保持及生态项目当年投资完成额"投入冗余量

省域	2013 年	2014 年	2015 年	2016 年	2017 年	平均值
北京	7642.91	1401.33	5991.88	6373.78	208533.42	45988.66
天津	0	0	0	0	0	0
河北	9032.66	16549.74	99178.63	88425.57	205092.38	83655.80
山西	21745.11	0	27110.29	0	0	9771.08
内蒙古	0	0	0	0	0	0
辽宁	0	7207.58	18782.21	8434.06	26313.87	12147.54
吉林	0	6453.35	0	75761.09	58416.33	28126.15
黑龙江	0	0	8136.38	0	0	1627.28
江苏	71924.89	115869.05	216729.76	356923.80	787118.81	309713.26
浙江	145039.11	331160.83	213321.18	312401.68	316514.28	263687.42
安徽	21988.27	15342.63	11137.57	44672.17	0	18628.13
福建	9428.11	10609.60	44677.80	194825.87	435688.03	139045.88
江西	0	0	6537.99	0	0	1307.60
山东	5155.81	20409.26	19790.38	21718.72	21761.76	17767.19
河南	8077.19	0	23526.91	410652.09	388810.69	166213.38
湖北	13540.52	25143.20	24583.65	617978.72	15580.39	139365.30

续表

省域	2013 年	2014 年	2015 年	2016 年	2017 年	平均值
湖南	13326.72	0	0	117664.77	136950.59	53588.42
广东	10566.36	76123.77	0	7234.99	35903.54	25965.73
广西	0	0	0	3398.58	0	679.72
海南	0	0	0	0	0	0
重庆	0	0	0	0	5889.12	1177.82
四川	0	0	0	0	0	0
贵州	12779.10	0	1275.96	82114.04	0	19233.82
云南	0	0	0	0	37266.14	7453.23
陕西	0	0	0	0	368224.18	73644.84
甘肃	16206.65	0	0	0	0	3241.33
青海	0	0	0	0	0	0
宁夏	4490.45	0	257.04	14273.30	0	3804.16
新疆	0	0	0	0	1639.74	327.95
东部地区	28754.43	63569.29	66632.18	109767.16	223401.36	98424.88
中部地区	13112.97	6747.64	15482.74	198494.63	90223.61	64812.32
西部地区	3043.29	0	139.36	9071.45	37547.20	9960.26
东北地区	0	4553.64	8972.86	28065.05	28243.40	13966.99
平均值	12791.17	21595.53	24863.37	81477.70	105162.18	——

参考文献

安淑新：《促进经济高质量发展的路径研究：一个文献综述》，《当代经济管理》2018 年第 9 期。

鲍威、金红昊、田明周：《我国研究型大学教师队伍年龄结构与科研产出的关系》，《高等教育研究》2020 年第 5 期。

蔡昉：《中国制造业"早熟型"下降？非打破利益僵局不可》，2021 年 6 月 8 日，见 https://www.sohu.com/a/471111055_232950。

蔡三发、任士雷、王倩：《"双一流"建设背景下学科可持续发展度评价指标体系构建》，《复旦教育论坛》2020 年第 2 期。

蔡万刚、郑建国：《高校科技创新能力评价比较研究》，《社会科学家》2019 年第 10 期。

蔡文伯、刘爽：《西部地区"双一流"建设高校科研竞争力分析——基于 InCites 和 ESI 数据库》，《重庆高教研究》2020 年第 1 期。

蔡文伯、杨丽雪：《中国高校科技创新效率的区域差异及其收敛性分析——基于 2000—2016 年面板数据》，《现代教育管理》2020 年第 2 期。

蔡言厚：《大学评价指标是高等教育质量确认的关键》，《大学教育科学》2012 年第 4 期。

苌华颖、黄象安、孙利红、郭子宁：《基于蓝墨云班课的形成性评价在传染病学课程中的应用》，《继续医学教育》2020 年第 10 期。

陈安全：《中国循环经济运行效率的评估与空间差异性研究——基于 DEA—ESDA 的探索性分析》，《生态经济》2015 年第 12 期。

陈陆、李晓虹：《美国本科学生学习成果评估：理念、行动与启示——以美国"本科学生学习有效评估项目"为例》，《煤炭高等教育》2019 年第 6 期。

陈孝大：《论教师的形成性评价和终结性评价》，《教育理论与实践》1988 年第 2 期。

陈昱、朱梦珂、刘珂：《产业结构调整背景下人才供给结构与需求结构的匹配——以河南省高校为例》，《西部素质教育》2019 年第 18 期。

陈长江：《江苏高质量发展水平测度与提升策略》，《南通大学学报》（社会科学版）2019 年第 3 期。

程国庆、王应明：《偏好强度可调的 DEA 模型评价高校学科建设效率》，《福州大学学报》（自然科学版）2020 年第 6 期。

崔军、汪霞、胡小芃：《英国高等教育"教学卓越框架"：形成、实施及评价》，《教育研究》2018 年第 7 期。

董刚：《"中国制造 2025"视阈下高校制造业人才培养——以宁波市高校为例》，《中国高校科技》2020 年第 9 期。

董捷、魏旭华、陈恩：《土地利用碳排放地域差异下减排责任分摊研究——以武汉城市圈为例》，《长江流域资源与环境》2019 年第 4 期。

董伟、陈德鹏、程车智：《建筑设计教学中的形成性评价及策略研究》,《建筑与文化》2019 年第 12 期。

董小君、石涛:《驱动经济高质量发展的科技创新要素及时空差异——2009—2017 年省级面板数据的空间计量分析》,《科技进步与对策》2020 年第 4 期。

段相辉、牛胜强:《基于 F-AHP 的循环经济发展评价及障碍度诊断》,《统计与决策》2017 年第 6 期。

方晓东、董瑜、金瑛、胡智慧:《法国科技评价发展及其对中国的启示——基于 CoNRS 和 HCéRES 评价指标的案例研究》,《世界科技研究与发展》2019 年第 3 期。

房三虎、张永亮、谢青梅、孙宝丽:《构建校企协同创新体系 培养高素质复合应用型人才——以华南农业大学动物科学专业"温氏班"为例》,《高教探索》2016 年第 6 期。

冯晨鹏、尹绍婧、肖相泽、丁晶晶、梁樑:《浙江省区域碳排放权配额分配与补偿研究》,《系统工程学报》2020 年第 5 期。

冯磊、马星:《英国高等教育教学质量提升行动:历程、特征与启示》,《高教探索》2019 年第 2 期。

冯霞、侯士兵:《双创视角下高校创业教育评价指标体系再探》,《学校党建与思想教育》2020 年第 8 期。

冯志峰:《探索构建高质量发展评价指标体系》,《中国井冈山干部学院学报》2020 年第 3 期。

傅京燕、黄芬:《中国碳交易市场 CO_2 排放权地区间分配效率研究》,《中国人口·资源与环境》2016 年第 2 期。

傅为忠、储刘平:《长三角一体化视角下制造业高质量发展评价研究——基于改进的 CRITIC—熵权法组合权重的 TOPSIS 评价模型》,

《工业技术经济》2020 年第 9 期。

甘卫华、谌志鹏、王陌语、李大媛:《基于熵权 TOPSIS 中部六省物流高质量发展综合评价研究》,《物流工程与管理》2020 年第 3 期。

高培勇:《理解、把握和推动经济高质量发展》,《经济学动态》2019 年第 8 期。

高霞:《规模以上工业企业技术创新效率的行业分析》,《软科学》2013 年第 11 期。

高志刚、克魁:《中国沿边省区经济高质量发展水平比较研究》,《经济纵横》2020 年第 2 期。

葛道凯:《坚持以人民为中心的发展理念 推动高等教育内涵发展》,《中国高等教育》2017 年第 20 期。

葛莉、钱智勇、董超:《安徽省各地区高质量发展情况评价》,《河北北方学院学报》(自然科学版)2020 年第 5 期。

龚六堂:《缩小居民收入差距推进共同富裕的若干政策建议》,2021 年 1 月 28 日,见 https://www.gsm.pku.edu.cn/info/1316/22788.htm。

郭倍利、许春龙、吉小东:《河北省高质量发展水平的统计测度研究》,《统计与管理》2020 年第 11 期。

郭俊华、孙泽雨:《基于因子分析法的中国高校科技创新能力评价研究》,《科技管理研究》2016 年第 3 期。

郭茹、吕爽、曹晓静、王信:《基于 ZSG-DEA 模型的中国六大行业碳减排分配效率研究》,《生态经济》2020 年第 1 期。

郭文、刘小峰、吴孝灵:《中国"十三五"时期省际碳减排目标的效率分配》,《中国人口·资源与环境》2017 年第 5 期。

郭月兰、汪霞:《研究生教育现代化的中国维度:内涵、特征与走向》,《研究生教育研究》2019 年第 6 期。

郭芸、范柏乃、龙剑:《我国区域高质量发展的实际测度与时空演变特征研究》,《数量经济技术经济研究》2020 年第 10 期。

国务院:《国务院关于印发"十三五"生态环境保护规划的通知》,2016 年 12 月 5 日,见 http://www.gov.cn/zhengce/content/2016-12/05/content_5143290.htm。

韩军辉、Shokirov Shakhzod、柳洋:《基于熵值法的高质量发展综合评价研究》,《科技和产业》2019 年第 6 期。

何了然:《我国学校和高等教育的起源》,《辽宁高等教育研究》1992 年第 4 期。

何声升:《高校科技创新绩效影响因素分位研究——创新价值链理论视角》,《高校教育管理》2020 年第 5 期。

贺胜兰、蔡圣楠:《学术界关于高质量发展评价体系的研究综述》,《国家治理》2019 年第 38 期。

洪银兴:《论创新驱动经济发展战略》,《经济学家》2013 年第 1 期。

洪宇、马成文:《我国经济高质量发展指数构建与测度》,《统计与决策》2020 年第 13 期。

黄道主、刘艳琴:《英国教学卓越框架评介》,《高教发展与评估》2018 年第 4 期。

黄汉权:《新中国产业结构发展演变历程及启示》,2019 年 9 月 16 日,见 https://www.financialnews.com.cn/zt/zl70n/201909/t20190916_167938.html。

黄建国、李云:《区域高校科技创新能力评价研究——以天津市 22 所高校为例》,《中国高校科技》2016 年第 9 期。

黄建国、袁伟灿：《京津冀高校科技创新能力评价及提升路径》，《中国高校科技》2019 年第 3 期。

黄敏、任栋：《以人民为中心的高质量发展指标体系构建与测算》，《统计与信息论坛》2019 年第 10 期。

黄明凤、姚栋梅：《"一带一路"背景下西部地区循环经济效率评价及影响因素分析》，《广西社会科学》2017 年第 9 期。

黄庆华、时培豪、刘晗：《区域经济高质量发展测度研究：重庆例证》，《重庆社会科学》2019 年第 9 期。

黄顺春、邓文德：《中国区域经济高质量发展差异及其影响因素分析》，《广西师范大学学报》（哲学社会科学版）2020 年第 2 期。

黄速建、肖红军、王欣：《论国有企业高质量发展》，《中国工业经济》2018 年第 10 期。

黄小花：《高职生慕课学习意愿影响因素实证研究》，《电脑与电信》2019 年第 4 期。

黄小平、刘光华、刘小强：《"双一流"背景下区域高校系统科技创新能力：绩效评价与提升路径》，《教育文化论坛》2019 年第 1 期。

黄兆信、黄扬杰：《创新创业教育质量评价探新——来自全国 1231 所高等学校的实证研究》，《教育研究》2019 年第 7 期。

贾若祥、继源、汪阳红、窦红涛：《五大国家战略引领，四大区域板块支撑》，2020 年 1 月 17 日，见 http://cjjjd.ndrc.gov.cn/zhongshuochangjiang/xsyj/202001/t20200117_1219215.htm。

简新华、聂长飞：《中国高质量发展的测度：1978—2018》，《经济学家》2020 年第 6 期。

江帆、张春良、萧仲敏、刘镇章：《机械专业创新创业教育的建构》,《高等工程教育研究》2018 年第 6 期。

姜启波、谭清美:《新时期我国高质量发展水平测度及空间差异研究——基于熵值 G2 与灰色关联 CRITIC 的变异系数组合赋权法》,《管理现代化》2020 年第 5 期。

蒋惠琴、邵鑫潇、鲍健强:《我国省域间碳排放权初始配额分配的公平性研究》,《浙江工业大学学报》(社会科学版)2017 年第 2 期。

蒋家琼、姚利民、游柱然:《法国高等教育外部质量评估体系的基本框架、特征及其启示》,《教育与现代化》2010 年第 1 期。

蒋家琼、郑惠文、龚慧云:《加拿大高校学生学习成果评估的内容、方法及启示》,《大学教育科学》2020 年第 3 期。

蒋群、何丽明、王莲芸:《强化实验教学育人职能 培养科研型高素质人才》,《实验室研究与探索》2015 年第 9 期。

蒋文龄:《高质量发展考核评价体系的构建与实施》,《中国领导科学》2020 年第 1 期。

蒋兴华:《高校协同创新绩效影响因素研究》,《研究与发展管理》2018 年第 6 期。

蒋永穆、周宇晗:《着力破解经济发展不平衡不充分的问题》,《四川大学学报》(哲学社会科学版)2018 年第 1 期。

金碚:《关于"高质量发展"的经济学研究》,《中国工业经济》2018 年第 4 期。

阚阅、徐冰娜:《"泰国 4.0 战略"与创新人才培养:背景、目标与策略》,《比较教育研究》2019 年第 10 期。

孔维嘉、邵云飞:《高质量发展经济评价体系的思考与探索》,《科技和产业》2020 年第 6 期。

孔相宜、侯明：《基于 DEA-CEA 方法的碳排放分配效率的实证分析》，《统计与决策》2019 年第 8 期。

赖雪飞、谢川、龙沁、廖立、周加贝、何菁萍、鲁厚芳：《结合形成性与终结性评价的化学课程评价探索》，《大学化学》2016 年第 6 期。

李斌、曹万林：《环境规制对我国循环经济绩效的影响研究——基于生态创新的视角》，《中国软科学》2017 年第 6 期。

李建豹、黄贤金、揣小伟、孙树臣：《基于碳排放总量和强度约束的碳排放配额分配研究》，《干旱区资源与环境》2020 年第 12 期。

李金昌、史龙梅、徐蔼婷：《高质量发展评价指标体系探讨》，《统计研究》2019 年第 1 期。

李娟伟、任保平：《重庆市经济增长质量评价与分析》，《重庆大学学报》（社会科学版）2014 年第 3 期。

李丽、丛馨、吴立玲：《形成性评价在高等医学院校基础医学教育创新发展中的应用和启示》，《生理学报》2020 年第 6 期。

李梦欣、任保平：《新时代中国高质量发展的综合评价及其路径选择》，《财经科学》2019 年第 5 期。

李梦欣、任保平：《新时代中国高质量发展指数的构建、测度及综合评价》，《中国经济报告》2019 年第 5 期。

李培振、张波、单伽锃、张伟平：《基于 OBE 理念的课程考试及其评价研究》，《教育教学论坛》2019 年第 13 期。

李全生、郁璇：《我国省级区域的人均碳排放研究》，《西安电子科技大学学报》（社会科学版）2013 年第 2 期。

李瑞琳、Hamish C.：《我国大学社会服务职能发展：国际经验、现实问题与政策建议》,《高校教育管理》2020 年第 4 期。

李小胜、安庆贤:《环境管制成本与环境全要素生产率研究》,《世界经济》2012 年第 12 期。

李小胜、宋马林:《"十二五"时期中国碳排放额度分配评估——基于效率视角的比较分析》,《中国工业经济》2015 年第 9 期。

李韵婷、张日新:《广东高校科研创新效率动态评价——高水平大学建设前后对比分析》,《科技管理研究》2020 年第 4 期。

李泽坤、任丽燕、马仁锋、刘永强、姚丹:《基于效率视角的浙江省 2030 年碳排放配额分析》,《生态科学》2020 年第 3 期。

李政、陆寅宏:《国有企业真的缺乏创新能力吗——基于上市公司所有权性质与创新绩效的实证分析与比较》,《经济理论与经济管理》2014 年第 2 期。

李滋阳、李洪波、王海军、周以林:《高校科技创新效率及影响因素探讨——基于随机前沿函数的分析》,《中国高校科技》2020 年第 9 期。

栗晓红:《国家权力、符号资本与中国高等教育的等级性和同质性——以新中国成立后的三次重点高校政策为例》,《北京大学教育评论》2018 年第 2 期。

梁荣平:《基于熵权法的新疆高质量发展综合评价研究》,《环渤海经济瞭望》2020 年第 4 期。

林青宁、毛世平:《高校科技成果转化效率研究》,《中国科技论坛》2019 年第 5 期。

刘国斌、孙雅俊:《高等院校人才培养助推"一带一路"战略的对策研究》,《职业技术教育》2016 年第 17 期。

刘萍、方向前、王洁、柴旭朝、马彦霞：《基于 OBE 理念的电路原理课程教学探索与实践》，《中国教育技术装备》2019 年第 12 期。

刘瑞、郭涛：《高质量发展指数的构建及应用——兼评东北经济高质量发展》，《东北大学学报》（社会科学版）2020 年第 1 期。

刘盛博、金硕：《我国非"双一流"高校 ESI 学科特征及发展策略》，《中国高校科技》2020 年第 9 期。

刘思明、张世瑾、朱惠东：《国家创新驱动力测度及其经济高质量发展效应研究》，《数量经济技术经济研究》2019 年第 4 期。

刘晓：《基于公平与发展的中国省区碳排放配额分配研究》，《系统工程》2016 年第 2 期。

刘岩、李娜：《高等教育国际化评价指标体系研判——基于 9 个评价指标体系的比较》，《黑龙江高教研究》2020 年第 8 期。

刘昭沄、黄琬真、江金启：《辽宁省农业高质量发展水平测度和障碍因子研究》，《沈阳农业大学学报》（社会科学版）2020 年第 1 期。

刘姿、马亮：《形成性评价在细胞生物学教学中的实践》，《安徽工业大学学报》（社会科学版）2019 年第 4 期。

刘自团、汪雅霜：《"双一流"建设背景下研究生教育高质量发展路径研究——基于江苏高校的多案例分析》，《高教探索》2020 年第 10 期。

卢现祥：《高质量发展的体制制度基础与结构性改革》，《社会科学战线》2020 年第 5 期。

鲁继通：《我国高质量发展指标体系初探》，《中国经贸导刊（中）》2018 年第 20 期。

陆岩、岳丽芳：《高校依托四大职能践行社会主义核心价值体系的研究》,《思想政治教育研究》2014 年第 1 期。

吕军、陈宝华、姜子玉、侯俊东:《中国经济高质量发展评价及障碍因素分析》,《资源开发与市场》2020 年第 2 期。

吕守军、代政:《新时代高质量发展的理论意蕴及实现路径》,《经济纵横》2019 年第 3 期。

吕帅、朱泓、赵磊:《基于成果导向理念的教育改革实践与探索——以英国邓迪大学为例》,《重庆高教研究》2017 年第 2 期。

马凯:《贯彻和落实科学发展观 大力推进循环经济发展》,《宏观经济管理》2004 年第 10 期。

马茹、罗晖、王宏伟、王铁成:《中国区域经济高质量发展评价指标体系及测度研究》,《中国软科学》2019 年第 7 期。

苗峻玮、冯华:《区域高质量发展评价体系的构建与测度》,《经济问题》2020 年第 11 期。

苗壮、周鹏、李向民:《我国"十二·五"时期省级碳强度约束指标的效率分配——基于 ZSG 环境生产技术的研究》,《经济管理》2012 年第 9 期。

聂长飞、简新华:《中国高质量发展的测度及省际现状的分析比较》,《数量经济技术经济研究》2020 年第 2 期。

潘丹、李永周、王晓洁:《高校科技创新能力比较研究——基于组合评价法和 K 均值聚类的分析》,《中国高校科技》2020 年第 5 期。

潘伟、潘武林:《基于能源效率的中国省际碳排放权分配研究》,《软科学》2018 年第 6 期。

庞庆明、郭佳:《经济公平与经济效率相统一的高质量发展探讨》,《南海学刊》2019 年第 3 期。

彭青:《高等教育高质量发展的本质含义与实现机制》,《南通大学学报》(社会科学版)2019年第4期。

齐鹏、程晓丹:《高校毕业生就业质量评价体系研究》,《江苏高教》2019年第3期。

钱海婷:《循环经济统计指标体系的构建》,《西安财经学院学报》2011年第1期。

郄海霞、李欣旖:《新加坡一流大学演化逻辑与生成路径研究——基于要素的多维视角分析》,《比较教育研究》2020年第9期。

秦放鸣、唐娟:《经济高质量发展:理论阐释及实现路径》,《西北大学学报》(哲学社会科学版)2020年第3期。

瞿英、范默苒:《基于ANP的毕业要求达成度评价解析》,《现代教育管理》2019年第5期。

全毅:《中国对外开放与跨境经济合作区发展策略》,《亚太经济》2013年第5期。

任保平、郭晗:《经济发展方式转变的创新驱动机制》,《学术研究》2013年第2期。

任保平、宋雪纯:《以新发展理念引领中国经济高质量发展的难点及实现路径》,《经济纵横》2020年第6期。

任保平:《高质量发展的制度保障》,《红旗文稿》2020年第4期。

任宪龙:《"一带一路"背景下地方高校教育国际化发展路径探索》,《黑龙江高教研究》2019年第3期。

师博、任保平:《中国省际经济高质量发展的测度与分析》,《经济问题》2018年第4期。

师博、张冰瑶:《全国地级以上城市经济高质量发展测度与分析》,《社会科学研究》2019 年第 3 期。

石中英、安传迎、肖桐:《我国 C9 大学与英美顶尖大学学院设置的比较研究》,《高等教育研究》2020 年第 8 期。

史丹、李鹏:《我国经济高质量发展测度与国际比较》,《东南学术》2019 年第 5 期。

史丹、赵剑波、邓洲:《从三个层面理解高质量发展的内涵》,《经济日报》2019 年 9 月 9 日。

宋德勇、刘习平:《中国省际碳排放空间分配研究》,《中国人口·资源与环境》2013 年第 5 期。

宋杰鲲、牛丹平、曹子建、张凯新:《中国省域碳排放测算及配额分配》,《技术经济》2016 年第 11 期。

苏永伟:《中部地区制造业高质量发展评价研究——基于 2007—2018 年的数据分析》,《经济问题》2020 年第 9 期。

孙爱晶、王春娟、吉利萍:《基于 OBE 的课程教学质量评价探索与实践》,《中国现代教育装备》2017 年第 11 期。

孙晓、刘旭升、李锋、陶宇:《中国不同规模城市可持续发展综合评价》,《生态学报》2016 年第 17 期。

唐娟、秦放鸣、唐莎:《中国经济高质量发展水平测度与差异分析》,《统计与决策》2020 年第 15 期。

田宏杰、龚奥:《智能教育时代高校教师教学能力体系研究》,《苏州大学学报》(教育科学版)2020 年第 4 期。

田秋生:《高质量发展的理论内涵和实践要求》,《山东大学学报》(哲学社会科学版)2018 年 6 期。

涂圣伟:《我国产业高质量发展面临的突出问题与实现路径》,

2018 年 7 月 30 日，见 http://www.chinado.cn/?p=6413。

汪彦、陈悦、曹贤忠、付全胜：《上海高校科研创新效率与影响因素实证研究——基于 DEA-Tobit 模型》，《科技管理研究》2018 年第 8 期。

王创业：《德国高等教育有何独特之处》，《人民论坛》2016 年第 25 期。

王海燕、郑秀梅：《创新驱动发展的理论基础、内涵与评价》，《中国软科学》2017 年第 1 期。

王虹燕、孙凤：《长三角高校科技成果转化绩效评价与优化路径》，《中国高校科技》2020 年第 3 期。

王洪才：《大学"新三大职能"说的缘起与意蕴》，《厦门大学学报》（哲学社会科学版）2010 年第 4 期。

王辉、陈敏：《基于两阶段 DEA 模型的高校科技创新对区域创新绩效影响》，《经济地理》2020 年第 8 期。

王建华：《从高等教育质量到高质量的高等教育——在高等教育领域内我们应该怎样谈质量》，《江苏高教》2015 年第 6 期。

王金国、张经强、王娇：《北京市属高校科技创新能力评价研究》，《科技进步与对策》2017 年第 20 期。

王静、肖世勋、沈炎、吴长义：《发挥高校四大职能 加强知识产权管理对策研究》，《安徽科技》2017 年第 3 期。

王娟、杨森、赵婧方：《"拔尖计划" 2.0 背景下提升创新人才培养质量的思考与实践》，《中国大学教学》2019 年第 3 期。

王立群、梁媛、许景彦：《高校师资质量科学性评价指标的深入挖掘》，《黑龙江高教研究》2016 年第 4 期。

王莉莉、孙健夫：《基于 BSC 和 AHP 的高校绩效评价指标体系构建》，《经济研究参考》2017 年第 28 期。

王茂祯、冯之浚：《循环经济创新评价指标体系研究》，《中国人口·资源与环境》2012 年第 4 期。

王娜、王星洲：《基于 SPSS 因子分析和熵权分析的国有企业绩效评价指标体系研究：来自湖北省国有企业的实证》，《华北电力大学学报》（社会科学版）2015 年第 6 期。

王倩、高翠云：《公平和效率维度下中国省际碳权分配原则分析》，《中国人口·资源与环境》2016 年第 7 期。

王世嫘、陈英敏：《2000—2016 年"全美大学生学习性投入调查"年度报告解析及其启示》，《外国教育研究》2018 年第 6 期。

王伟、顾飞：《省域高质量发展的评价分析——以重庆为例》，《当代金融研究》2020 年第 1 期。

王伟龙、徐梦莹、高艳梅、李媛、王晓慧、海热提：《2008-2012 年北京市区域循环经济评价研究》，《环境科学与技术》2015 年第 11 期。

王文举、陈真玲：《中国省级区域初始碳配额分配方案研究——基于责任与目标、公平与效率的视角》，《管理世界》2019 年第 3 期。

王雪梅、赵双花：《"一带一路"沿线一流高校外语专业 / 课程设置研究》，《外语界》2019 年第 6 期。

王严淞：《论高等学校职能现代化及其路径》，《高校教育管理》2017 年第 3 期。

王一鸣：《大力推动我国经济高质量发展》，《人民论坛》2018 年第 9 期。

王义新、孔锐：《价值链视角下规模以上工业企业科技创新效率及关键影响因素研究——基于 DEA-Tobit 两阶段模型》，《科技管理研究》2019 年第 3 期。

王英利、方淑荣：《环境科学概论》，清华大学出版社 2011 年版。

王荧、王应明：《基于未来效率的兼顾公平与效率的资源分配 DEA 模型研究——以各省碳排放额分配为例》，《中国管理科学》2019 年第 5 期。

王永泉、胡改玲、段玉岗、陈雪峰：《产出导向的课程教学：设计、实施与评价》，《高等工程教育研究》2019 年第 3 期。

王勇：《地方高校高质量基础性人才培养模式的探索与实践》，《中国人才》2011 年第 14 期。

王宇翔：《"双一流"建设背景下理工类高校哲学社会科学发展策略》，《广西社会科学》2018 年第 6 期。

王玉民、刘海波、靳宗振、梁立赫：《创新驱动发展战略的实施策略研究》，《中国软科学》2016 年第 4 期。

王战军、杨旭婷：《世界一流学科建设评价的理念变革与要素创新》，《中国高教研究》2019 年第 3 期。

王赵琛、张春鹏、董红霞：《24 所部属高校科技成果转化效率的 DEA 分析》，《科研管理》2020 年第 4 期。

王竹君、任保平：《基于高质量发展的地区经济效率测度及其环境因素分析》，《河北经贸大学学报》2018 年第 4 期。

魏敏、李书昊：《新时代中国经济高质量发展水平的测度研究》，《数量经济技术经济研究》2018 年第 11 期。

魏玉曦：《基于大数据挖掘技术的高校就业质量评价》，《现代电子技术》2020 年第 7 期。

吴宏超、马聪颖：《"一带一路"沿线省份高校科技创新效率及影响因素——基于 DEA-Malmquist-Tobit 模型的研究》，《重庆高教研究》2020 年第 6 期。

吴静、马晓哲、王铮：《我国省市自治区碳排放权配额研究》，《第四纪研究》2010 年第 3 期。

吴力波、周泱：《中国各省循环经济发展效率——基于动态 DEA 方法的研究》，《武汉大学学报》（哲学社会科学版）2015 年第 1 期。

吴颖、崔玉平：《长三角区域高等教育一体化的演进历程与动力机制》，《高等教育研究》2020 年第 1 期。

吴志军、梁晴：《中国经济高质量发展的测度、比较与战略路径》，《当代财经》2020 年第 4 期。

吴忠、关娇、何江：《最低工资标准测算实证研究——基于 CRITIC-熵权法客观赋权的动态组合测算》，《当代经济科学》2019 年第 3 期。

伍国勇、段豫川：《论超循环经济——兼论生态经济、循环经济、低碳经济、绿色经济的异同》，《农业现代化研究》2014 年第 1 期。

夏晓丽：《解析高等学校的四大职能——以安徽大学为例》，《佳木斯教育学院学报》2014 年第 1 期。

肖勇：《企业高质量发展的关键是增强内生动力》，《企业文明》2020 年第 1 期。

谢开勇：《对高校职能的思考》，《西华大学学报》（哲学社会科学版）2005 年第 5 期。

谢为群、皇甫洋、于丽英：《价值共创视角下的高校协同创新绩效影响因素》,《中国高校科技》2020 年第 4 期。

徐高明：《动力转换、路径优化和目标聚焦——五大发展理念与我国高等教育发展》,《现代教育管理》2017 年第 1 期。

徐辉、师诺、武玲玲、张大伟：《黄河流域高质量发展水平测度及其时空演变》,《资源科学》2020 年第 1 期。

徐顽强、周晓婷：《基于主成分分析法的省域科技创新体系评价模型构建》,《科技管理研究》2016 年第 6 期。

徐先林、冯赞杰、李小琼、陆红玲：《基于 OBE 理念的生物化学实验精准教学实施》,《基础医学教育》2019 年第 12 期。

徐银良、王慧艳：《基于"五大发展理念"的区域高质量发展指标体系构建与实证》,《统计与决策》2020 年第 14 期。

徐哲根、杨璐、栾绍娇：《基于接力创新的高校科技成果转化能力与效率评价研究》,《科技管理研究》2019 年第 24 期。

许长青：《研究型大学高素质人才培养如何得以实现——中山大学本科教育教学改革的探索与实践》,《中国高教研究》2014 年第 7 期。

颜桂花：《高等学校职能内涵及其关系解读》,《南华大学学报》（社会科学版）2008 年第 1 期。

阳立高、李璐璐、李玉双、韩峰：《高等教育质量对制造业升级的影响研究》,《科学决策》2019 年第 12 期。

杨波：《国有企业高质量发展评价指标体系分析》,《会计之友》2019 年第 23 期。

杨博、曹辉：《我国高校创新效率测度及区域比较》,《统计与决策》2020 年第 16 期。

杨超、吴立军、李江风、黄天能：《公平视角下中国地区碳排放权分配研究》,《资源科学》2019 年第 10 期。

杨春雨、魏白光：《建立过程性评价与终结性评价相结合的课程考核改革的探索与实践》,《吉林化工学院学报》2013 年第 10 期。

杨登才、刘畅、朱相宇：《中国高校科技成果转化效率及影响因素研究》,《科技促进发展》2019 年第 9 期。

杨启光、瞿笑霞：《德国高等教育能力建模与评估项目（KoKoHs）论析》,《高教探索》2019 年第 2 期。

杨仁发、杨超：《长江经济带高质量发展测度及时空演变》,《华中师范大学学报》（自然科学版）2019 年第 5 期。

杨旭、邓远建、屈雪：《林业高质量发展水平评价研究——以贵州省为例》,《武汉交通职业学院学报》2020 年第 1 期。

杨阳、朱家明：《基于因子聚类分析对安徽省经济高质量发展的综合评价》,《哈尔滨师范大学自然科学学报》2019 年第 6 期。

姚伟：《2003—2015 年高校科研成果产出现状与区域演变发展》,《中国科技资源导刊》2018 年第 4 期。

尹海丹：《粤港澳大湾区城市经济高质量发展评价与对策》,《中国经贸导刊（中）》2020 年第 2 期。

于丹、宋晓兵、李迎秋、杨威：《基于 OBE 的普适性创新创业课程体系探析——以大连东软信息学院为例》,《高等工程教育研究》2020 年第 2 期。

于娱、施琴芬、朱卫未：《我国高校知识价值增值效率研究——基于数据包络模型分析》,《科技进步与对策》2012 年第 15 期。

袁俊：《推动高质量发展重在提高资源配置效率》,《经济日报》2019 年第 15 期。

袁树厚、束定芳：《我国外语教学中的形成性评价研究：回顾与思考（2002—2016）》，《外语教学理论与实践》2017年第4期。

袁晓玲、李彩娟、李朝鹏：《中国经济高质量发展研究现状、困惑与展望》，《西安交通大学学报》（社会科学版）2019年第6期。

袁晓玲、王军、张江洋：《高质量发展下城市效率评价——来自19个副省级及以上城市的经验研究》，《城市发展研究》2020年第6期。

袁月：《教师绩效评价指标体系的构建》，《教学与管理》2018年第24期。

苑泽明、张永贝、宁金辉：《京津冀高校科研创新绩效评价——基于DEA-BCC和DEA-Malmquist模型》，《财会月刊》2018年第24期。

岳昌君、邱文琪、朱亚洲：《我国高质量人力资源发展现状与趋势展望》，《福建师范大学学报》（哲学社会科学版）2020年第1期。

曾宪奎：《我国高质量发展的内在属性与发展战略》，《马克思主义研究》2019年第8期。

詹春燕、唐信焱：《国际视域下的研究生教育质量评价——基于美、英、法、日四国的比较研究》，《教育发展研究》2010年第21期。

张红凤、张细松等：《环境规制理论研究》，北京大学出版社2012年版。

张继平、董泽芳：《质量与公平并重：高等教育分流的本质含义及实现机制》，《华中师范大学学报》（人文社会科学版）2018年第2期。

张家峰、李佳楠、陈红喜、周洁：《长三角高校科研创新绩效评价及影响因素研究——基于DEA-Malmquist-Tobit模型》，《科技管理研究》2020年第9期。

张江洋、袁晓玲、王军：《高质量发展下城市投入产出指标体系重构研究》，《北京工业大学学报》（社会科学版）2020 年第 5 期。

张军扩、侯永志、刘培林、何建武、卓贤：《高质量发展的目标要求和战略路径》，《管理世界》2019 年第 7 期。

张来武：《论创新驱动发展》，《中国软科学》2013 年第 1 期。

张立军、张潇：《基于改进 CRITIC 法的加权聚类方法》，《统计与决策》2015 年第 22 期。

张满银、张丹：《京津冀区域规模以上工业企业创新效率研究》，《统计与决策》2019 年第 24 期。

张炜：《高等教育现代化的高质量特征与要求》，《中国高教研究》2018 年第 11 期。

张侠、高文武：《经济高质量发展的测评与差异性分析》，《经济问题探索》2020 年第 4 期。

张晓军、应世为：《高质量发展评价体系探析》，《农业发展与金融》2020 年第 1 期。

张晓娜：《高校三大职能协同关系探析》，《中国高校科技》2016 年第 8 期。

张兴：《分类评价：指标设计、操作程式和结果应用——以上海高校分类评价为例》，《教育发展研究》2020 年第 19 期。

张旭、魏福丽、袁旭梅：《中国省域高质量绿色发展水平评价与演化》，《经济地理》2020 年第 2 期。

张震、刘雪梦：《新时代我国 15 个副省级城市经济高质量发展评价体系构建与测度》，《经济问题探索》2019 年第 6 期。

张智光：《面向生态文明的超循环经济：理论、模型与实例》，《生态学报》2017 年第 13 期。

张智光:《提升一流大学人才培养质量的根本出路——教学—科研—社会服务的超循环共生系统》,《国家教育行政学院学报》2019年第3期。

赵剑波、史丹、邓洲:《高质量发展的内涵研究》,《经济与管理研究》2019年第11期。

赵旻、陈海燕:《国际交流合作在大学的职能定位研究》,《中国高等教育》2017年第17期。

郑琳:《皖江城市带经济高质量发展评价研究》,《常州工学院学报》2019年第6期。

郑萍:《基于模糊层次分析法(FAHP)的高校创业教育评价体系构建研究》,《科技促进发展》2020年第1期。

钟晓敏:《论新时代高等教育高质量发展的实现路径》,《中国大学教学》2020年第4期。

周春月、刘颖、张洪婷、卢燕飞:《基于产出导向OBE的阶梯式实践教学研究》,《实验室研究与探索》2016年第11期。

周进、王燕:《高等教育学科供给对产业经济增长效应研究——基于偏最小二乘法模型(PLS)的分析》,《湖北社会科学》2019年第6期。

朱春燕:《循环经济评价指标体系研究》,《中国统计》2013年第10期。

朱司甲、贺剑武:《OBE理念下智慧旅游管理课程体系改革》,《福建电脑》2020年第10期。

朱恬恬、胡霞、彭华荣:《"双一流"建设高校的全要素科技创新效率研究》,《北京理工大学学报》(社会科学版)2018年第6期。

朱卫未、林华萍、叶美兰:《网络文化软实力的综合评价方法与应用》,《电子政务》2020 年第 9 期。

朱卫未、缪子阳、淦贵生:《基于 Context-Dependent DEA 方法的碳排放减额分配策略》,《资源科学》2020 年第 11 期。

朱卫未、王海琴:《基于两阶段 DEA 的知识资本交易价值度量方法研究》,《科学学与科学技术管理》2015 年第 12 期。

诸大建:《从可持续发展到循环型经济》,《世界环境》2000 年第 3 期。

卓泽林、任钰欣、李梦花、俞林伟:《创新创业教育绩效评价体系建构——基于全国 596 所高校的实证研究》,《中国电化教育》2020 年第 8 期。

Abraham Charnes, William W. Cooper, Edwardo Rhodes, "Measuring the Efficiency of Decision Making Units", *European Journal of Operational Research*, No.6, 1978.

Alwyn Young, "Invention and Bounded Learning by Doing", *Journal of Political Economy*, No.3, 1993.

Bin Zhang, Yuan Luo, Yung-Ho Chiu, "Efficiency Evaluation of China's High-Tech Industry with a Multi-Activity Network Data Envelopment Analysis Approach", *Socio-Economic Planning Sciences*, No.6, 2019.

Boulding K. E., "The Economics of the Coming Spaceship Earth", *Environmental Quatity in a Grouting*, No.4, 1966.

Chia-Chi Sun, "Assessing Taiwan Financial Holding Companies Performance Using Window Analysis and Malmquist Productivity Index",

African Journal of Business Management, No.26, 2011.

Chiang Kao, Shiuh Nan Hwang, "Efficiency Decomposition in Two–Stage Data Envelopment Analysis:An Application to Non–Life Insurance Companies in Taiwan", *European Journal of Operational Research*, No.1, 2008.

Danae Diakoulaki, George Mavrotas, Lefteris Papayannakis, "Determining Objective Weights in Multiple Criteria Problems:The Critic Method", *Computers & Operations Research*, No.7, 1995.

Douglas W. Caves, Laurits R. Christensen, W. Erwin Diewert, "The Economic Theory of Index Numbers and the Measurement of Input, Output, and Productivity", *Econometrica:Journal of the Econometric Society*, No.50, 1982.

Feng Lin, Xibei Qin, Xujin Pu, Weiwei Zhu, Xingxuan Zhuo, "Effects of In–house Production on Channel Structures in a Co–opetitive Supply Chain under Supply Uncertainty", *Omega*, 2021.

Jesús T. Pastor, C. A. Knox Lovell, "A Global Malmquist Productivity Index", *Economics Letters*, No.2, 2005.

Jie Wu, Qingyuan Zhu, Liang Liang, "CO_2 Emissions and Energy Intensity Reduction Allocation over Provincial Industrial Sectors in China", *Applied Energy*, No.166, 2016.

Liang Liang, Wade D. Cook, Joe Zhu, "DEA Models for Two–Stage Processes:Game Approach and Efficiency Decomposition", *Naval Research Logistics*, No.7, 2008.

Nichalin Summerfield, Amit Deokar, Mei Xu, Weiwei Zhu, "Should Drivers Cooperate? Performance Evaluation of Cooperative Navigation on Simulated Road Networks Using Network DEA", *Journal of the Operational Research Society*, No.1–16, 2020.

Pearce D. W., R. K. Turner, *Economics of Natural Resources and the Environment*, JHU Press, 1990.

Rajiv D. Banker, Abraham Charnes, William W. Cooper, "Some Models for Estimating Technical and Scale Inefficiencies in Data Envelopment Analysis", *Management Science*, No.9, 1984.

Reza Feizabadi, Mehri Bagherian, Sedighe Moghadam Shahmoradi, "Issues on DEA Network Models of Färe & Grosskopf and Kao", *Computers & Industrial Engineering*, No.2, 2019.

Rolf Färe, Shawna Grosskopf, Björn Lindgren, Pontus Roos, "Productivity Changes in Swedish Pharamacies 1980 – 1989:A Non-Parametric Malmquist Approach", *Journal of Productivity Analysis*, No.1–2, 1992.

Rolf Färe, Shawna Grosskopf, Björn Lindgren, Pontus Roos, *Data Envelopment Analysis*:Theory, Methodology, and Applications, Springer Dordrecht, 1994.

Sigbjørn Atle Berg, Finn R. Førsund, Eilev S. Jansen, "Malmquist Indices of Productivity Growth During the Deregulation of Norwegian Banking, 1980–89", *The Scandinavian Journal of Economics*, No.94, 1992.

Tone, Kaoru, "A Slacks–Based Measure of Efficiency in Data Envelopment Analysis", *European Journal of Operational Research*, No.3, 2001.

Tone, Kaoru, "A Slacks–Based Measure of Super–Efficiency in Data Envelopment Analysis", *European Journal of Operational Research*, No.1, 2002.

Victoria Shestalova, "Sequential Malmquist Indices of Productivity Growth:An Application to OECD Industrial Activities", *Journal of Productivity Analysis*, No.2–3, 2003.

Wade D. Cook, Joe Zhu, Gongbing Bi, Feng Yang, "Network DEA:Additive Efficiency Decomposition", *European Journal of Operational Research*, No.2, 2010.

Weiwei Zhu, Binqing Liu, Zifang Lu, Yu Yu, "A Dealg Methodology for Prediction of Effective Customers of Internet Financial Loan Products", *Journal of the Operational Research Society*, No.1–9, 2020.

Weiwei Zhu, Mei Xu, Cheng–Ping Cheng, "Dealing with Undesirable Outputs in DEA:An Aggregation Method for a Common Set of Weights", *Journal of the Operational Research Society*, No.4, 2020.

Weiwei Zhu, Panpan Sun, Qian Zhang, "Context–Dependent Data Envelopment Analysis with Common Set of Weights", *INFOR:Information Systems and Operational Research*, No.3, 2018.

Weiwei Zhu, Qian Zhang, Haiqing Wang, "Fixed Costs and Shared Resources Allocation in Two–Stage Network DEA", *Annals of Operations Research*, No.1–2, 2019.

Weiwei Zhu, Yaqin Zhu, "China's Regional Environmental Efficiency Evaluation:A Dynamic Analysis with Biennial Malmquist Productivity Index Based on Common Weights", *Environmental Science and Pollution Research International*, No.32, 2019.

Weiwei Zhu, Yaqin Zhu, Huaping Lin, Yu Yu, "Technology Progress Bias, Industrial Structure Adjustment, and Regional Industrial Economic

Growth Motivation—— Research on Regional Industrial Transformation and Upgrading Based on the Effect of Learning by Doing", *Technological Forecasting and Social Change*, No.170, 2021.

Weiwei Zhu, Yu Yu, Panpan Sun, "Data Envelopment Analysis Cross-Like Efficiency Model for Non-Homogeneous Decision-Making Units:The Case of United States Companies' Low-Carbon Investment to Attain Corporate Sustainability", *European Journal of Operational Research*, No.269, 2018.

Weiwei Zhu, Ziyang Miao, Xujin Pu, "Serial Setwork DEA Models with a Single Intermediate Measure", *Journal of the Operational Research Society*, No.5, 2021.

Xiafei Chen, Zhiying Liu, Qingyuan Zhu, "Reprint of 'Performance Evaluation of China's High-Tech Innovation Process: Analysis Based on the Innovation Value Chain'", *Technovation*, No.6-7, 2020.

Yao Chen, Wade D. Cook, Ning Li, Joe Zhu, "Additive Efficiency Decomposition in Two-Stage DEA", *European Journal of Operational Research*, No.3, 2009.

Yuejun Zhang, Junfang Hao, "Carbon Emission Quota Allocation among China's Industrial Sectors Based on the Equity and Efficiency Principles", *Annals of Operations Research*, No.1-2, 2016.

Yu Yu, Weiwei Zhu, Qinfen Shi, Shangwen Zhuang, "Common Set of Weights in Data Envelopment Analysis under Prospect Theory", *Expert Systems*, No.38-1, 2021.

Yu Yu, Xia Zhou, Weiwei Zhu, Qinfen Shi, "Socioeconomic Driving

Factors of PM2.5 Emission in Jing–Jin–Ji Region, China:A Generalized Divisia Index Approach", *Environmental Science and Pollution Research*, No.28, 2020.

Zhongbao Zhou, Cenjie Liu, Ximei Zeng, Yong Jiang, Wenbin Liu, "Carbon Emission Performance Evaluation and Allocation in Chinese Cities", *Journal of Cleaner Production*, No.172, 2018.

后 记

　　坚持"扎根中国大地，解读中国实践、构建中国理论"的学术理念，我们历时近两年完成了《高质量发展综合评价与实现路径研究》的研究与撰写工作。本书受到作者朱卫未主持的国家自然科学基金面上项目"学习效应嵌入下动态决策单元 DEA 效率评价与管理目标设定的研究及应用（项目编号：71771126）"、国家自然科学基金面上项目"层次网络结构 DEA 模型及其在医疗卫生系统绩效管理中的应用研究（项目编号：72171124）"、江苏省社科基金重大项目"江苏高质量发展评价体系研究（项目编号：21ZD007）"子课题和于娱主持的国家自然科学基金青年项目"跨界知识重混下企业颠覆性绿色创新绩效评价与提升策略研究（项目编号：71801133）"等科研项目资助，是在已经发表的系列论文、撰写的决策咨询报告的基础上进一步修改完善形成的。由于高质量发展研究是实践性非常强的问题，本书在进行评价理论和方法探讨的同时，特别注重理论结合实际，通过对相关政府部门的实地调研访谈，进行了深度的政策研究，力争使研究结论能够兼具理论价值和实践意义。

　　本书是团队共同努力的成果。我们十分感谢为此书的研究、撰写、出版而付出努力的所有成员。参与研究与撰写的主要成员有（以姓氏笔画为序）：仇明艳、朱亚琴（江苏省泰兴市青年人才储备中心）、孙佳奇（广东省电信规划设计院有限公司）、林华萍、赵路遥、徐玫（中国科学技术大学）、郭禾苗、黄燕杰、崔媛（中国科学院科技战略咨询研究院）、曾浩（中国农业发展银行）、缪子阳（南京大学）等。感谢人民出版社的各位领导和员工，尤其要感谢本书的责任编辑吴炤东同志，没有他们的辛勤汗水，本书不会这么顺利付梓成书。

我们在研究过程中参考了大量的文献资料，并尽可能地在文中一一列出，但也难免会有疏忽或遗漏。研究团队对被引用文献的国内外作者表示衷心的感谢。

推动高质量发展是应对百年大变局的战略部署，是适应新发展阶段的现实选择，是构建新发展格局的根本要求，是建设现代化强国的重要路径。我们将不忘初心，不断努力，继续开展高质量发展评价研究工作，为推进我国高质量发展作出应有的贡献。

朱卫未　王娟　于娱

2021 年 11 月

责任编辑:吴焰东
封面设计:王欢欢

图书在版编目(CIP)数据

高质量发展综合评价与实现路径研究/朱卫未,王娟,于娱 著. —北京:
  人民出版社,2022.5
ISBN 978-7-01-024713-7

Ⅰ.①高… Ⅱ.①朱…②王…③于… Ⅲ.①中国经济-经济发展-研究
Ⅳ.①F124

中国版本图书馆 CIP 数据核字(2022)第 065276 号

高质量发展综合评价与实现路径研究
GAOZHILIANG FAZHAN ZONGHE PINGJIA YU SHIXIAN LUJING YANJIU

朱卫未 王 娟 于 娱 著

人 民 出 版 社 出版发行
(100706 北京市东城区隆福寺街 99 号)

北京中科印刷有限公司印刷 新华书店经销

2022 年 5 月第 1 版 2022 年 5 月北京第 1 次印刷
开本:710 毫米×1000 毫米 1/16 印张:20.5
字数:240 千字

ISBN 978-7-01-024713-7 定价:88.00 元

邮购地址 100706 北京市东城区隆福寺街 99 号
人民东方图书销售中心 电话 (010)65250042 65289539